O QUE AS PESSOAS ESTÃO FALANDO SOBRE

CUSTOMER EXPERIENCE

B2B

"Ainda que muita coisa tenha sido escrita sobre a experiência do cliente no universo do consumidor, geralmente o setor *business-to-business* é negligenciado. O foco no B2B é o que torna estimulante a leitura deste livro. A vasta experiência de Nick e Paul Hague foi detalhada em cinco seções facilmente assimiláveis que pegam o leitor pela mão explicando desde os conceitos iniciais até o desenvolvimento de estratégias e a implementação de experiências de excelência para os clientes. Os estudos de caso em que clientes compartilham experiências com suas próprias palavras ajuda a dar vida às ideias dos autores."

SHEP HYKEN,
especialista em experiência e atendimento ao cliente e autor best-seller do *New York Times* de *The Amazement Revolution*

"Nick e Paul Hague fizeram um trabalho extraordinário de captar todos os aspectos sobre como criar e manter um serviço ao cliente B2B de primeira categoria para uma indústria ou empresa, desde saúde e manufaturas até linhas aéreas, inclusive como ajudar empreendedores a descobrir como competir com grandes empresas. Eu me considero especialista em serviço ao cliente após 42 anos com os Hotéis Hilton, o Marriott International, e dez anos no meu último cargo dirigindo as operações da Walt Disney World, mas posso dizer com toda a sinceridade que aprendi novas formas de pensar sobre atendimento ao cliente: de média para boa, de boa para ótima e de ótima para excelente. Mantenha este livro na sua mesa como um recurso ao qual recorrer se quiser fazer mágica para os clientes."

LEE COCKERELL,
ex-Vice-presidente executivo de Operações do Walt Disney World Resort, apresentador do podcast *Creating Disney Magic* e autor de quatro best-sellers sobre liderança, gerenciamento e atendimento ao cliente

Uma coisa que todas as empresas e consumidores têm em comum é o fato de estarem diariamente do outro lado da experiência do cliente. Enquanto organizações que lidam com o consumidor estão há muitos anos conscientes desse fato, as que predominantemente fornecem produtos e serviços a outros setores em vez de fazer isso direto para os consumidores têm demorado muito mais para adquirir essa consciência. Definir, entregar e gerir a experiência do cliente em um ambiente B2B está se tornando cada vez mais crucial em um universo empresarial que continua a ser desafiado e alterado em muitas frentes. Nick e Paul Hague não apenas reconhecem isso como, também, trabalharam juntos em uma obra que ajudará qualquer organização a compreender como transformar a expressão 'experiência do cliente' em uma realidade palpável – uma realidade que gera aprimoramento da percepção do cliente e do desempenho financeiro. De maneira brilhante, os autores fornecem as bases que transformam a ciência da experiência do cliente em algo que você conseguirá adotar e implementar na prática. *Customer Experience B2B* é uma leitura extremamente valiosa para qualquer pessoa que deseja alcançar um crescimento sustentável."

IAN GOLDING,
CCXP, especialista mundial em experiência do cliente e autor de *Customer What?*

"Nick e Paul Hague fazem um trabalho brilhante ao abordar um tópico sobre o qual muita gente tem considerado impossível escrever – como proporcionar uma ótima experiência do cliente B2B. Se você tem um negócio B2B e clientes a quem quer agradar, este livro é leitura obrigatória. Com maestria, os dois autores conduzem o leitor por meio de cada um dos elementos de base que são cruciais para elaborar e proporcionar uma ótima experiência do cliente, com uma abordagem fácil de compreender e respaldada por histórias e estudos de caso de clientes, o que faz deste livro um guia prático para que sua transformação da experiência do cliente B2B seja bem-sucedida."

ANNETTE FRANZ,
CCXP, fundadora e CEO da CX Journey Inc

"A grande maioria dos livros escritos sobre experiência do cliente está repleta de insights e histórias de empresas e mercados B2C. Portanto, é animador encontrar uma obra que foi escrita pensando nas empresas e mercados B2B. Este é um guia realmente útil que ajudará executivos B2B a entender e aplicar os elementos fundamentais do que é necessário para entregar uma ótima experiência do cliente."

ADRIAN SWINSCOE,
consultor e autor best-seller de *How to Wow: 68 Effortless Ways to Make Every Customer Experience Amazing*

"Há mais empresas B2B que empresas B2C no mundo. Toda empresa B2B precisa ser orientada pela experiência. Este livro ajudará a sua a se tornar uma."

BLAKE MORGAN,
visionária de experiências do cliente e autora de *More is More*

"Torne-se um viciado na jornada do cliente. Aprenda como fazer isso com orientações práticas de Nick e Paul Hague, os especialistas que sabem tudo a respeito, mas ainda ficam empolgados com cada projeto."

ANTOINE PHILIPPE,
diretor de marketing da Etex

> Torne-se um viciado na jornada do cliente. Aprenda como fazer isso com orientações práticas de Nick e Paul Hague, os especialistas que sabem tudo a respeito, mas ainda ficam empolgados com cada projeto."

ANTOINE PHILIPPE,
diretor de marketing da Etex

> Um guia essencial para a experiência do cliente, uma das maiores tendências que molda o futuro dos negócios. Esta é uma coletânea inteligente, prática e sensata de conselhos de fontes, especialistas e pensadores líderes, respaldadas por experiências reais de empresas e dados de campo."

GORDON HAY,
diretor de operações da Brenntag

> A princípio, entregar um serviço de excelência pode parecer fácil. Mas analisando mais a fundo, entregar uma experiência do cliente de alto nível não é nada simples. Este livro estimulante, bem fundamentado e bem escrito proporciona ao leitor os insights necessários e o modelo exigido para implementar uma estratégia de experiência do cliente que proporcionará benefícios reais tanto à empresa como aos clientes."

DONNA WHITBROOK,
colaboradora-associada da First Impressions Training Ltd

> Um livro relevante e escrito com clareza que vai além da teoria e oferece exemplos práticos. Como colaboradora, foi ótimo ler que ainda estamos na jornada: ninguém está 'pronto' ainda – é um alívio saber que todos estamos em uma situação parecida."

CAROL SHEPPARD,
gerente de experiências do cliente da Molson Coors

CUSTOMER EXPERIENCE
B2B

Copyright © 2018 Nick Hague, Paul Hague
Copyright desta edição © 2024 Autêntica Business

Tradução publicada mediante acordo com a Kogan Page.

Título original: *B2B Customer Experience : A Practical Guide to Delivering Exceptional CX*

Todos os direitos reservados pela Autêntica Editora Ltda.
Nenhuma parte desta publicação poderá ser reproduzida,
seja por meios mecânicos, eletrônicos, seja via cópia xerográfica,
sem autorização prévia da Editora.

EDITOR
Marcelo Amaral de Moraes

PREPARAÇÃO DE TEXTO
Marcelo Barbão

REVISÃO TÉCNICA
Marcelo Amaral de Moraes

REVISÃO
Rafael Rodrigues

TRADUÇÃO
Maíra Meyer Bregalda

CAPA
Diogo Droschi

PROJETO GRÁFICO E DIAGRAMAÇÃO
Christiane S. Costa
Diogo Droschi

Dados Internacionais de Catalogação na Publicação (CIP)
(Câmara Brasileira do Livro, SP, Brasil)

Hague, Nick
   Customer experience B2B : como multiplicar os resultados do seu negócio entregando uma experiência de excelência aos seus clientes B2B / Nick Hague, Paul Hague ; traduzido por Maíra Meyer Bregalda. -- São Paulo : Autêntica Business, 2024.

   Título original: B2B Customer Experience : A Practical Guide to Delivering Exceptional CX
   Bibliografia.
   ISBN 978-65-5928-372-9

   1. Marketing 2. Experiência do Cliente 3. CX 4. CX Customer Experience 5. B2B (business-to-business) 6. Relacionamento com o cliente - CRM I. Hague, Paul. II. Título.

23-186211   CDD-658.8343

Índices para catálogo sistemático:
1. Clientes : Relacionamento : Marketing :
Administração de empresas 658.8343

Tábata Alves da Silva - Bibliotecária - CRB-8/9253

A **AUTÊNTICA BUSINESS** É UMA EDITORA DO **GRUPO AUTÊNTICA**

São Paulo
Av. Paulista, 2.073 . Conjunto Nacional
Horsa I . Sala 309 . Bela vista
01311-940 . São Paulo . SP
Tel.: (55 11) 3034 4468

Belo Horizonte
Rua Carlos Turner, 420
Silveira . 31140-520
Belo Horizonte . MG
Tel.: (55 31) 3465-4500

www.grupoautentica.com.br
SAC: atendimentoleitor@grupoautentica.com.br

NICK HAGUE | PAUL HAGUE

CUSTOMER EXPERIENCE
B2B

Como **multiplicar** os **resultados** do seu negócio entregando uma **experiência** de **excelência** aos seus **clientes B2B**

TRADUÇÃO:
MAÍRA MEYER BREGALDA

autêntica
BUSINESS

Sumário

18 **Prefácio**

24 **Agradecimentos**

PARTE UM
Pra que se dar ao trabalho? · 29

30 **A experiência do cliente nos mercados business-to-business**

31 Gostando ou não, você vai ter que se transformar em uma espécie de McDonald's
32 O que é experiência do cliente ou *customer experience* (CX)?
34 Aprendendo com o varejo de rua
36 Emoções e a experiência do cliente
37 Os gatilhos das emoções
38 Pequenas doses de prazer
40 A estrutura do livro
42 Para refletir
43 Referências

2

44   Explorando a experiência do cliente, a lealdade e a inércia

45   Satisfação e lealdade
47   Lealdade a empresas
49   Recuperando a lealdade perdida
51   A experiência do cliente e a hora da verdade
53   Para refletir
54   Referências

3

56   Entendendo a experiência do cliente e a lucratividade

57   Atitude da empresa, experiência do cliente e memórias
59   A cadeia do lucro em serviços
61   Satisfação do cliente e retorno sobre o investimento
63   *Net Promoter Score*® (NPS) e crescimento
64   Satisfação do cliente e retornos decrescentes
66   Para refletir
66   Referências

PARTE DOIS
Mapeando a situação atual da experiência do cliente · 69

4

70   Os seis pilares da experiência do cliente

71   A receita de experiência do cliente
74   Comprometimento

77	*Fulfilment*
79	Sem atritos
80	Responsividade
81	Proatividade
82	Evolução
83	Para refletir
84	Notas
84	Referências

5

86 Métricas essenciais para mensurar a experiência do cliente

87	Métricas internas de CX
91	Métricas externas de CX
96	Comentário aberto
97	Metas para a experiência do cliente
98	Metas para diferentes grupos
98	Gestão da qualidade total e experiência do cliente
99	Para refletir
99	Referências

6

100 Como fazer *benchmarking* da experiência do cliente

101	O que comparar
102	Métricas de *benchmarking*
104	Com quem fazer *benchmarking*
106	Diferenças culturais
109	Frequência de mensuração
110	Para refletir
110	Referências

7

112 Quais os principais *drivers* da experiência do cliente?

113 A memória como *driver* da experiência do cliente
116 Usando a ciência para determinar os *drivers* da experiência do cliente
120 A importância das emoções
125 Os funcionários como *drivers* de uma excelente experiência do cliente
126 Para refletir
127 Referências

8

128 O mapeamento da jornada do cliente e como aplicá-lo

129 A jornada do cliente
132 Mapeando a jornada
134 Como elaborar mapas de jornada do cliente
136 Conversando com os clientes
137 Comunicando o mapa da jornada do cliente
138 Para refletir
139 Referências

PARTE TRÊS
Estratégias para se alcançar uma excelente experiência do cliente · 141

9

142 Desenvolvendo uma estratégia de experiência do cliente

143 Pilares da experiência do cliente
156 Para refletir
157 Referências

10

158 Assegurando o comprometimento em todos os níveis da experiência do cliente

159 Comprometimento em todos os níveis
160 Mudança na prática
162 Mudanças em toda a empresa
163 Criando uma cultura interna de serviços
164 Pare de se preocupar com o 1% dos clientes que levam vantagem
164 Acalmando o jurídico
165 Faça o máximo possível de *benchmarking*
167 Para refletir
168 Nota
168 Referências

11

170 Trabalhando com os times de vendas e marketing para melhorar a experiência do cliente

171 O desafio para as grandes empresas
171 Quem é o "dono" da experiência do cliente?
172 Objetivos desalinhados entre os departamentos
173 Alinhando os departamentos
176 Achando que o cliente está "garantido" com o passar do tempo
177 Para refletir
177 Referência

12

178 Como criar uma cultura interna de serviço

179 O que é cultura?
180 O cliente vem em segundo lugar
181 Apoio da alta direção
181 Contratando as pessoas certas
183 Treinando
184 Empodere as pessoas
184 Comunicação

185	Recompensas e premiações
186	Para refletir
186	Referências

13

188 Usando a segmentação para entregar uma experiência do cliente melhor

189	Pessoas e empresas não são todas iguais
190	Segmentação e experiência do cliente
192	Lidando com a unidade de tomada de decisão
193	Segmentação e proliferação de produtos
196	Fazendo uma segmentação *business-to-business*
198	Definindo a melhor segmentação para você
199	Problemas com as segmentações baseadas em necessidades
200	Traçando o perfil dos segmentos
202	Fazendo a segmentação funcionar para o time de vendas
204	Para refletir
204	Referências

PARTE QUATRO

Implementando um programa de experiência do cliente · 207

14

208 O papel das marcas na criação de uma experiência do cliente melhor

209	O papel da marca
210	Marcas despertam emoções
212	Usando marcas para se diferenciar
213	Agregando valor

213	O *branding* no mercado *business-to-business*
217	Para refletir
217	Referências

15

218   O papel dos produtos na criação de uma experiência do cliente melhor

219	Produto – o coração da oferta
220	Selecionando o produto
221	Embalagem do produto
222	O uso do produto
224	Aprimorando a experiência do cliente por meio do design do produto
225	O produto expandido
228	Para refletir
228	Referências

16

230   O papel do preço na criação de uma experiência do cliente melhor

231	Expectativas de preço
231	Preço, o destruidor do valor
233	Tendências na precificação B2B
234	Tornando-se mais centrado no cliente por meio dos preços
238	Monitoramento dos preços
239	Para refletir
240	Referências

17

242   O papel da distribuição na criação de uma experiência do cliente melhor

| 243 | A experiência do cliente no canal de marketing |

245	A logística de distribuição
249	Experiência do cliente no canal B2B
252	Tendências no comércio
253	Marketing digital e experiência do cliente B2B
254	Para refletir
255	Nota
255	Referências

18

256 O papel da promoção na criação de uma experiência do cliente melhor

257	A mudança no papel da promoção
258	A conexão emocional com os fornecedores B2B
260	Promoções que empolgam
261	Colocando as promoções B2B para funcionar
263	Relações públicas
263	Para refletir
264	Referências

19

266 O papel das pessoas na criação de uma experiência do cliente melhor

267	O que são relacionamentos?
268	Construindo relacionamentos pessoais sólidos nas empresas *business-to-business*
271	Contratando as pessoas certas
272	Treinando
276	Para refletir
276	Referências

PARTE CINCO

Controles que garantem que o programa de experiência do cliente mantenha o rumo · 279

20

280 Mensurando o desempenho das iniciativas de experiência do cliente

281 Monitorando os resultados
282 Pulso ou período?
284 Mídias sociais como fonte da experiência do cliente
285 Fontes de informação
285 Usando um sistema de CRM
288 Para refletir
288 Referências

21

290 O desafio da melhoria contínua da experiência do cliente

291 Onde focar
293 A experiência do cliente não fica estagnada
294 Gerando ideias internamente
296 Pequenas iniciativas que somam
298 Presentes que não devemos ignorar
299 Escutando os clientes
299 Priorizando as ideias
300 Executando novas ideias
302 Monitorando iniciativas
303 Comunicando os resultados da experiência do cliente
305 Para refletir
306 Referências

308 Índice remissivo

Prefácio

EMPRESAS QUE ATUAM no *business-to-business* sabem a importância das vendas. Isso é uma coisa boa, pois assegura que haja negócios suficientes para alimentar as fábricas – fábricas no sentido metafórico –, porque, hoje em dia, sabemos que muitos negócios B2B são fornecedores de serviços, são varejistas e não fabricam coisas.

Na teoria, essa obsessão por vendas seria um sinal de que empresas B2B são *experts* em entregar experiências do cliente (CX) excepcionais. Se fosse o caso, por que a média do *Net Promoter Score*®[1] para empresas *business-to-business* varia entre 25 e 30 (B2B International, 2017)? (Falaremos bastante sobre o *Net Promoter Score*® neste livro, portanto, se você não tem certeza do que significa isso, dê uma olhada rápida no Capítulo 3.)

Sucesso nas vendas e sucesso com a experiência do cliente são coisas muito diferentes. Uma empresa orientada para vendas é preparada para descarregar a maior quantidade possível de produtos em seus mercados. Certamente ela vai querer manter os clientes contentes, para que eles voltem querendo ainda mais. No entanto, a chave é fazê-los comprar produtos nos maiores volumes possíveis, com as melhores margens. Sem dúvida, esse é um objetivo louvável para a empresa orientada para vendas, mas não é exatamente louvável para os clientes. O azarado do cliente pode descobrir que, após fazer o pedido, fica mais difícil entrar em contato com o vendedor. Talvez descubra que, depois que o pedido **é** entregue e pago, fica

---

[1] Criada por Fred Reichheld em 2003, o *Net Promoter Score*® (NPS) é uma métrica de lealdade do cliente, elaborada para medir a probabilidade de ele recomendar uma empresa a seus amigos e conhecidos. (N. T.)

mais complicado conseguir suporte técnico. Pode descobrir, ainda, que a empresa com a qual está lidando cresceu tanto que ela pensa que está fazendo um favor ao vender um produto.

Empresas *business-to-business* têm um longo caminho a percorrer se quiserem atingir um *Net Promoter Score*® de 50 ou mais. Por que isso acontece? Acreditamos que o motivo principal seja porque a maioria das empresas B2B não possui a cultura adequada; elas são orientadas por produtos. Em algum momento no passado, seu fundador entrou no mercado com um produto que ele acreditava ser ótimo, e desde então ele os empurra para os clientes a qualquer custo. Ralph Waldo Emerson nos prestou um desserviço com a famosa citação "Se alguém escrever um livro melhor, pregar um sermão melhor ou fizer uma ratoeira melhor que seu vizinho, mesmo que more no meio da floresta, o mundo construirá um caminho até sua porta" (Natural Histories, 2012). E como ele estava errado! Há livros excelentes, sermões maravilhosos e ratoeiras engenhosíssimas escondidas nas profundezas de inúmeras florestas. Sem o marketing certo e uma boa experiência do cliente, eles continuarão lá.

Você pode pensar que deve ser fácil transformar uma empresa em um exemplo de experiência do cliente. Muitas das coisas sobre as quais vamos falar são bastante simples. Aqui estão algumas delas, só para começar:

- **Faça com que seja fácil fazer negócios com você:** as pessoas querem fazer negócios com você, não estão buscando um cabo de guerra.

- **Comunique-se com regularidade:** não seja tímido com os clientes. Eles preferiram você aos outros e, se tiver algo interessante a dizer, vão querer escutá-lo. Demonstre interesse pessoal.

- **Seja totalmente honesto e confiável:** integridade nos negócios é tudo. Seus clientes querem saber que o prometido será cumprido.

- **Demonstre respeito:** seus clientes têm escolhas. Eles o honraram negociando com você. Deixe-os saber que você aprecia isso.

- **Resolva as coisas:** quando problemas ou divergências ocorrerem, resolva-os depressa; não deixe que se agravem.

- **Compartilhe sonhos:** seja parceiro. Compreenda os objetivos do cliente e seja proativo em ajudá-lo a atingi-los. Trabalhem juntos.

Parece fácil? Os princípios são fáceis, mas a execução não. Entregar uma excelente experiência do cliente é um desafio que envolve toda a empresa. Todas as áreas precisam focar nesse objetivo. Alguns se sentirão tão distantes dos clientes que vão se esquecer de que eles estão lá. Da mesma forma, seria ótimo se o chefe assumisse o encargo e se comprometesse integralmente com a experiência do cliente. É preciso fazer disso uma prioridade que não seja descartada quando outra urgência surgir. Ah, se fosse fácil assim!

Nós, autores, somos pai e filho. Somos uma empresa de pesquisa de mercado B2B há quase 20 anos. Realizamos dezenas, provavelmente centenas, de pesquisas de satisfação e de lealdade do cliente. Quase todas essas pesquisas foram para grandes empresas e quase todas revelaram que, de uma forma ou de outra, a experiência do cliente na empresa é inadequada. Tais pesquisas nos lembram de que uma excelente experiência do cliente é construída quando tocamos as emoções dos clientes. Definir a dimensão correta das expectativas, superá-las, demonstrar gentileza e se engajar com o que há de mais humano cria experiências memoráveis e positivas. Elas existem nos mercados *business-to-business*, mas não são tão comuns como deveriam ser.

Ao prepararmos este livro, recebemos contribuições de muitas empresas, e utilizamos nossa experiência com muitas outras. Nossos colaboradores, sem exceção, nos disseram que estão em uma jornada. Nenhum acreditou que estava próximo ao fim dessa jornada. Eles justificaram suas deficiências explicando que apenas começaram, e, em todo caso, enfatizaram que isso não acabou. Talvez nunca acabe. Esses campeões de experiência do cliente e heróis dentro das próprias empresas não estão buscando a perfeição, mas nunca estão satisfeitos com o que alcançaram. Sabem que as experiências que entregam aos clientes poderiam ser melhores. Somos gratos a eles por compartilharem suas histórias. Eles dão duro no trabalho, sempre buscando aprimorar a satisfação de seus clientes. Seu trabalho é imensamente gratificante, e nunca acabará. A eles, dedicamos este livro.

Por fim, gostaríamos de dizer que escrever esta obra foi libertador. Ela nos lembrou de uma questão muito importante: relacionamentos *business-to-business* são com pessoas, não com empresas. Os princípios do engajamento com nossos clientes não deveriam ser diferentes dos que temos com nossos colegas, amigos e familiares. Se tivermos isso em mente em tudo o que fizermos, nossos clientes permanecerão leais, o trabalho será agradável e nossos negócios, prósperos. ■

REFERÊNCIAS

B2B International (2017): What is the Net Promoter Score?. Disponível em: https://www.b2binternational.com/research/services/customer-loyaltyresearch/net-promoter-score-nps/ [último acesso em 21 de novembro de 2017].

Natural Histories (2012): Historical notes on ecology and evolution. Disponível em: https://historiesofecology.blogspot.co.uk/2012/11/build-bettermouse-trap-and-world.html [último acesso em 26 de outubro de 2017].

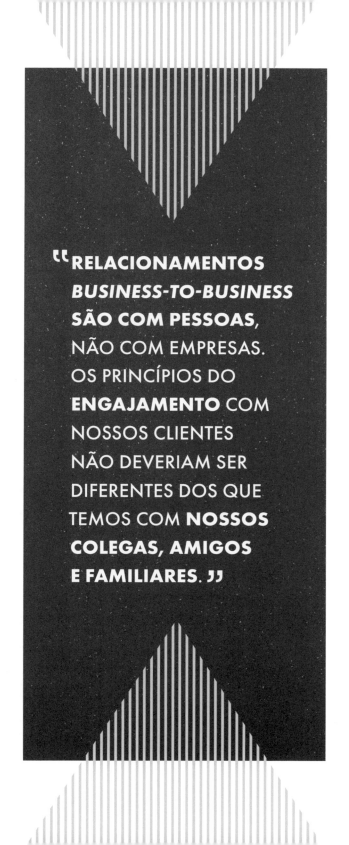

"**RELACIONAMENTOS** *BUSINESS-TO-BUSINESS* **SÃO COM PESSOAS**, NÃO COM EMPRESAS. OS PRINCÍPIOS DO **ENGAJAMENTO** COM NOSSOS CLIENTES NÃO DEVERIAM SER DIFERENTES DOS QUE TEMOS COM **NOSSOS COLEGAS, AMIGOS E FAMILIARES.** "

Agradecimentos

ESTE LIVRO é dedicado a empresas que lutam para oferecer a melhor experiência a seus clientes. Não estamos falando de uma experiência boa ou muito boa. Estamos falando de uma experiência do cliente tão boa que ele nem sonharia em trocar de fornecedor.

Esse objetivo é ilusório, mas vale a pena tê-lo. Reconhecemos que não é possível agradar a todos os clientes. Não é possível fazer com que todos os clientes sejam leais para sempre. Mas é possível tentar. Ao prepararmos este livro, tivemos o privilégio de realizar conversas esclarecedoras com várias empresas apaixonadas por aprimorar a experiência que proporcionam aos clientes. Este livro é para todas estas empresas:

Aggregate Industries
Air Products
AkzoNobel
Ansell
Antalis
Apetito
AvantiGas
Baxi Potterton
Berlitz
Beumer
Bibby Financial Services
BP Castrol
Brammer
Brenntag
Brightstar
British Sugar
Brother
Cintas-Berendsen
City & Guilds
Columbus McKinnon
Communisis
Coveris
Dow Chemical
Dow Corning
E.ON
Equinix
ExxonMobil
Fenner
Flogas
Fuji Xerox
Gazprom
Geberit

Grohe
Grundfos
Harsco
Henkel
IEEE
International Paint
International Paper
ITW
Jewsons
Kaspersky Lab
Kingspan
Knauf
Kuehne+Nagel
Leidos
Marshalls
Mastercard
Molson Coors
National Instruments
npower
Nynas
Petro-Canada

Pitney Bowes
PPG
QBE
RSM International
Sage
Samsung
Seafish
Shell
Speedy Hire
Stanley Black + Decker
Travis Perkins
Turtle Wax
Vaillant
Vandemoortele
Vodafone
Wacker
WD-40
Wolseley
Xylem
Yodel
Zurich Insurance ∎

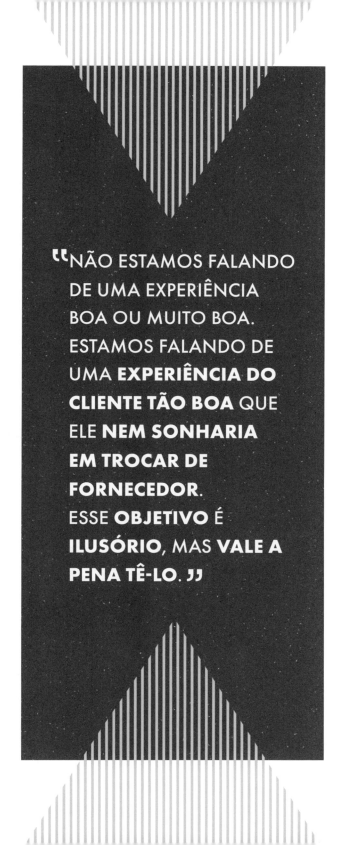

"NÃO ESTAMOS FALANDO DE UMA EXPERIÊNCIA BOA OU MUITO BOA. ESTAMOS FALANDO DE UMA **EXPERIÊNCIA DO CLIENTE TÃO BOA** QUE ELE **NEM SONHARIA EM TROCAR DE FORNECEDOR**. ESSE **OBJETIVO** É **ILUSÓRIO**, MAS **VALE A PENA TÊ-LO.**"

PARTE UM

Pra que se dar ao trabalho?

1

A experiência do cliente nos mercados *business-to-business*

GOSTANDO OU NÃO, VOCÊ VAI TER QUE SE TRANSFORMAR EM UMA ESPÉCIE DE McDONALD'S

QUEREMOS CONVERSAR com você sobre a experiência do cliente em mercados *business-to-business*. Se está lendo este livro, é quase certo de que isso quer dizer que você é uma empresa *business-to-business* (B2B). Também sabemos que você está louco por exemplos de empresas B2B que tiveram sucesso em proporcionar uma excelente experiência do cliente. Aqui, temos um pequeno problema. Quanto maior a empresa B2B, pior é seu desempenho em proporcionar uma excelente experiência do cliente. Além disso, se a sua é grande, mas fraca em experiências do cliente, você não vai querer que contemos sua história neste livro. Empresas B2B que não conseguiram proporcionar uma excelente experiência do cliente no passado agora estão sendo pressionadas para melhorar. A pressão vem de nossos primos B2C. Há muitos ótimos exemplos de experiências incríveis do cliente entre as empresas B2C.

O mundo dos clientes e das empresas está ficando mais próximo. Se conseguimos pedir e receber alguma coisa da Amazon em 24 horas, começamos a questionar por que é que leva três dias para um fornecedor *business-to-business* responder a um e-mail e um mês para entregar os produtos. Se o McDonald's proporciona um incrível serviço ao cliente, perguntamos por que é tão difícil nossas empresas fornecedoras fazerem o mesmo? Neste livro, faremos referências constantes a empresas *business-to-business*, e não pedimos desculpas por também usarmos exemplos de mercados consumidores. Isso porque sabemos que empresas consumidoras definem *benchmarks* e padrões pelos quais empresas *business-to-business* serão avaliadas. Você terá de ficar mais parecido com a Amazon, a Zappos, a Nordstrom, a Chick-fil-A ou a John Lewis, querendo ou não.

O QUE É EXPERIÊNCIA DO CLIENTE OU *CUSTOMER EXPERIENCE* (CX)?

Não deixamos as emoções em casa quando vamos trabalhar. Experiências do cliente têm tudo a ver com emoções. Sabemos que a experiência do cliente é tão importante para clientes de empresas como para o público geral. Ela só não parece conseguir a devida atenção.

Recentemente, Paul Hague (o pai) visitou a Bradford University para participar de uma reunião. Foi um encontro *pro bono*, e ele estava feliz por fazer parte e contribuir, sobretudo porque Bradford, em Yorkshire, é sua antiga cidade natal. Foi lá que ele cresceu e estudou. A reunião durou o dia todo. Terminou às 16h, e ele voltou para o carro e encontrou uma multa de estacionamento na janela. Dizia que ele havia estacionado em local proibido e teria de pagar uma multa de £60, reduzida para £30 se pagasse em até 14 dias. Ora, Paul Hague pode pagar £30. Pode pagar £60 também. Porém, ficou irritado com a multa, que julgou injusta. Ele correu de volta ao prédio da universidade, encontrou o balcão da segurança e pediu uma explicação. Disseram que ele deveria ter uma permissão para estacionar, embora não estivesse ciente disso e as placas do lado de fora do estacionamento que davam essas instruções não eram de fácil leitura por alguém que tentasse entrar. Constatou-se que a gestão do estacionamento da Universidade é subcontratada para uma empresa privada e que os litígios teriam de ser resolvidos por escrito (por carta).

A Bradford University é uma boa universidade, como todas são. O dia transcorreu bem, e a Universidade havia deixado uma ótima impressão – até a descoberta da multa de estacionamento! Paul voltou para Manchester espumando de raiva. A primeira coisa que fez (após reclamar amargamente com a esposa) foi ligar o computador e escrever cartas para várias pessoas que trabalhavam na segurança, um professor que comandou a reunião e a empresa responsável pelo estacionamento. Se alguém tivesse perguntado a Paul quais as chances de ele recomendar a Bradford University, em uma escala de 0 a 10, onde 10 seria muito provável, teria dado uma nota zero.

O propósito dessa história não é difamar a Bradford University. Essas coisas acontecem, e os administradores da Universidade ficariam chocados com as consequências negativas da multa de estacionamento.

Talvez eles pensem que a reação de Paul foi totalmente irracional – e foi. Mas não é essa a questão. Todos nós temos emoções, e elas podem nos afetar de maneiras engraçadas. Às vezes, coisas bem pequenas, como uma sensação de injustiça, podem atrapalhar o panorama geral. Coisas pequenas que acontecem bem no fim de uma reunião ou de uma transação podem deixar uma impressão ruim, com pouca chance de reparação. Em um restaurante, lembramos muito mais do café horroroso do que da entrada fabulosa.

Empresas *business-to-business* são boas em processos. Elas sabem como fabricar as coisas. Sabem como cortar um centavo aqui e outro ali para fazer as coisas funcionarem com mais eficiência. São boas em controle de qualidade, Six Sigma[2] e logística. Porém, quando se trata de emoções e experiências do cliente, muitas empresas se limitam a deixá-las nas mãos do time de vendas. Não é assim que deveria ser. Experiência do cliente não é frescura. Não é inútil. Argumentaremos que ela oferece retornos concretos – ótimos retornos, frequentemente muito melhores que qualquer investimento em novos equipamentos ou um galpão. A questão é que é possível tocar em um novo equipamento ou andar até um galpão. O investimento é mais óbvio. Investir em experiência do cliente é investir em uma filosofia. A palavra "cultura" dará as caras frequentemente em nossas conversas, porque é ela que impulsiona a boa experiência do cliente. Em qualquer empresa, a cultura é impulsionada a partir do topo, e, para ser realista, não está sempre lá, como gostaríamos. Entretanto, bolsões de cultura disponibilizados para entregar experiência do cliente podem ocorrer em todo lugar, e, uma vez que as pessoas percebem que elas estão proporcionando resultados incríveis, outras vão querer copiá-las. A liderança do alto escalão é desejável, mas, se ela não existir, aceitaremos a liderança de onde ela vier. O importante é que, através de você, possamos influenciar os líderes empresariais. Tão logo vejam o que isso pode fazer com os resultados financeiros, serão eternos devotos.

---

[2] Conjunto de práticas desenvolvidas originalmente pela empresa Motorola para aprimorar os processos ao excluir defeitos – isto é, a não conformidade de um serviço ou produto a suas especificações. (N. T.)

APRENDENDO COM O VAREJO DE RUA

Com frequência discutiremos o que está acontecendo nos mercados consumidores, porque são exemplos com que todos nós nos identificamos. Além disso, as expectativas que temos como Sr. Empresa e Sr. Público estão ficando mais parecidas. O condicionamento que recebemos como clientes das empresas que operam no varejo em geral certamente nos faz imaginar por que não podemos obter ou proporcionar o mesmo serviço nas empresas onde trabalhamos.

O varejo mudou da água para o vinho ao longo dos últimos anos. Um relatório do Departamento de Comércio dos EUA nos informa que, em 2016, as vendas totais do *e-commerce* corresponderam a 12% de todas as vendas no varejo (Marketing Land, 2017). No Reino Unido, as vendas pela internet em 2016 corresponderam a 17% (Centre for Retail Research, 2017). A penetração do *on-line* é ligeiramente inferior no restante da Europa, embora avanços rápidos estejam sendo feitos. A internet mudou comportamentos relacionados à experiência do cliente. As pessoas não precisam mais ir a lojas para fazer compras; elas podem fazer isso clicando em um botão no celular. A internet proporciona experiências instantâneas, preços mais transparentes, comparação fácil entre produtos, avaliações de clientes e críticos amadores. Ficou evidente, na pesquisa que fizemos para este livro, que muitas das empresas *business-to-business* foram fortemente influenciadas por empresas B2C. A seguinte resposta foi frequente:

> "Acredito que a Netflix seja um estudo de caso brilhante. Eles conseguem fazer as coisas acontecerem. É necessário estabelecer as prioridades corretamente, mas depois é preciso fazer as coisas acontecerem. É preciso fazer as coisas acontecerem localmente e, então, colocá-las pra rodar. Fazer as coisas acontecerem na nossa empresa é um grande desafio. Nós ainda não estamos mobilizados para fazer com que isso aconteça em toda a empresa."

Portanto, há um reconhecimento de que temos muito o que aprender com empresas B2C sobre como proporcionar uma boa experiência do cliente. Empresas *business-to-business* estão chegando lá. Elas sabem a importância do engajamento do cliente. Tradicionalmente, contam com times de vendas fazendo visitas pessoais aos clientes, desenvolvendo relações próximas e tentando garantir que estejam plenamente satisfeitos. Mesmo que um vendedor não tenha que visitar um cliente, normalmente há algum tipo de interação. Alguém do suporte ao cliente conversará com ele ao telefone, alguém enviará um e-mail ou discutirá com ele sobre um problema técnico. Empresas B2B sempre tiveram o cliente como centro.

Será? Embora possa ser verdade que haja muita interação pessoal entre clientes e fornecedores no *business-to-business*, em geral isso é por causa de um único objetivo em mente: vender produtos para o cliente. O que não chega a ser uma surpresa, afinal as empresas existem para vender produtos ou serviços. No entanto, uma empresa que foca na venda tem uma mentalidade muito diferente de outra que se concentra na satisfação das necessidades do cliente no longo prazo. É por isso que as empresas B2B são estruturadas para fechar negócios oferecendo o melhor produto, no momento certo, e pelo preço adequado. Esses são atributos bastante funcionais, e é absolutamente essencial que toda empresa acerte esses pontos se quiser competir no mercado. Contudo, no mundo de hoje, isso não é o bastante. A maioria das empresas oferece bons produtos, na hora certa e com o preço adequado. Se isso não fosse verdade, nem existiriam mais. Mas é preciso algo a mais para se destacar e sobressair em relação à concorrência. Muitas vezes, esse "algo a mais" é emocional e ativado por experiências que os fornecedores podem proporcionar. O problema das empresas *business-to-business* é que nem sempre são consistentes. Uma pessoa que colaborou com a pesquisa deste livro enfatizou essa questão:

> "Nosso maior desafio é ter consistência e credibilidade. Ter a experiência perfeita no B2B não é algo que aconteça uma única vez. Você deve ser capaz de demonstrar, dia a dia, que valoriza a experiência do cliente. No ambiente B2B, uma única experiência ruim pode arruinar toda a experiência do cliente, mesmo que em outras 99 vezes a experiência tenha sido

> muito boa. Uma das coisas que você precisa fazer bem é ter consistência e comunicá-la por toda a organização. A grande questão é: 'como fazer as coisas direito todas as vezes?'."

A experiência do cliente que tomamos como certa no varejo de rua e na internet tornaram-se parâmetros pelos quais avaliamos todos os fornecedores. Como consumidores de produtos de consumo, é muito fácil fazermos nossas compras em outro lugar se não estivermos totalmente satisfeitos. Esse é um grande incentivo para empresas B2C se esforçarem ao máximo para entregar o melhor serviço ao cliente. Em geral, elas conseguem fazer isso, mas, quando falham nessa missão, o cruel mundo da economia fará com que melhorem ou saiam do negócio.

EMOÇÕES E A EXPERIÊNCIA DO CLIENTE

Se os produtos e serviços que compramos corresponderem às nossas expectativas, as nossas experiências, na maioria das vezes, permanecerão na zona neutra. As nossas expectativas são definidas pelo histórico de nossas experiências ou pelas promessas que uma empresa faz. Se estamos habituados a entregas em três semanas, provavelmente não pensaríamos em questionar o fornecedor perguntando por que não podemos receber o produto em uma semana. Se colocamos uma notificação do tipo "fora do escritório" quando não estamos em nossas mesas, não ficamos surpresos em receber uma do vendedor de nosso fornecedor. Isso é normal.

Muitas vezes, fornecedores *business-to-business* são privilegiados por terem maior retenção de clientes que empresas *business-to-consumer* (B2C). Fornecedores B2B podem ter contratos com clientes que duram um ano ou mais. Mesmo que não haja contratos em vigor, os produtos de um fornecedor podem ter sido testados e aprovados. Mudar para um novo fornecedor pode ser trabalhoso e problemático para a empresa compradora. Há uma tendência em ficar com a "dificuldade que já se conhece". Talvez o fornecedor *business-to-business* pense que a concorrência não será diferente ou melhor. Empresas *business-to-business* não têm motivação para melhorar a qualidade de um serviço que seja "bom o suficiente". E, para ser generoso, elas simplesmente podem não ter aprendido as habilidades para entregar um serviço de excelência.

Emoções são um sinal do que nos causa prazer ou dor (Nummenmaa *et al*, 2014). Elas vêm à tona quando algo acontece. Nosso sistema nervoso fica em alerta, e o estado mental se modifica. Essas mudanças são automáticas. Sem pensar, nossa expressão facial mudará. Se falarmos, o tom de voz provavelmente será diferente. Se as coisas ficarem realmente sérias, podemos começar a transpirar.

Embora haja um sem-número de emoções que nos causam sofrimento ou prazer, uma quantidade pequena resume a maioria de nossos sentimentos:

- Felizes e satisfeitos.
- Ansiosos (que pode ser no sentido negativo ou positivo).
- Nervosos, assustados ou tensos.
- Com raiva (que varia da irritação à fúria).
- Tristes e decepcionados.
- Amorosos, emocionados ou empáticos.

Voltaremos muitas vezes ao tema das emoções. Por ora, só precisamos saber que elas são o resultado de experiências. Naturalmente, nossa meta é proporcionar uma experiência do cliente que evoque as emoções mais positivas.

OS GATILHOS DAS EMOÇÕES

Você já deve ter notado que, para as emoções surgirem, deve haver um gatilho que as desencadeie. Esse é o centro de uma excelente experiência do cliente. É preciso que haja coisas que gerem emoções positivas. O que poderiam ser essas coisas?

Dissemos que uma situação linear não nos faz sentir nada. Emoções precisam de algum tipo de ação ou evento que as despertem. Esses eventos não precisam ser de abalar as estruturas. Uma resposta rápida a um pedido nos deixará tranquilos e controlará nossas expectativas.

Poucos dias atrás, pedimos pela internet óleo de semente de canola prensado a frio. A confirmação do pedido foi imediata, acompanhada pela seguinte mensagem:

> Obrigado pela compra! Preparamos nossas encomendas postais uma ou duas vezes por semana, juntamos todas elas, empacotamos e colamos etiquetas; depois, um de nós as leva ao correio local e, para não precisar cobrar um frete caro, mandamos pelo tipo de envio mais barato. Elas sempre chegam até você, mas, pelos motivos que citamos acima, receio que não seja da noite para o dia. Pode levar alguns dias, então, tenha paciência conosco, valerá a pena!

Nossas expectativas foram então criadas, e fomos empáticos com o motivo do pequeno atraso no pedido. No dia seguinte, outro e-mail anunciou que o pedido fora enviado e, na verdade, chegou mais tarde no mesmo dia. As expectativas foram criadas, superadas e ficamos encantados.

Quando abrimos as caixas, as garrafas de óleo estavam envoltas com segurança em plástico-bolha e havia um cartão de agradecimento contendo alguns fatos interessantes e tranquilizadores sobre a compra. Fomos informados de que os produtos eram fabricados em uma fazenda, sob supervisão cuidadosa. As informações continuavam, dizendo que os ingredientes eram naturais e, pelo fato de a semente de canola ser pobre em gorduras saturadas, ela faz bem para o coração. Tudo coisa simples, e ainda assim validando nossa decisão de comprar de uma empresa que não conhecíamos. Os e-mails e o bilhete na caixa custaram muito pouco ao fornecedor. Quando foi a última vez que você viu um bilhete desses em alguma coisa que comprou de uma empresa B2B?

PEQUENAS DOSES DE PRAZER

Pequenas coisas podem significar muito. Uma boa experiência do cliente é proporcionada pela gestão das expectativas e pelo acréscimo de prazeres inesperados. Esses últimos não precisam ser muitos. Uma boa experiência do cliente e uma lealdade sólida são construídas em pequenas doses.

Nada do que dissemos é revolucionário, e você conseguirá relatar experiências semelhantes. Mas quantas dessas experiências acontecem em mercados *business-to-business*? Quantos pedidos que você envia incluem um bilhete com fatos interessantes sobre seus produtos que garantirão ao cliente que ele está lidando com um fornecedor de excelência? Nosso objetivo é fazer você reconhecer que uma excelente experiência do cliente é dinâmica. Ela precisa mudar porque são os prazeres inesperados que geram reações positivas. Isso significa manter constantemente os olhos e os ouvidos abertos a novas ideias que o destacarão como uma empresa que proporciona uma excelente experiência do cliente.

Somos realistas. Sabemos que é uma tarefa difícil, provavelmente impossível, proporcionar um fluxo constante de novas experiências prazerosas semana após semana. Simplesmente não há ideias suficientes, e, em todo caso, isso não é necessário. Também devemos estar cientes de que algumas das doses de prazer irritarão o cliente se o básico não for cumprido. Antes mesmo de pensarmos em elaborar uma excelente experiência do cliente, temos de ter o produto certo, no preço certo, entregue ao cliente do jeito certo.

Veio à lembrança um grupo de foco desastroso, em que os clientes foram convidados a refletir sobre várias coisas que um fornecedor poderia fazer para agregar valor a seus produtos e serviços. O moderador que administrava o grupo de foco tentou fazer os clientes discutirem várias opções agregadoras de valor. No entanto, a conversa foi para um caminho ruim, porque o fornecedor que patrocinava o grupo de foco não estava conseguindo entregar os produtos a tempo e isso estava criando problemas consideráveis. Os clientes haviam recorrido ao grupo de foco na esperança de ouvirem como esse problema básico seria corrigido. O fornecedor tinha ciência total dos problemas de entrega e estava trabalhando em soluções, mas elas não eram fáceis e consumiam tempo e dinheiro. Nesse meio-tempo, o fornecedor tentava obter vitórias rápidas com a introdução de pequenas melhorias que poderiam agregar valor e custar pouco. Infelizmente, os clientes viam essas coisinhas como distrações do que realmente valorizavam, e não conseguiriam levá-las em consideração até que o básico fosse cumprido.

Proporcionar uma excelente experiência do cliente não exige entusiasmo constante ou iniciativas de marketing. Também não é complicado. Mas é trabalho duro. Tem a ver com foco. Foco no cliente, garantindo que estamos proporcionando tudo de que ele precisa e acrescentando uma pitada a mais. A pitada a mais, conforme discutiremos, não exigirá um forte investimento em fábricas e equipamentos. Porém, talvez signifique mudança na mentalidade da sua empresa. A nova mentalidade não será confinada aos times de vendas e marketing. **Ela deve permear toda a empresa**. O ideal seria que começasse no topo, o que seria uma demonstração de comprometimento dos líderes da empresa. No entanto, a maioria dos líderes empresariais se formaram em finanças ou administração de negócios. Poucos ascenderam pelos cargos de vendas ou marketing. Todos os líderes de empresas concordarão que uma excelente experiência do cliente é importante, mas talvez não tenham a devoção necessária para garantir que ela seja priorizada quando outros imperativos vierem à tona. Isso significa que a iniciativa da experiência do cliente, assim como uma ameba, talvez tenha de começar no meio da empresa e crescer para as bordas, conquistando aliados e provando o seu valor para o restante da empresa até que todos os analistas de crédito, o pessoal da produção, o RH e a contabilidade entrem no barco.

A ESTRUTURA DO LIVRO

Este livro está dividido em cinco partes.

◢ Parte Um: Pra que se dar ao trabalho?

Nesta primeira parte, exploramos os benefícios de uma boa experiência do cliente. Há várias relações entre experiência do cliente, satisfação do cliente e lealdade do cliente. Elas jogam de maneiras diferentes, e devemos saber como interagem. Líderes empresariais perguntarão por que é necessário ter uma obsessão fanática com a experiência do cliente, e têm todo o direito de pedir provas de que ela proporciona um maior valor vitalício e produtividade ao cliente.

◢ Parte Dois: Mapeando a situação atual da experiência do cliente

A fim de proporcionar uma excelente experiência do cliente, precisamos saber qual é a nossa situação atual. Na Parte Dois deste livro, abordamos os seis pilares da experiência do cliente, que fornece a estratégia para o programa. Os seis pilares são comprometimento, *fulfilment* (isto é, cumprir o que prometemos), sem atrito, responsividade, proatividade e evolução.

Também analisamos os *drivers* (motores) da experiência do cliente e mostramos como uma excelente experiência do cliente provém de bons relacionamentos, de respostas rápidas e da construção de uma empresa com a qual seja fácil fazer negócios. Quando compreendermos os *drivers*, precisaremos mensurá-los e criar *benchmarks* para que possamos fazer análises comparativas e verificar o impacto em nossas empresas. As *benchmarks* serão importantes para nos ajudar a ver o efeito de nosso programa de experiência do cliente mês a mês ou ano a ano. Elas também mostrarão nosso desempenho em relação a outras empresas.

Em seguida, discutiremos a jornada do cliente. Ela é fundamental para a experiência do cliente. As necessidades das pessoas variam consideravelmente, dependendo se elas estão no início de um relacionamento com um fornecedor ou se já são clientes há anos.

◢ Parte Três: Estratégias para se alcançar uma excelente experiência do cliente

Após mapear o ponto em que estamos na experiência do cliente e desenvolver métricas apropriadas para usar como controle, precisamos definir objetivos para o programa. Esses objetivos precisam ser atingíveis e ter um prazo definido.

Com os objetivos definidos, mostramos como desenvolver estratégias que assegurarão que poderemos atingi-las. As estratégias precisam de aceitação e comprometimento dos líderes da empresa e dos times de vendas e marketing que proporcionarão a experiência. Discutimos a importância de integrar os times internos e de criar uma cultura de orientação para o cliente, necessária para a estratégia funcionar.

Clientes não são todos iguais. As diferenças nos levam à importância de reconhecer grupos diferentes de clientes e ter estratégias apropriadas para cada segmento.

◢ Parte Quatro: Implementando um programa de experiência do cliente

Frequentemente a implementação é a tarefa mais difícil em negócios. Discutimos como o *branding*, o posicionamento do produto, o preço, o canal de distribuição e a promoção desempenham um papel fundamental no programa da experiência do cliente.

No marketing *business-to-business*, relacionamentos têm importância fundamental. Consideramos o papel desempenhado pelas pessoas, além dos 4Ps e do *branding*.

◢ Parte Cinco: Controles que garantem que o programa de experiência do cliente mantenha o rumo

Proporcionar uma excelente experiência do cliente é uma corrida sem fim. Por esse motivo, precisamos monitorar, mudar e aprimorar nossos processos constantemente. Na Parte Cinco, mostramos como rastrear o desempenho ao longo do tempo e como continuar reinventando o processo para que ele esteja sempre renovado. ■

PARA REFLETIR

Ao final de cada capítulo, há algumas perguntas para reflexão. Neste começo, pergunte-se o seguinte:

▶ Qual é a vontade de estabelecer um programa de experiência do cliente na sua empresa? De onde vem essa vontade e a iniciativa do programa?

▶ O que está despertando o interesse pela experiência do cliente na sua empresa? Em que medida esse interesse é motivado por um

> desejo de conseguir mais clientes leais, superar a concorrência ou melhorar a lucratividade?
>
> ▶ Até que ponto as conexões emocionais entre os seus clientes e a sua empresa são fortes? Como essas conexões se desenvolveram? Qual é o grau de consistência no desenvolvimento delas?

REFERÊNCIAS

Centre for Retail Research (2017) Online Retailing: Britain, Europe US and Canada 2017. Disponível em: www.retailresearch.org/onlineretailing.php [último acesso em 3 de outubro de 2017].

Marketing Land (2017) Report: E-commerce accounted for 11.7% of total retail sales in 2016, up 15.6% over 2015, February. Disponível em: http://marketingland.com/report-e-commerce-accounted-11-7-total-retailsales-2016-15-6-2015-207088 [último acesso em 3 de outubro de 2017].

Nummenmaa, L., Glereana, E., Harib R. e Hietanen, J. K. (2014) Bodily maps of emotions, *Proceedings of the National Academy of Sciences*, 111 (2), p. 646-651.

2

Explorando a experiência do cliente, a lealdade e a inércia

SATISFAÇÃO E LEALDADE

ACIMA DE TUDO, queremos que nossos clientes sejam leais. Clientes leais são nossos melhores vendedores. A lealdade gera devoção, e clientes devotados adoram falar sobre fornecedores e por que eles são tão incríveis. Com clientes leais, você quase nem precisará de vendedores. Um cliente que o elogia e o recomenda como fornecedor tem muito mais credibilidade do que um funcionário. Um cliente leal volta várias vezes, e ao longo da vida gasta uma quantia significativa de dinheiro com você. Podemos ficar obcecados por clientes grandes. É compreensível; um cliente grande faz uma grande diferença na receita. O trabalho de lidar com dois ou três clientes grandes pode ser árduo, mas é mais fácil do que lidar com 100 pequenos. No entanto, se perdemos um cliente grande, o que resta é um enorme buraco.

Em 2005, a PortalPlayer fez negócios vultosos com a Apple, que comprou seus semicondutores especializados para o iPod original. Na época, seu diretor-executivo disse que estava "bem-posicionado para o próximo ano" graças ao relacionamento sólido com seus principais clientes. Apenas quatro meses depois, a Apple trocou de fornecedor. As ações da PortalPlayer perderam metade do valor da noite para o dia (Bradshaw, 2017), e em 2007 foram adquiridas por US$ 357 milhões pela Nvidia Corporation (Nvidia, 2017). Até 2005, a PortalPlayer teria considerado a Apple um de seus clientes mais leais. Na verdade, era tamanha a dependência que a PortalPlayer tinha da Apple que esta representava 90% de sua receita. Não se pode confiar na lealdade, por mais desejável que ela seja. É algo que precisa ser conquistado e alimentado. Talvez você pense que o seu relacionamento com o cliente é sólido como uma rocha quando, na verdade, ele pode estar conversando com outro fornecedor que está fazendo promessas e oferecendo um preço de atirar a lealdade pela janela.

Vamos a outro extremo, considerando a Archer's Bakers em Marple, a pequena cidade onde moramos. Eles têm centenas de clientes, nenhum deles grande ou dominante. O pão e a torta de carne da Archer são famosos, e, na véspera de Natal, uma fila se estende do lado de fora da loja enquanto as pessoas, pacientemente, esperam para receber seus pedidos. A cada semana, um cliente médio gasta apenas algum dinheiro na loja. No entanto, clientes leais fazem isso toda semana, e muitos deles vêm fazendo há anos. Não seria difícil encontrar uma boa quantidade de clientes que gastaram mais de £1.000 na loja durante toda a vida, e eles continuam voltando para comprar mais. A lealdade traz consigo um valor que, divulgado para um número grande de clientes, pode ser muito mais seguro que o negócio da PortalPlayer com a Apple.

Há muitos Archer's nos mercados *business-to-business*, pequenas empresas fornecendo serviços de software, fabricando peças fundidas ou oferecendo serviços de publicidade. Elas são geridas por proprietários e famílias que conhecem os próprios clientes, e moverão céus e mares se for pedido. Para essas pequenas empresas, a questão de proporcionar uma excelente experiência do cliente é óbvia e fundamental. Elas dependem de uma base de clientes leais e farão tudo para garantir que as coisas continuem assim.

Isso traz à tona o assunto: o que impulsiona a lealdade? Sem dúvida, um cliente deve estar satisfeito. É difícil pensar que um cliente insatisfeito permanecerá leal por muito tempo. Porém, só a satisfação não garante lealdade. A Amazon faz um ótimo trabalho e recebe pontuações de satisfação elevada dos clientes. Isso não quer dizer que seus clientes sejam totalmente leais à empresa. Ela é a "loja de tudo", mas ninguém compra tudo na Amazon. Quando convém, distribuímos nossas compras e adquirimos de outros fornecedores, ainda que estejamos satisfeitos com a Amazon. Um cliente leal não terá hábitos de compra tão promíscuos.

O ponto de partida da lealdade exige que o cliente receba uma oferta quase perfeita em termos de preço, produto e local onde ele é vendido. Isso é o básico que esperamos, e queremos que tudo saia conforme nossas expectativas sempre que fazemos uma compra. Se um fornecedor demonstra ser consistentemente bom nesses itens básicos enquanto a concorrência não é confiável, isso em si tornaria os clientes leais à empresa consistente. No entanto, seria incomum, porque na maioria dos mercados há muitos outros fornecedores, e a maioria oferece um padrão similar. Sendo este o caso, deve haver algo a mais para que a lealdade seja alcançada, e esse algo a mais frequentemente tem a ver com pessoas.

Onde existe um relacionamento pessoal sólido com o fornecedor, há uma boa chance de haver um elevado nível de lealdade. O relacionamento que a Apple tinha com a PortalPlayer foi sólido por vários anos, e durante esse período seria possível dizer que havia um alto nível de lealdade. O problema com a PortalPlayer foi, simplesmente, sua dependência excessiva da Apple, porque a lealdade, por mais sólida que seja, não dura para sempre.

Quando o leite era entregue na porta de casa, as pessoas permaneciam leais. Elas conheciam pessoalmente o leiteiro ou a leiteira. Quem acordava cedo os veria fazendo as entregas. Outros os veriam quando eles batiam na porta para pegar o dinheiro toda semana. Elas valorizavam o serviço confiável, que de vez em quando seria feito sob condições climáticas difíceis no meio do inverno. As pessoas não trocavam de leiteiro com regularidade. O relacionamento era sólido, mas não garantia lealdade. As condições mudam. Os supermercados disponibilizavam garrafas grandes de leite com vida útil de mais de uma semana, a preços que os entregadores de leite não podiam cobrir. Mães e pais, ao irem trabalhar, não estavam em casa para colocar o leite na geladeira em um dia quente. Esse declínio no uso da entrega de leite de porta em porta não diminui o fato de que por muitos anos as pessoas foram extremamente leais à sua leiteira porque valorizavam o serviço pessoal.

LEALDADE A EMPRESAS

Pessoas gostam de fazer negócios com pessoas, e essa é uma boa base para construir lealdade. Mas é possível ser leal a uma empresa? Essa é uma pergunta crucial, já que nosso interesse é como podemos usar a experiência do cliente para construir lealdade B2B. A Wikipédia começa seu texto sobre a lealdade desta forma:

> "Lealdade é a dedicação a uma causa, país, grupo ou pessoa. Filósofos discordam sobre o que pode ser o objeto da lealdade, já que alguns argumentam que ela é estritamente interpessoal e apenas outro ser humano pode ser objeto de lealdade."

Nessa definição não há menção alguma à lealdade a uma empresa. Porém, empresas são constituídas por pessoas, e, assim como existe lealdade a uma leiteira, existe lealdade a indivíduos dentro de uma organização. Além disso, empresas desenvolvem marcas, e elas simbolizam alguma coisa. Com o passar do tempo, as marcas se tornam um tipo de causa, e isso gera lealdade. No Capítulo 14, falamos mais sobre o papel das marcas e da experiência do cliente.

Na realidade, clientes B2B parecem bem mais leais que o público geral. Para uma empresa *business-to-business*, não é incomum ter clientes que vêm comprando com elas há mais de dez anos. Esse é um tipo de lealdade, mas não no sentido real da palavra. Não é uma lealdade e dedicação que não podem ser rompidas. A maioria das empresas *business-to-business* têm receio de colocar todos os ovos em uma única cesta. Com muita frequência, elas compram de dois ou três fornecedores. Isso quer dizer que um fornecedor B2B pode acreditar que possui a dedicação de um cliente quando, na verdade, é uma lealdade dividida, em que o negócio é dividido entre vários fornecedores diferentes. Vimos como a dedicação da Apple à PortalPlayer terminou quando alguém pensou que havia alternativa melhor.

Considere o exemplo dos bancos. Não é raro um banco ter clientes com quem trabalham durante anos. Alguns dos clientes do banco podem estar insatisfeitos, ou ao menos não exatamente satisfeitos, embora não a ponto de estarem preparados para se dar ao trabalho de mudar para um banco diferente. Efetivamente, eles são reféns do banco. Quem continua cliente do banco em tais circunstâncias está adotando a lei do mínimo esforço, apesar das falhas do serviço bancário. Não somente mudar exige esforços como o cliente pode sentir que um banco diferente não seria necessariamente melhor.

Essa falsa lealdade é comum em mercados *business-to-business*. Muitos clientes continuam a fazer negócios com seus fornecedores por inércia; é mais fácil continuar como sempre do que enfrentar o drama de buscar um novo fornecedor. Mudar para um novo fornecedor pode exigir aprovações, novos acordos de serviços, e que os novos arranjos financeiros necessários estejam em vigor. Depois de tudo isso, ainda há a preocupação de que as promessas do novo fornecedor não sejam cumpridas.

RECUPERANDO A LEALDADE PERDIDA

O que é um cliente leal? Vimos que a Apple parecia ser um cliente leal da PortalPlayer e, de fato, era – até as coisas mudarem. No final, a lealdade da Apple era principalmente a si mesma. Se ela acredita que pode conseguir produtos melhores ou um melhor acordo empresarial, a lealdade já era.

Se descobrimos que um cliente usou o mesmo fornecedor por dez anos, isso significa que ele é leal? Durante dez anos, o cliente pode ter lidado com dois ou três outros fornecedores, comparando um com o outro para garantir obter o melhor preço e suprimento. O negócio compartilhado entre os diferentes fornecedores poderia ser mudado a qualquer momento. O que tinha cara de lealdade pode ter sido uma jogada tática da parte do cliente.

Vamos examinar os fatores que rompem essa aparente lealdade e o que pode ser feito a respeito deles:

> **Pisar na bola:** todo fornecedor comete erros de vez em quando. Produtos estragam, entregas atrasam, pessoas não conseguem fazer o que disseram que fariam. É importante reconhecer que essas coisas acontecerão e que há um procedimento para organizá-las. A primeira (e óbvia) coisa a se fazer é corrigir o problema. Isso exigirá esforço e trará custos. A correção deve ser rápida e eficiente. Um cliente que enfrenta um problema não tende a tolerar demora para que ele seja resolvido.

Em segundo lugar, quase sempre é importante pedir mil desculpas. Algumas pessoas acham isso difícil, sobretudo se acreditam que a falha não aconteceu 100% por sua culpa. Os advogados da empresa fornecedora podem se preocupar, porque admitir a culpa sugere que eles tiveram culpa e que isso possa levar a um processo contra a empresa. Às vezes, a coisa mais difícil é dizer "Me desculpe". No entanto, não há maneira mais direta de pedir desculpas, e quase sempre isso vai acalmar o cliente. Não estamos falando de pedir desculpas do modo como empresas aéreas fazem quando há um atraso. Sabemos que elas não se importam quando dizem "pedimos desculpas pelo inconveniente", porque dizem isso o tempo todo e os inconvenientes continuam acontecendo. Deve haver uma sensação genuína de arrependimento no pedido de desculpas.

Isso nos traz à terceira coisa a se fazer quando se pisa na bola: conserte e faça alguma coisa especial. É o que chamamos de "+1" na experiência do cliente. Está acrescentando algo. O que quer que esteja sendo acrescentado é importante. Se o hotel onde você ficou a negócios pisa na bola e oferece uma estadia gratuita de uma noite para uma pessoa num fim de semana, não vale a pena se o local nunca mais será visitado. Porém, se for oferecida uma noite gratuita em qualquer hotel de toda a rede, teria mais valor para recuperar o cliente. Quando uma empresa corrige um problema com desenvoltura, isso pode fazer o cliente tê-la em um conceito mais alto que anteriormente. Isso se chama Paradoxo de Recuperação do Serviço (McCollough e Bharadwaj, 1992). É um paradoxo que uma experiência do cliente desastrosa, seguida por um enorme pedido de desculpas, uma correção rápida do problema e um acréscimo +1, seja tão apreciada a ponto de os clientes terem o fornecedor em mais alta conta do que antes.

> **A concorrência oferece um negócio melhor:** sempre há um fornecedor que oferecerá algo mais barato e melhor. É surpreendente que, com tentações como essas, os clientes não façam mudanças com maior frequência. Sem dúvida, eles aprenderam que promessas feitas por potenciais fornecedores podem não vingar, e o risco da troca pode não valer a pena.

Dito isto, os clientes podem e de fato ficam de olho no mercado, e alguns darão suas voltas por aí. Três professores de marketing, Kumar,

Bhagwat e Zhang, estudaram o assunto e sugerem que é possível mirar clientes específicos perdidos que tenham maior tendência a voltar (Kumar *et al*, 2015). Eles descobriram que clientes que fogem por causa do preço podem ser recuperados e ficar por mais tempo do que no início. Se o cliente saiu por conta do serviço deficiente, é mais difícil recuperá-lo. Os professores também descobriram que oferecer ao cliente perdido um novo pacote, como melhor preço e uma oferta sob medida, teve mais sucesso que simplesmente oferecer um desconto generoso nos preços.

A EXPERIÊNCIA DO CLIENTE E A HORA DA VERDADE

Em 1981, Jan Carlzon se tornou CEO da Scandinavian Airlines (SAS). A empresa estava sofrendo perdas financeiras significativas, e era famosa por estar sempre atrasada. A prioridade de Carlzon em seu novo cargo foi corrigir o básico. Em um ano, a SAS passou do 14º lugar entre 17 companhias aéreas europeias em termos de pontualidade para o primeiro. Ele mudou o comando centralizado e a natureza controladora da companhia para outro que colocou a tomada de decisões nas mãos do time que tratava direto com o cliente. Isso não somente demonstrou ser um incentivo e tanto para o moral do time como também fez amplas melhorias no serviço ao cliente. No início de 1984, a Air Transport World nomeou a SAS a "empresa aérea do ano" de 1983. A companhia deu a volta por cima melhorando a experiência do cliente. A história foi contada por Carlzon em seu livro, *A Hora da Verdade* (Carlzon, 1987). A "hora da verdade" era toda ocasião em que um cliente entrava em contato com um funcionário da SAS. Em uma empresa de serviços como uma companhia aérea, isso pode acrescentar muitos milhões de ocasiões em um ano. Elas são chamadas de "horas da verdade" porque determinam se a empresa vai ter sucesso ou fracasso aos olhos do cliente. Como afirma Carlzon: "Há horas em que temos de provar a nossos clientes que a SAS é a melhor alternativa".

Companhias aéreas fornecem terreno fértil para histórias sobre experiências do cliente. Uma empresa aérea que construiu sua marca e reputação proporcionando uma excelente experiência do cliente é a Southwest Airlines. A história dessa companhia é descrita no livro

Nuts! (Freiberg and Freiberg, 1998). Um colega nosso nos contou a seguinte experiência em um voo pela Southwest:

> "Estávamos no meio de um voo pela Southwest quando um passageiro se levantou para ir ao banheiro na parte de trás do avião. A comissária de bordo se levantou no corredor e disse a todo mundo que era aniversário do tal passageiro. Ela pediu a todos que gritassem 'Feliz aniversário, Jim' quando ele saísse do banheiro. Então, a comissária usou canudos para fazer um chapéu de aniversário para Jim, o qual ele orgulhosamente usou durante o resto da viagem. No mesmo voo, o piloto se apresentou em pessoa antes de sair do portão, dizendo a todos cara a cara qual seria o tempo do trajeto e que o voo seria tranquilo. Foi legal ver o rosto da pessoa que pilotava o avião! Isso é o que eu chamaria de empresa genuinamente pessoal."

Herb Kelleher, fundador e CEO da Southwest, registrou sua personalidade na linha aérea. Não é incomum que o time da Southwest faça os anúncios de segurança. O ponto de partida de Kelleher é levar as pessoas certas para a empresa. Ele encarrega seu departamento pessoal de descobrir pessoas com senso de humor: "Quero que voar seja algo muito divertido!". Seu ponto de vista é que se contratam atitudes e se treinam habilidades.

Não pense que é mais fácil para uma companhia aérea criar uma excelente experiência do cliente do que para um fornecedor *business-to-business*. Há várias companhias aéreas que se saem mal em proporcionar experiências do cliente. Em geral, são as grandes companhias aéreas nacionais e tradicionais que parecem achar que está além de sua capacidade conferir discrição e autoridade ao time que lida com os clientes. Clientes estão sujeitos a caras azedas, instruções intimidantes e têm a impressão, pelo time da empresa aérea, de que todo o processo de operar a companhia seria melhor se não houvesse nenhum passageiro pagante. Por que será que vemos paralelos consideráveis com grandes empresas B2B?

A Ryanair chegou, inclusive, a atingir publicidade e notoriedade significativas com seu fraco atendimento ao cliente. Em 2014, a Siegel+Gale fez uma pesquisa com mais de 12.000 clientes em oito países, e descobriu que a Ryanair ficou em segundo lugar entre as marcas mais mal colocadas em termos de facilidade de uso dos produtos pelo cliente, interações de serviços e comunicações (Magrath, 2014). O chefe da empresa aérea, Michael O'Leary, rebateu com a pergunta "Então, por que somos a maior companhia aérea?". Ele tinha um argumento. É possível ser grande e bem-sucedido se o produto oferece todo o básico, mesmo que a experiência do cliente seja fraca. A popularidade da Ryanair foi adquirida com seus preços de banana e boa cronometragem.

A infâmia de ser nomeado e envergonhado por oferecer uma experiência do cliente tão fraca deve ter causado irritação. Talvez isso tenha feito a Ryanair se perguntar se, com um pouco mais de ternura e cuidado dispensado aos clientes, ela poderia ter sido mais bem-sucedida. Parece ser esse o caso, porque no momento da escrita deste livro, em 2017, a Ryanair anunciou iniciativas pelo terceiro ano consecutivo de seu programa "Always Getting Better", que objetiva "aprimorar todos os aspectos da experiência do cliente" (Ryanair, 2017). Os resultados financeiros sugerem que uma experiência do cliente aprimorada compensou, tanto que David Bonderman, presidente da Ryanair, fez a seguinte afirmação no relatório financeiro da empresa, que anunciou um aumento de 80% em lucros após impostos: "No ano passado, vimos nossa lucratividade crescer imensamente, enquanto aprimoramos ainda mais nossos produtos e serviços no segundo ano da AGB (Always Getting Better)" (Ryanair, 2016). ∎

> **PARA REFLETIR**
>
> ▸ Você conhece a lealdade de seus clientes?
>
> ▸ Até que ponto essa lealdade é sólida a seu favor, em vez de ficar mudando para outros fornecedores de vez em quando?
>
> ▸ Você tem um processo para recuperar clientes perdidos? Até que ponto ele é eficaz?
>
> ▸ Quantos de seus clientes dividem os negócios que fazem entre você e a concorrência? Qual é sua parte?

> O que seria necessário para você ter 100% da carteira de seus clientes?

> O que você faz que deixa seus clientes satisfeitos? O que faz que os torna leais?

> Quais são as horas da verdade para seus clientes? Como você está se saindo nessas horas?

REFERÊNCIAS

Bradshaw, T. (2017) The blessing and curse of being an Apple supplier, *Financial Times*, 7 de abril de 2017. Disponível em: https://www.ft.com/content/3d49b76a-1b76-11e7-a266-12672483791a [último acesso em 12 de fevereiro de 2018].

Carlzon, J. (1987) *Moments of Truth*, Harper Perennial, Nova York.

Freiberg, K. e Freiberg, J. (1998) *Nuts! Southwest Airlines' crazy recipe for business and personal success*, Broadway Books, Nova York.

Kumar, V., Bhagwat, Y. e Zhang, A. (2015) Regaining "lost" customers: The predictive power of first-lifetime behavior, the reason for defection, and the nature of the win-back offer, *Journal of Marketing*, 79 (4), p. 34-55.

Magrath, A. (2014) Ryanair named second-worst brand in the WORLD for customer service (but AXA insurance comes top of the poll). Disponível em: www.dailymail.co.uk/travel/travel_news/article-2812512/Ryanair-namedsecond-worst-brand-WORLD-customer-service-AXA-insurance-comes-poll.html [último acesso em 3 de outubro de 2017].

McCollough, M. A. e Bharadwaj, S. G. (1992) The recovery paradox: An examination of customer satisfaction in relation to disconfirmation, service quality, and attribution based theories, in *Marketing Theory and Applications*, ed Chris T. Allen, American Marketing Association, Chicago.

Nvidia (2017) *NVIDIA® Acquires PortalPlayer®*. Disponível em: www.nvidia.com/object/portalplayer_acquisition.html [último acesso em 3 de outubro de 2017].

Ryanair (2016) Ryanair Annual Report, FY16. Disponível em: https://investor.ryanair.com/wp-content/uploads/2016/07/Ryanair-Annual-Report-FY16.pdf [último acesso em 3 de outubro de 2017].

Ryanair (2017) Always Getting Better. Disponível em: www.ryanair.com/gb/en/useful-info/about-ryanair/always-getting-better [último acesso em 3 de outubro de 2017].

Wikipedia (2017) Loyalty. Disponível em: https://en.wikipedia.org/wiki/Loyalty [último acesso em 3 de outubro de 2017].

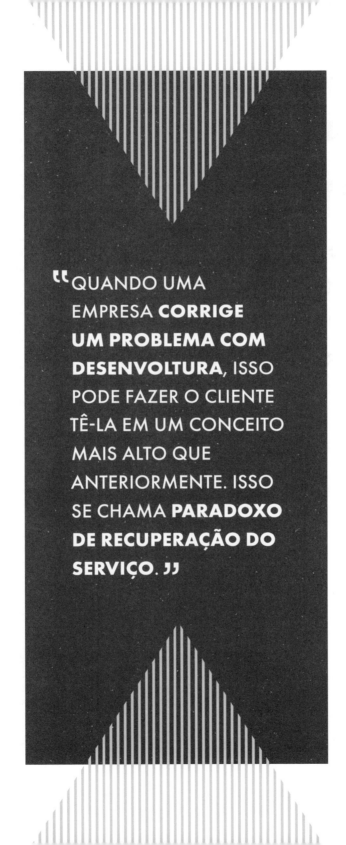

"QUANDO UMA EMPRESA **CORRIGE UM PROBLEMA COM DESENVOLTURA**, ISSO PODE FAZER O CLIENTE TÊ-LA EM UM CONCEITO MAIS ALTO QUE ANTERIORMENTE. ISSO SE CHAMA **PARADOXO DE RECUPERAÇÃO DO SERVIÇO**."

3
Entendendo a experiência do cliente e a lucratividade

ATITUDE DA EMPRESA, EXPERIÊNCIA DO CLIENTE E MEMÓRIAS

MICHAEL O'LEARY, CEO da Ryanair, certa vez provocou os clientes com ameaças de que seriam cobrados se usassem o banheiro dos aviões. As ameaças nunca se concretizaram e, talvez, nunca tenha sido essa a intenção, mas elas sinalizaram uma atitude: a de que o cliente deveria se sentir honrado por conseguir usar os serviços e produtos do fornecedor, e não de que este deveria se sentir privilegiado por ter o apoio do cliente.

Também são experiências ou comentários memoráveis e a memória estimula as experiências. Se nos lembramos de uma experiência ruim em um hotel, provavelmente não voltaremos lá. O mesmo vale com as empresas. Uma ligação desagradável ou um confronto com um agente de vendas inflexível sem dúvida causará reação. Se essa experiência ocorre no início da jornada do cliente, quando estamos considerando fazer negócios com a empresa, o resultado poderia ser um rompimento precoce do relacionamento. No momento em que este livro era escrito, um de nossos colegas estava em busca de um escritório jurídico para atuar em uma fusão e aquisição. Ele telefonou para alguns advogados com sólida reputação na área e pediu que alguém retornasse a ligação o mais rápido possível. Dos cinco advogados contatados, apenas um retornou a chamada, e eles marcaram uma reunião.

Colin Shaw, da Beyond Philosophy (Shaw, 2017), afirma que a única maneira de construir lealdade do cliente é por meio das memórias que ele tem. Emoções estimulam memórias. O problema é que, muitas vezes, não sabemos quais emoções os clientes estão sentindo durante sua jornada com um fornecedor; não sabemos quando atingem o ápice ou um ponto baixo, e não sabemos como se sentem quando a interação com o cliente acaba. Podemos perguntar às pessoas sobre suas emoções, mas às vezes é difícil descrevê-las. Elas também podem oscilar imensamente de uma situação para outra. Por mais que esse seja um tema difícil, é algo que precisamos compreender e mensurar, portanto, prepare-se para voltarmos ao assunto no Capítulo 7.

Um dos maiores problemas que enfrentamos ao proporcionar experiências do cliente é que a maioria não nos diz como se sente. Estamos todos sentados num restaurante, batendo papo com amigos ou colegas, quando um garçom passa e pergunta "tudo certo aí?". Em nove de cada dez vezes, as pessoas respondem "sim, tudo certo". Na verdade, pode não estar. A comida pode não estar lá essas coisas, as pessoas da mesa vizinha podem ser barulhentas demais, o serviço pode não ter sido rápido o suficiente. Dito isto, as coisas também não estavam tão ruins e pareceria grosseiro reclamar, logo, não o fazemos. O dono do restaurante fica com a impressão de que os clientes estão felizes, mas a verdade é que ele não sabe como se sentem. Seus clientes acham que você é uma pessoa fácil de lidar? Eles gostam de seu vendedor? Existem coisinhas que os irritam, mas que não contaram? Clientes *business-to-business* podem ser mais calados que clientes de restaurantes. Ao menos no restaurante alguém perguntou se eles estavam satisfeitos.

Se você não sabe o que está errado, é muito difícil corrigir os problemas. É preciso reconhecer que é possível melhorar as coisas. Esse é o ponto de partida da iniciativa da experiência do cliente. Um dos colaboradores de nosso livro foi honesto ao extremo:

> "Experiência do cliente não significa muito para um monte de gente na nossa empresa no momento. É um tópico puramente transacional. Somos muito bons no que fazemos hoje em um sentido transacional, mas não acrescentamos muita coisa além disso. A experiência do cliente não é um conceito bem conhecido em nossa empresa, e, por sermos B2B, as pessoas precisam ser convencidas pela ciência. Quero estabelecer uma distinção entre o serviço tradicional ao cliente e a experiência do cliente, e ainda não cheguei lá."

Isso não é incomum em empresas *business-to-business*. Na maioria delas, há grupos de pessoas que acreditam na experiência do cliente e querem que ela permeie toda a organização. Alguns acreditarão que é uma simples questão de fazer com que todos "tenham um bom dia", enquanto outros sabem que se trata de uma mudança completa de cultura.

A CADEIA DO LUCRO EM SERVIÇOS

Dizem que existem apenas três maneiras de aumentar os lucros – vender mais, cobrar mais ou reduzir os custos. Isso é verdade em grande parte, embora James Heskett, professor da Universidade Harvard, acredita que haja uma quarta maneira. Em seu livro, *The Service Profit Chain* (Heskett *et al*, 1997), Heskett e seus colegas argumentam que os lucros começam com funcionários satisfeitos. Funcionários satisfeitos trabalham duro para proporcionar um ótimo serviço aos clientes, que ficarão satisfeitos, permanecerão leais, comprarão mais da empresa e gerarão mais lucros. Intuitivamente, isso faz sentido.

A revista *Fortune* (Fortune, 2017) publica uma lista dos melhores lugares onde trabalhar. No topo da lista, pela oitava vez em onze anos, está o Google – uma empresa que atinge pontuações elevadas nos itens satisfação do cliente, lealdade e é superlucrativa. Das 20 principais empresas da lista da *Fortune* 100, seis fornecem softwares, cinco fornecem serviços financeiros e quatro, serviços profissionais. Há apenas três empresas manufatureiras, uma de biotecnologia, uma de equipamentos médicos e a outra, de construção. Se não somam 20 é porque há outra no ramo dos supermercados e a última, no de hotelaria. O ponto principal, aqui, é que as empresas manufatureiras e distribuidoras são poucas e distantes entre si.

A escassez de empresas *business-to-business* como exemplos da rede de lucro de serviços significa que precisamos escolher outro exemplo de cliente para analisar o princípio. A Taco Bell examinou a rotatividade de funcionários em todas as suas várias lojas e descobriu que os 20% das lojas com menor rotatividade de funcionários haviam dobrado as vendas e tinham 55% a mais de lucros que os 20% das lojas com maior rotatividade de pessoal (Heskett *et al*, 2008). Funcionários felizes permanecem na empresa, o que reduz custos de contratação, e também gera clientes leais e satisfeitos.

Devíamos parar por aqui. A história da Taco Bell confirma aquilo em que queremos acreditar. O problema é que há muitos estudos sobre o tema e, às vezes, os resultados que eles oferecem são conflitantes. Por exemplo, um estudo descrito no *International Journal of Hospitality Management* (Chi e Gursoy, 2009) indicou que, enquanto a *satisfação do cliente* tem um impacto positivo significativo no desempenho financeiro, a *satisfação do funcionário* não tem impacto direto significativo no desempenho financeiro. Será que é porque o mundo da gestão hoteleira emprega pessoas diferentes das que trabalham na Taco Bell? Será que é porque ainda é possível conseguir níveis razoáveis de satisfação com um time indiferente e processos eficazes? Deveríamos anotar as sábias palavras de Chris Daffy, um dos gurus da experiência do cliente que contribuiu conosco:

> "Em uma organização, deve haver alguém, de preferência um líder, ou ao menos uma pessoa influente, que realmente tenha convicções. Ele(a) precisa acreditar que, se focarmos da maneira correta no cuidado com os clientes, todas as outras peças se encaixarão. Dá para perceber que é assim no Dorchester Group. Chris Cowdray é diretor-executivo mundial do Dorchester Hotel Group, e afirma: 'Ouça, pessoal, se tratarmos nossos hóspedes de uma forma que nenhum outro hotel no mundo trata, eles continuarão voltando'. E voltam.
> O que você não quer é uma pessoa que diga: 'Podemos justificar os custos?'. Meu coração fica tipo: 'Minha nossa, essa pessoa não entendeu nada'. Certa vez, me lembro de Tom Peters gritando do palco em uma palestra: 'Se você precisa justificar os custos de proporcionar um serviço excepcional para seus clientes, nem deveria estar nesse emprego'."

Seja como for, líderes precisam, sim, justificar iniciativas nas empresas, e sempre haverá solicitações para definir o relacionamento entre o *Net Promoter Score*® ou a experiência do cliente e resultados financeiros.

A relação entre a satisfação e a lealdade do cliente pode ser usada para avaliar a receita em risco. Clientes que atribuem 9 ou 10 de 10 pontos em termos de satisfação com o fornecedor e dão 9 ou 10 de

10 pontos à pergunta "Qual a probabilidade de você recomendar este fornecedor?" são mais propensos a demonstrar uma lealdade sólida (ou tanto quanto se pode esperar, considerando-se a experiência da PortalPlayer descrita no Capítulo 2). Clientes que dão pontos mais baixos em uma escala de 0 a 10 estão em níveis variados de deserção. Uma pesquisa com clientes com a pergunta de até que ponto estão satisfeitos e qual a probabilidade de recomendarem um fornecedor pode ser mapeada para mostrar a receita em risco (veja a Figura 3.1).

SATISFAÇÃO DO CLIENTE E RETORNO SOBRE O INVESTIMENTO

Bons garçons conhecem a relação entre lucratividade e uma boa experiência do cliente. Eles sabem que, se proporcionarem um excelente serviço ao cliente, é mais provável que as gorjetas sejam mais generosas do que se servirem a refeição com uma atitude arrogante ou desinteressada.

O que é tão óbvio em nível micro é mais difícil de reconhecer no nível de uma empresa. CEOs, ávidos para mostrar retornos financeiros

FIGURA 3.1 Exemplo de receita em risco com base em níveis de satisfação e probabilidade de recomendação

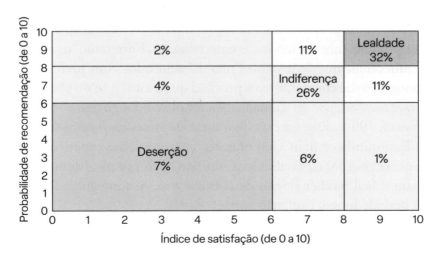

Fonte: Elaborada com base na teoria de Heskett *et al*, 1997.

sólidos a cada trimestre, talvez não estejam tão interessados no argumento indulgente da experiência do cliente que promete recompensa em longo prazo. Uma forma de convencer gerentes do alto escalão é demonstrar a relação entre a satisfação do cliente e o desempenho financeiro ao longo do tempo. O vínculo pode ser obscurecido pelo intervalo entre uma melhoria na satisfação do cliente e um aumento de receita e lucros. Os primeiros trabalhos sobre esse tema foram feitos por três acadêmicos, Eugene Anderson, Claes Fornell e Donald Lehmann, que usaram uma base de dados de 77 grandes empresas suecas que participaram do denominado Swedish Customer Satisfaction Barometer (SCSB – Barômetro de Satisfação de Clientes Suecos) (Anderson *et al*, 1994). Havia dados financeiros disponíveis de cada empresa.

Os acadêmicos descobriram que, se a satisfação do cliente aumentava 1% por ano ao longo de cinco anos, haveria aumento de 11,5% na lucratividade nesse período. Mesmo que estivessem confiantes de terem descoberto um elo sólido entre melhorias na satisfação do cliente e lucratividade, havia algumas ressalvas.

Eles não encontraram uma ligação automática entre melhoria na satisfação do cliente e aumento do *market share*. Quando empresas abastecem um nicho especializado, é mais fácil atingir pontuações mais altas de satisfação do que empresas que abastecem um espectro mais amplo de clientes e possuem maior *market share*. As empresas com maior *market share* inevitavelmente terão um diferencial de clientes que receberão uma proposta diluída e, portanto, não recebem os louvores mais prontamente conferidos às especializadas. Entretanto, os autores reconheceram que "em setores não diferenciados com preferências homogêneas de clientes, é mais provável que a satisfação do cliente e o *market share* estejam relacionados, sobretudo em longo prazo" (Anderson *et al*, 1994). Essa é a cara de muitas empresas *business-to-business*!

Resumindo, é mais fácil oferecer uma excelente experiência do cliente se você for especializado. Empresas maiores e mais dominantes acham difícil receber elogios de clientes, mas, se conseguem isso por um período longo, ganharão *market share*.

Os autores também salientaram que as expectativas têm grande impacto na satisfação do cliente. Na época em que fizeram seu trabalho, o Mercury Tracer e o Mazda 323 eram dois carros praticamente idênticos que se diferenciavam pelos símbolos das marcas. No entanto, os clientes da Mazda estavam mais satisfeitos, porque tinham expectativas diferentes em relação ao carro. Podemos ver como expectativas influenciam a satisfação em muitas outras áreas. Em um teste cego, um vinho caro servido em taças de vidro lapidado será mais bem apreciado que se for servido em copos plásticos. Marcas contêm percepções e também influenciam a satisfação. Abordaremos mais amplamente esse tema no livro (veja o Capítulo 14).

NET PROMOTER SCORE® (NPS) E CRESCIMENTO

O *Net Promoter Score®* é uma métrica simples que deriva da pergunta a seguir:

> Qual a probabilidade de você recomendar o fornecedor X em uma escala de 0 a 10, em que zero significa totalmente improvável e 10 significa muito provável?

O *Net Promoter Score®* (NPS) é calculado subtraindo-se a proporção de pessoas que dão 6 pontos ou menos da proporção de pessoas que dão 9 ou 10 pontos. Essa pontuação foi inventada por Fred Reichheld, um consultor da Bain & Company. A Bain & Company afirma que existe uma forte correlação entre Net Promoter Scores® e crescimento. Eles afirmam que, na maior parte dos setores, Net Promoter Scores® explica entre 20% a 60% da variação em taxas de crescimento orgânico entre as empresas. Seus índices sugerem que, em média, um líder Net Promoter de um setor vai superar os concorrentes em mais de 200%. O NPS é um indicador particularmente forte de crescimento em mercados maduros onde há maior quantidade de participantes (NPS, 2017).

Ter um NPS elevado é só o começo para obter compensação financeira. As empresas precisam facilitar para que os clientes comprem mais. Precisam incentivar os clientes a contarem a colegas e amigos o que as torna tão incríveis. Clientes de empresas *business-to-business* não necessariamente interagem entre si com muita frequência.

Pode ser útil descobrir maneiras de aumentar a interação criando grupos de usuários e disponibilizando histórias para que fiquem mais dispostos a contar aos colegas sobre as excelentes experiências que o fornecedor proporciona. É por isso que exposições e seminários são os favoritos das empresas *business-to-business*. Eles são terreno fértil para divulgar recomendações de clientes.

SATISFAÇÃO DO CLIENTE E RETORNOS DECRESCENTES

Se você está com fome, uma boa comida vai descer bem redondo. Pode haver um momento durante a refeição em que você ficará satisfeito. Você terá comido bastante, e comer mais não vai melhorar sua opinião sobre o prato. Será que o mesmo valeria para a satisfação do cliente?

Em 1998, dois acadêmicos da Wharton School, na Universidade da Pensilvânia, Christopher Ittner e David Larcker, publicaram uma pesquisa com 2500 clientes de uma empresa de telecomunicações (Ittner e Larcker, 1998). Eles descobriram que, quando a pontuação média de satisfação do cliente era maior que 7 em 10, a retenção de clientes se estabilizava. Também descobriram que o elo entre o crescimento da receita pelos clientes começava a estabilizar quando a empresa atingia uma pontuação média de satisfação do cliente de 8 em 10.

Isso faz sentido e é preocupante. É sinal de que, além de um certo ponto, há redução de retornos pela melhoria da experiência do cliente. O perigo é que, ao perceber essa estabilização da pontuação de satisfação do cliente após atingir uma média de 8 pontos em 10, líderes empresariais não verão mais motivos para continuarem investindo na iniciativa.

Sabemos que uma boa experiência do cliente requer investimento financeiro. Sistemas de TI e processos precisam estar em dia para conectar departamentos e registrar atividades do cliente. Isso é necessário para tornar a jornada do cliente sem atritos, rápida e eficiente. Será necessário investir em treinamento para garantir que o time compreenda a importância de proporcionar satisfação ao cliente e como obtê-la. Talvez seja preciso ser tolerante e benevolente com clientes reclamões, mesmo que você saiba que eles estão equivocados.

A questão é que, depois que os processos e sistemas estão instalados e que o treinamento foi executado, quase todo o restante depende da atitude – a ponto de não haver necessidade de um grande investimento. O ato de proporcionar uma experiência incrível do cliente é obtido apertando-se o botão "mudar" na mentalidade do time. Estimular e incentivar essa atitude é vital. Seria perigoso se uma empresa perdesse essa dinâmica só porque atingiu o ponto em que os clientes estão dizendo "realmente gostamos de você como fornecedor". Seria como desligar os motores de uma aeronave que está voando a 10 mil metros de altitude. Só porque ela chegou a esse nível não quer dizer que ficará lá sem mais combustível. Precisamos ter em mente que apenas oferecer uma boa experiência do cliente pode cair no esquecimento. Só uma experiência excepcional do cliente é lembrada, discutida e compartilhada (veja a Figura 3.2).

Quando uma empresa está fazendo grandes progressos na zona "necessidade de melhorar" (veja a Figura 3.2), todos ficam entusiasmados. O índice de satisfação do cliente se move rapidamente para cima e é recompensado por uma mudança positiva nas compras dos clientes.

A zona "difícil de melhorar" vai além de acertar os itens básicos. É aí que a empresa precisa unir seus processos e romper os silos dentro da empresa. O sucesso continuará a trazer aumentos nas compras dos clientes ano após ano.

FIGURA 3.2 — A lacuna entre o "uau" e a complacência

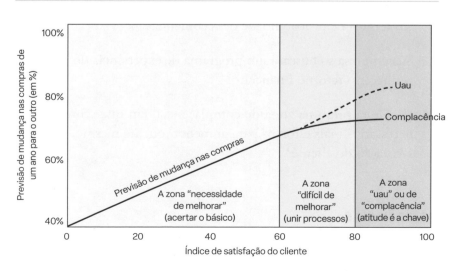

Em seguida, chegamos à zona em que os pontos de satisfação do cliente atingem uma média maior que 8 em 10. A empresa demonstrou ser campeã em experiência do cliente. Os clientes estão encantados e dizem "uau". Essa é uma das zonas mais perigosas de todas, pois pode levar à complacência. Um carro precisa de um pé no pedal para atingir uma velocidade alta, e esse pé deve permanecer no pedal se for preciso manter a velocidade. O mesmo vale para a experiência do cliente. ∎

PARA REFLETIR

▶ Você realmente sabe o que seus clientes acham de seus produtos e serviço? Como pode ter certeza?

▶ O que você faz para seus clientes que os deixa com lembranças positivas?

▶ Até que ponto seus funcionários estão contentes com o trabalho que fazem? Até que ponto seus clientes estão satisfeitos? Quais elos você consegue enxergar entre os dois itens?

▶ Qual é a proporção de seus clientes realmente leais – isto é, que darão 9 ou 10 de 10 pontos em satisfação e 9 ou 10 de 10 pontos em termos de probabilidade de recomendação?

▶ Sua empresa só buscará um programa de experiência do cliente se conhecer o retorno financeiro?

▶ Você está preso na zona de complacência, em que sente que são necessários mais esforços para aumentar ou, até mesmo, manter a satisfação do cliente?

REFERÊNCIAS

Anderson, E. W., Fornell, C. e Lehmann, D. R. (1994) Customer satisfaction, *market share*, and profitability: Findings from Sweden, *Journal of Marketing*, 58 (3), p. 53-66.

Chi, C. G.; Gursoy, D. (2009) Employee satisfaction, customer satisfaction, and financial performance: An empirical examination, *International Journal of Hospitality Management*, 28 (2), p. 245-53.

Fortune (2017) 100 Best Companies to Work For 2017. Disponível em: http://fortune.com/best-companies/ [último acesso em 21 de novembro de 2017].

Heskett, J. L., Jones, T. O., Loveman, G. W., Sasser, E. S. e Schlesinger, L. A. (2008) Putting the service-profit chain to work, *Harvard Business Review*. Disponível em: https://hbr.org/2008/07/putting-the-service-profit-chain-to-work [último acesso em 3 de outubro de 2017].

Heskett, J. L., Sasser, E. e Schlesinger, L. A. (1997) *The Service Profit Chain: How leading companies link profit and growth to loyalty, satisfaction, and value*, The Free Press, Nova York.

Ittner, C. D.; Larcker, D. F. (1998) Are nonfinancial measures leading indicators of financial performance? An analysis of customer satisfaction, *Journal of Accounting Research*, 36 (supplement), p. 1-35.

NPS (2017) How the Net Promoter Score® Relates to Growth. Disponível em: http://www.netpromotersystem.com/about/how-is-nps-related-to-growth.aspx [último acesso em 3 de outubro de 2017].

Shaw, C. (2017) New Research Reveals Lack of Customer Understanding. Disponível em: https://beyondphilosophy.com/new-research-reveals-lackcustomer-understanding/ [último acesso em 3 de outubro de 2017].

PARTE DOIS

Mapeando a situação atual da experiência do cliente

4

Os seis pilares da experiência do cliente

A RECEITA DE EXPERIÊNCIA DO CLIENTE

EM SEU LIVRO *Raving Fans!*, Ken Blanchard e Spencer Johnson afirmam que o ponto de partida para desenvolver um excelente serviço ao cliente é visualizar como ele será. Eles chamam esse momento de "decidir o que se quer". É sua chance de criar um sonho que se transformará em realidade. Destacam que nem todos os clientes vão aceitar sua ideia. E tudo bem, porque sabemos que é impossível agradar a todo mundo. O importante é agradar seus clientes-alvo. Após visualizar sua oferta e combiná-la com os desejos dos clientes, os autores dizem que você deve entregar sua promessa +1. Eles nos levam de volta ao tema de cumprir e superar as expectativas (Blanchard e Johnson, 2011). Cumprir a promessa é corresponder às expectativas, e o +1 é acrescentar algo a mais que transforme uma experiência comum em uma experiência extraordinária.

Visualizar a experiência do cliente não é fácil. Quais seriam as bases dessa experiência utópica do cliente? Julia Cupman é diretora da B2B International, uma empresa especializada em pesquisa de mercado *business-to-business*. A partir dos vários estudos que realizou, ela concluiu que seis ingredientes devem ser incluídos em qualquer programa de experiência do cliente (Cupman, 2016). Nos capítulos posteriores abordaremos os detalhes sobre como são fornecidos, mas, por ora, vamos analisar estes pilares cruciais. São eles:

> **Comprometimento:** proporcionar uma excelente experiência do cliente leva tempo. É necessário paciência, investimento e acreditar que vale a pena. Quem estiver comandando o programa da experiência do cliente precisa ter fé absoluta de que esse é o caminho a seguir. Quando os tempos se complicam, o dinheiro é curto, e fica fácil vacilar

no compromisso. Deve haver comprometimento para proporcionar uma excelente experiência do cliente – haja o que houver.

- **Fulfilment:** falar não custa nada e teorias são interessantes. No entanto, é preciso ação se o objetivo é uma excelente experiência do cliente. Clientes têm expectativas quando fazem negócios com uma empresa, e querem verificar se ela cumpre o prometido. Clientes desejam que toda experiência do cliente seja executada de forma consistente, não apenas uma ou duas vezes, mas sempre. Em geral, essa é a parte mais difícil do programa.

- **Sem atritos:** negociar com uma empresa deve ser agradável. Se é difícil trabalhar com uma empresa, isso não vai proporcionar uma excelente experiência do cliente. Empresas difíceis são as que acreditam que se deve compartilhar com o cliente as dificuldades de atendê-lo. Os clientes são transferidos entre os departamentos, ficando frustrados e exaustos. Os clientes não querem saber das dificuldades internas que a empresa enfrenta; querem um procedimento de compras que seja sem atritos e simples.

- **Responsividade:** fazer negócios com uma empresa inevitavelmente envolve interação e comunicação. A comunicação pode ser cara a cara, por telefone, e-mail, mensagens de texto ou carta. As comunicações podem ser sobre um produto, recebimento de um pedido, garantias de entrega etc. Elas precisam ser rápidas e oportunas. Clientes se habituaram com respostas rápidas em outros aspectos da vida diária, e essa exigência se tornou um ingrediente essencial em experiências excelentes do cliente B2B.

- **Proatividade:** as excelentes experiências do cliente são obtidas quando vamos além das expectativas. Isso exige um alto nível de imaginação e proatividade, a fim de tornar a experiência melhor, diferente, mais rápida ou mais barata.

- **Evolução:** "Se você sempre fizer o que sempre fez, sempre terá o que sempre teve".[1] Continuar igual significa regredir, já que a concorrência

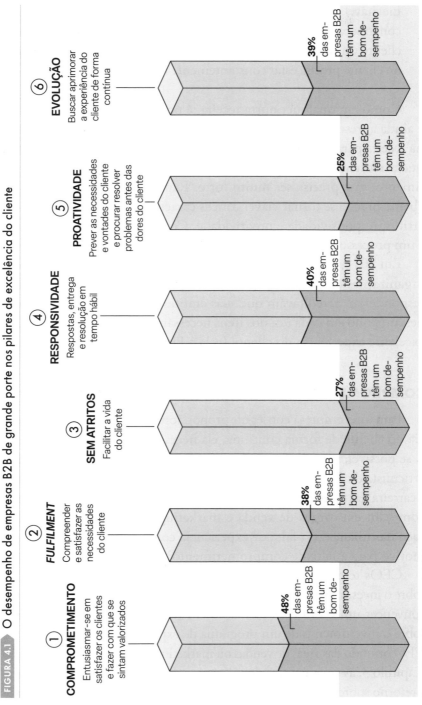

Fonte: Usado sob permissão da B2B International.

inevitável agarra as boas ideias e as copia. Os clientes se acostumam com o serviço, e o que hoje se considera uma excelente experiência do cliente vai parecer "fora de moda" amanhã. A receita da experiência do cliente precisa estar constantemente mudando e se aprimorando.

Como em qualquer outra receita, é possível variar os ingredientes e ainda apresentar algo de sabor incrível. Em geral, há uma sequência na receita para apresentar cada ingrediente. Nós os listamos na ordem que acreditamos ser importante. O ponto de partida é o comprometimento, que precisa ser muito forte. Rapidamente a experiência do cliente precisa se tornar viável com as características de *fulfilment*, sem atritos, responsividade e proatividade. Como a experiência do cliente é um processo contínuo, a evolução terá de garantir que seja renovada.

Em 2016, a B2B International fez uma pesquisa com 200 grandes organizações corporativas e descobriu que menos da metade das que responderam acreditavam que suas empresas estavam tendo um bom desempenho em cada um dos itens necessários para proporcionar uma excelente experiência do cliente (veja a Figura 4.1).

COMPROMETIMENTO

Para uma empresa conseguir proporcionar uma excelente experiência do cliente de forma contínua, ela necessita de comprometimento, e, se possível, isso precisa vir do topo. De acordo com Jeffrey Sanders, articulista da *Forbes*, cerca de 30% dos CEOs da *Fortune* 500 começam a carreira nas finanças. Somente 20% dos CEOs dessas grandes empresas começam em cargos de venda e marketing (Sanders, 2011). Seria o foco nas finanças e a falta de experiência com vendas e marketing um motivo para a falta de comprometimento?

CEOs têm a árdua tarefa de decidir como maximizarão o retorno sobre o investimento, e os fundos nunca são infinitos. Pode ser mais difícil convencer um CEO com formação em finanças a respeito do retorno sobre o investimento de um programa de experiência do cliente que um CEO oriundo das áreas de vendas ou marketing. Conforme abordamos no Capítulo 3, às vezes é difícil definir o vínculo entre experiência do cliente e retorno sobre o investimento (ROI – *return on investment*), já que pode haver um lapso de tempo entre o começo do programa e a entrada de dinheiro. Isso poderia explicar em parte por que apenas metade das grandes empresas B2B acredita que suas organizações estão 100% comprometidas em proporcionar boas experiências ao cliente. Um colaborador deste livro reconheceu a importância desse apoio do alto escalão.

> "O ponto de partida para nós foi por volta de 2014. A diretoria de nossa empresa reconheceu que havia algo realmente grande rondando o *Net Promoter Score®* e oportunidades de crescimento. Quando começamos em 2014, nossa meta era obter uma base sobre o que o cliente estava vivenciando na época. Também tínhamos um pessoal que estava se envolvendo em vários outros aspectos da experiência do cliente, como segmentação de clientes.
>
> Em seguida, começamos a pensar em como poderíamos conseguir métricas reais que nos ajudassem a alcançar as mudanças. Passamos do insight para a obtenção de medidas que nos capacitassem a mudar o rumo dessas prioridades. Esse foi um passo para nossa mudança.
>
> Mudamos a liderança, e isso resultou em uma aceleração de nosso programa de experiência do cliente, em que o NPS e a satisfação do cliente se tornaram nossas prioridades número um. Também resultou em investimento em certas coisas que precisávamos fazer para aprimorar a experiência do cliente – por exemplo, aumentar nosso estoque de produtos conforme as necessidades dos clientes."

O comprometimento não deve existir só na teoria. Em abril de 2017, a United Airlines virou notícia após a expulsão violenta de um passageiro de um voo superlotado esperando para sair do aeroporto O'Hare, de Chicago. Vídeos amadores do acontecimento mostraram o passageiro sendo arrastado pelo corredor do avião, ao ser expulso à força. Foi extremamente difícil para Oscar Munoz, CEO da United, explicar como isso aconteceu, sendo que o slogan da companhia é "Fly the friendly skies" ("Voe por céus amigáveis", em tradução livre).

É claro que quase toda empresa reconhece que deve tratar seus clientes com cortesia. Elas aceitariam que são responsáveis por tornar a experiência de lidar com os clientes o mais prazerosa possível. No entanto, isso não é tão fácil quanto parece. Criar uma ótima experiência para o cliente tem um custo e, principalmente, exige uma atitude mental. Muitas vezes, os recursos financeiros são escassos, mas ter a atitude mental correta pode ser ainda mais complicado.

Além disso, para grandes empresas, sobretudo para quem está no topo da organização, é fácil se distanciar dos clientes. Uma visita de um CEO de uma grande empresa a um cliente pode virar algo teatral. Os clientes são cuidadosamente escolhidos, e podem, inclusive, receber orientações sobre o que dizer. Grandes empresas podem ser muito poderosas, e algumas se habituaram a exercer esse poder. Talvez elas acreditem que sabem o que é melhor para os clientes e usem seu porte para impor sua visão. Não demora muito para começarem a impor termos e condições aos fornecedores, dizendo que só pagarão as contas depois de 60 ou até 90 dias – é pegar ou largar. Elas têm condições de controle de crédito para clientes com roteiro feito por advogados, e não pelo departamento de relacionamento com o cliente. Isso pode, facilmente, criar uma cultura de dominação que se espalha pela maneira como agem com os clientes. Todos já estivemos em situações em que, como clientes de uma grande empresa, sentimos que a organização não gosta de nossa presença.

Em contraste, empresas pequenas e novas *startups* estão desesperadas para fazer negócios. Elas farão quase tudo para agradar seus clientes. O proprietário vai varar a madrugada aprontando um pedido. Elas arriscarão o próprio pescoço viajando em situações complicadas para garantir que ele seja entregue. Seus e-mails são assinados com vários números de telefone e detalhes incentivando o contato (algo que raramente aparece no e-mail de um funcionário de uma empresa grande). Empresas pequenas conhecem a importância do comprometimento total com os clientes. Isso não significa que elas proporcionem com perfeição uma excelente experiência do cliente. Às vezes, empresas pequenas fazem malabarismos para economizar dinheiro ou finalizar um trabalho. Se isso acontece à custa da qualidade e segurança, será um desastre, já que nunca se deve comprometer esses itens básicos numa tentativa ávida de proporcionar uma ótima experiência do cliente.

Em um mundo ideal, um programa de apoio à experiência do cliente deveria vir do alto escalão. Se não existe suporte do alto escalão, nem tudo está perdido. É possível começar a proporcionar excelência na experiência do cliente em um nível básico. Em uma pesquisa que fizemos para uma das maiores companhias químicas do mundo, um cliente nos disse por que continuava a comprar com ela:

> "Se não fosse pelo Tony, eu não compraria da XXX. Ligo para Tony e ele faz as coisas acontecerem na empresa. Seu trabalho é mágico. Ele o faz depressa e sem bagunça. Não sei como faz isso, só fico contente por ele estar do nosso lado".

Tony é vendedor da tal companhia química e, na visão do cliente, um herói. Como consequência de seu trabalho com os clientes, que os deixa satisfeitos, é um vendedor de primeira linha e ganha muito dinheiro. Outras pessoas do time de vendas veem o que Tony faz e o que o torna bem-sucedido. Elas o imitam e não demora muito para outros membros do time criarem seu próprio programa de experiência do cliente excelente. É uma espiral ascendente virtuosa.

O contrário também é possível. Se o time de vendas estiver desiludido, seus sentimentos serão negativos e não vai demorar muito para a melancolia se espalhar para os clientes. Administrar a cultura do comprometimento é parte vital de qualquer programa de experiência do cliente. Como afirma (dizem) o guru da gerência Peter Drucker, "a cultura come a estratégia no café da manhã".

FULFILMENT

Fulfilment é a garantia de que se cumpra o prometido. As pessoas têm expectativas quando compram alguma coisa, e elas precisam sentir que a expectativa é totalmente atendida. E o que é executado precisa ser consistente. Deve ser proporcionado no mesmo padrão não uma ou duas vezes, mas sempre. Esse ingrediente fundamentalmente importante muitas vezes é responsabilidade de funcionários do baixo escalão dentro da organização. É função de garçons de restaurantes, dos caixas de supermercados, recepcionistas e balcões de atendimento ao cliente que recebem pedidos. O programa televisivo *Undercover Boss* tira executivos de alto escalão do conforto dos escritórios e os coloca para trabalhar cara a cara com clientes em suas companhias, a fim de descobrir como as coisas realmente funcionam. Em geral, a experiência é reveladora para o executivo que descobre como pode ser complicado agradar aos clientes e como é difícil fazer isso durante oito horas por dia. O cargo exaustivo não é bem remunerado, o treinamento muitas vezes é mínimo e os funcionários que trabalham direto com o cliente podem ter autoridade limitada.

O *fulfilment* da experiência do cliente requer pessoas que conseguem sentir empatia pelos clientes e, se necessário, reconhecer e resolver os problemas deles. Essas pessoas precisam estar totalmente comprometidas em proporcionar a experiência do cliente. É difícil perceber como isso pode dar certo se empatia não é uma condição exigida quando elas são recrutadas ou se agradar o cliente não faz parte das especificações do cargo, ou, ainda, se não são capacitadas para usar seus próprios critérios.

A satisfação de uma ótima experiência do cliente fica difícil por conta das necessidades variadas dos clientes. Alguns são fáceis de lidar, outros, difíceis e exigentes. Alguns querem uma negociação simples e sem frescuras, enquanto outros querem, e esperam, pirotecnias. No caixa do supermercado, o funcionário pode se envolver numa conversa agradável com o cliente atendido, para frustração das pessoas resmungando, em voz baixa, "ande logo com isso". Deixar uma pessoa contente pode deixar cinco pessoas descontentes na fila. Saber como lidar com os amplos grupos representativos de pessoas em uma situação *business-to-business* exige habilidades interpessoais consideráveis. Dê só uma olhada em como um vendedor precisa lidar com as necessidades de clientes diferentes:

> John é vendedor de óleos e graxas usados em lubrificação industrial. Uma ligação típica de cliente começa com rosquinhas para os que estão no chão de fábrica às 8h e uma verificação para ver se está tudo bem com as máquinas que usam os lubrificantes. Em seguida, ele chama o gerente de compras para garantir que está tudo bem com o acordo sobre o nível de serviço. Se necessário, ele voltará à noite para entreter o time de líderes em um restaurante que escolherem, onde será esperado que compartilhe as últimas notícias do que está acontecendo no setor.

SEM ATRITOS

Um cliente fazendo check-in no aeroporto talvez não entenda que as pessoas que colocam a bagagem no avião e as responsáveis pela aeronave decolar no horário não trabalham para a linha aérea. No que diz respeito ao cliente, tudo faz parte da experiência de voar.

Da mesma forma, quando alguém telefona para uma empresa para fazer um pedido, não pensa em todos os processos envolvidos. Os sistemas dos computadores precisam estar em condições de verificar se o produto está em estoque. A linha de produção precisa ser organizada para fabricar os produtos. O cliente precisa ter seus detalhes registrados e aprovados no sistema antes que uma transação aconteça. Há vários processos dentro de toda organização que definem se o cliente terá uma experiência perfeita. Clientes ficam frustrados quando um vendedor pede desculpas pelo serviço lento porque "nosso sistema está fora do ar". O cliente não quer ouvir que alguém do departamento técnico não está disponível nesse exato instante. Não quer ouvir que seu pedido terá de entrar na fila porque há outros na frente, presumivelmente mais importantes.

Fazer negócios com qualquer empresa exige esforço e tem um preço. Quanto mais rápido e fácil é fazer o negócio, melhor é a experiência do cliente. Empresas como a Amazon definiram um padrão que demonstra como pode ser fácil fazer um pedido. Eles criam pontos de referência que os clientes usam ao comparar sua experiência com outros fornecedores. A mentalidade de silo é uma barreira à excelência na experiência do cliente em muitas empresas, de acordo com a explicação de um de nossos entrevistados:

> "Quais são as dificuldades em proporcionar uma excelente experiência do cliente? Se as pessoas perguntam 'onde está o negócio que encomendei?', pode levar uma semana para investigarmos, e talvez digamos que não sabemos o que houve de errado ou por quê. Como fazer as pessoas focarem no cliente? Temos orientações para times, newsletters e muita informação em nossa intranet. Pessoas trabalhando em times para finalizar o trabalho. Só que elas estão trabalhando isoladamente, e precisamos uni-las. Acredito que os times são genuinamente focados no cliente, mas às vezes eles pensam apenas no próprio time.

> Às vezes, é só uma questão de levar as pessoas para uma sala de reuniões e fazê-las falar sobre clientes e suas necessidades, para que de alguma forma tudo se encaixe."

RESPONSIVIDADE

A velocidade é essencial para proporcionar uma excelente experiência do cliente. As pessoas esperam ser encaminhadas rapidamente para um funcionário do setor de vendas ou um balcão de informações. Elas não querem ouvir instruções automáticas, que podem ser complicadas, confusas e, no fim, mandá-las ao departamento errado. Não querem ouvir que o time está ocupado, que são a quinta da fila ou que a demora estimada será de 20 minutos. Em geral, 20 minutos podem não ser muita coisa, mas quando alguém está ansioso e fazendo malabarismo com as outras bolas, são 19 minutos a mais.

Espera-se que a responsividade seja rápida. Queremos que o pedido seja confirmado assim que ele é feito, e a entrega deve ser dali a dias, não semanas ou meses.

A Zappos, loja virtual de sapatos, tem reputação merecida por excelentes experiências do cliente. A empresa construiu enorme credibilidade com sua política de "365 dias para devolução". B. J. Keeton, um web designer do Alabama fanático pela boa forma, conta a história da compra de um par de tênis de corrida Asics Nimbus 14 pela Zappos, que no fim ficaram apertados demais. Embora a caixa original tivesse sido jogada no lixo (a Zappos exige a caixa original como parte da política de devolução), o funcionário do atendimento ao cliente da Zappos aceitou os calçados devolvidos, concordou em mandar imediatamente um tamanho maior, emitiu um reembolso de US$ 35 porque o preço dos tênis tinha caído e atualizou a conta do cliente para o status vitalício de VIP, para que ele sempre pudesse ter envio gratuito no dia seguinte.

Histórias como essa conferem credibilidade à responsividade de uma empresa. Algumas pessoas vão tirar vantagem de uma política generosa de devoluções ou reclamações, mas é provável que isso seja compensado pela boa vontade que cria.

PROATIVIDADE

Clientes esperam que seus fornecedores sejam proativos. Eles são ávidos por proatividade. Ao serem questionados como uma empresa *business-to-business* pode melhorar seus produtos ou serviços, não é raro clientes afirmarem que desejam mais contatos frequentes.[2] E isso porque há muitas queixas sobre um sem-número de e-mails não solicitados e ligações frias (*cold calls*). Da forma correta, contatos são bem-vindos. Poderiam ser ligações para verificar se está tudo bem, compartilhar as últimas tendências no mercado ou falar sobre atualizações de novos produtos.

Os clientes esperam que seus fornecedores estejam um passo à frente na compreensão de suas necessidades. Evidentemente, eles desejam que os produtos que compram sejam melhores, mais rápidos e mais baratos, mas não sabem como isso pode ser obtido. Sua fé é que o fornecedor trabalhe para esses fins, caso em que serão recompensados com um maior *market share*.

A proatividade exige compreensão profunda dos negócios de um cliente. A fim de sugerir algo novo ou um programa de codesenvolvimento, um fornecedor precisa saber como isso vai impactar o cliente. Isso significa se aproximar dele. Em um recente workshop com um cliente que produz ingredientes alimentares, o diretor de marketing fez a seguinte reclamação:

> "Dias atrás, fui a um de nossos depósitos e uma mesa estava rangendo sob o peso de canetas, *post-its* para anotações e brindes que enviamos aos clientes. Tenho certeza de que não há um único cliente esperando ansiosamente para receber uma das canetas com nossa marca. Suas escrivaninhas estão abarrotadas delas. Gastamos €50.000 por ano com esse lixo. Isso poderia pagar um safári alimentar, em que conseguiríamos levar 10 de nossos maiores clientes a uma das fábricas e passar os dois dias seguintes em um tour gastronômico onde poderíamos, juntos, descobrir sabores de comida e falar sobre eles. Essa, sim, seria uma grande experiência e uma ótima oportunidade para nos aproximarmos de clientes importantes."

EVOLUÇÃO

O que já foi considerado prazeroso e novo logo se torna esperado. Voar na classe executiva pela primeira vez é empolgante. Aqueles que fazem isso com regularidade logo começam a criticar detalhes. As companhias aéreas tentam antecipar as necessidades dos clientes com nozes torradas, comidas especiais e camas planas confortáveis. Porém, há um limite de bebidas alcoólicas que podem ser servidas, da quantidade de toalhas quentes que podem ser oferecidas e de itens que podem ser colocados num kit de comodidades. Um serviço simpático, sorridente e atencioso sempre será o ingrediente mais valorizado no pacote de uma excelente experiência do cliente.

Sorrisos e atenção personalizada nunca sairão de moda. Também é importante oferecer pequenas surpresas aqui e ali. Voltando ao Capítulo 1, são as colheradas de prazer que podem ser memoráveis. Alguns anos atrás, a esposa de um dos autores deste livro recebeu uma nova BMW. O carro foi muito admirado pelos amigos, e frequentemente perguntavam o que ela mais gostava no veículo. Ela nunca pensou em mencionar o motor M43 com 1895 cilindradas, que produz mais de 118 cavalos-vapor. Nunca citou o consumo econômico de combustível ou sua herança esportiva. Tudo o que ela dizia era: "tem uma lanterna recarregável no porta-luvas – você não acha isso fantástico?!".

Muitas vezes, são as pequenas coisas que fazem diferença.

Manter renovado o tema da experiência do cliente na empresa que está levando adiante uma iniciativa de experiência do cliente também é desafiador. Não demora muito para as pessoas se cansarem de ver outra série de NPS e pontuações de satisfação do cliente. É o mesmíssimo de sempre, sobretudo se há muito pouca mudança de uma onda de resultados para outra. Deve haver uma evolução na forma como se comunicam os resultados. Depois de um tempo, as pontuações numéricas se tornam tediosas, mas as histórias da experiência do cliente nunca cansam:

> "Se tenho apenas cinco minutos com um de nossos líderes, quero saber quais cinco slides devo compartilhar com eles. Acabei de compartilhar cinco slides. Temos um NPS de 65 a 70, portanto, não falamos mais sobre isso. Falamos sobre 'por quê'. Falamos sobre o que mais há nos dados."

O poder do *storytelling* foi mencionado por vários dos colaboradores deste livro:

> "Um dos maiores desafios de nosso negócio é contar muito, mas muito bem, a história proposta. É difícil obter uma comunicação consistente de nossa proposta em toda a empresa. Histórias são compartilhadas em toda a empresa e se tornam folclore. Histórias de rua se tornam realmente poderosas na empresa, ainda mais importantes que os resultados das pesquisas que fazemos. Por exemplo, recentemente introduzimos café grátis em um dos nossos depósitos e isso foi muito bem recebido pelos clientes. Em questão de minutos depois de introduzirmos essa iniciativa no setor, ela foi compartilhada por toda a empresa. Se você tem boas histórias, elas se espalham como incêndio e são adotadas. O contrário também é válido. Se a história for ruim, ela se espalha muito depressa e é difícil contê-la."

Café grátis para a empresa é uma vitória rápida, e parece funcionar maravilhas para elaborar a satisfação do cliente. Isso pode ser implementado rapidamente em todas as outras centrais e, então, a empresa deve encarar o desafio "o que vem a seguir?". ∎

PARA REFLETIR

- Você consegue visualizar como gostaria que fosse sua experiência do cliente?
- Os seis pilares da experiência do cliente combinam com sua empresa? Quais você considera mais importantes?
- Que nota você daria para o desempenho de sua empresa em relação aos seis pilares?
- Qual é a prioridade para a melhoria?

NOTAS

[1] Atribuído tanto a Anthony Robbins quanto a Albert Einstein, Henry Ford e Mark Twain.

[2] Em uma pesquisa com compradores de ingredientes alimentícios, os que eram contatados (por visita ou chamada telefônica) pelo gerente de contas toda semana davam uma pontuação sobre satisfação do cliente 13% mais alta que os contatados uma vez por trimestre.

REFERÊNCIAS

Blanchard, K. e Johnson, S. (2011) *Raving Fans! A revolutionary approach to customer service*, HarperCollins, Londres.

Cupman, J. (2016) The Six Pillars of B2B Customer Experience Excellence, *MarketingProfs*, 26 de abril de 2016. Disponível em: http://www.marketingprofcom/articles/2016/29806/the-six-pillars-of-b2b-customer-experience-excellence [último acesso em 16 de fevereiro de 2018].

Sanders, J. S. (2011) The path to becoming a Fortune 500 CEO, *Forbes*, 5 de dezembro de 2011.

"AO SEREM QUESTIONADOS COMO UMA EMPRESA *BUSINESS-TO-BUSINESS* PODE MELHORAR SEUS PRODUTOS OU SERVIÇOS, NÃO É RARO **CLIENTES** AFIRMAREM QUE **DESEJAM MAIS CONTATOS FREQUENTES**. [...] HÁ MUITAS QUEIXAS SOBRE UM SEM-NÚMERO DE E-MAILS NÃO SOLICITADOS E LIGAÇÕES FRIAS (*COLD CALLS*)."

5

Métricas essenciais para mensurar a experiência do cliente

ATÉ AGORA, nossa discussão sobre a experiência do cliente descreveu como impressões são criadas por eventos que acontecem entre fornecedor e cliente. Melhorias constantes na experiência do cliente exigem métricas. Peter Drucker, o guru da gerência, é citado como tendo afirmado que "O que é medido, é gerido" (Prusak, 2010). Precisamos pensar no que medir e como fazer isso. Começaremos com uma consideração do que está disponível para nós em termos de métricas, algumas internas e outras externas.

MÉTRICAS INTERNAS DE CX

A maioria das métricas que abordaremos neste capítulo são baseadas em pontuações de clientes. Antes de nos atermos a essas pontuações externas, vale observar métricas disponíveis de forma fácil e econômica, porque elas existem dentro de uma empresa.

> **Satisfação do funcionário** (a pontuação atingida por esta métrica deve ser alta): funcionários felizes são mais propensos a proporcionar excelência à experiência do cliente do que funcionários insatisfeitos. Portanto, métricas de envolvimento dos funcionários são uma boa estimativa da experiência do cliente. Pesquisas de satisfação do funcionário são comuns hoje em dia, além de fundamentais para compreender a cultura de uma empresa. É importante que funcionários sejam capazes de reportar opiniões honestas sobre como é trabalhar na empresa, logo, toda pesquisa deve ser anônima e confidencial. Pesquisas de satisfação de funcionários são relativamente fáceis de fazer, usando-se ferramentas baratas como o SurveyMonkey, SurveyGizmo, QuestionPro e Key Survey.

- **Absenteísmo de funcionários** (essa métrica deve ser baixa): nem todas as métricas de envolvimento dos funcionários exigem pesquisa. Por exemplo, é fácil mensurar o absenteísmo de funcionários. Quem está faltando com regularidade ao trabalho? Quando eles faltam? E, o mais importante, por que estão faltando?

- **Trabalho voluntário** (deve ser alta): outro indicativo de forte envolvimento dos funcionários pode ser a quantidade de trabalho voluntário feito por pessoas da empresa. Funcionários com mentalidade de auxiliar os outros tendem a ter mentalidade de ajudar os clientes.

- **Devolução de produtos** (deve ser baixa): a quantidade de produtos devolvidos é um indicativo da qualidade deles, e sem dúvida influenciará a experiência do cliente. Esta é uma métrica que, espera-se, fica no nível mínimo.

- **On time in full** (OTIF – no prazo e completo; deve ser alta): entregar pedidos completos e no prazo é outra métrica de uma empresa bem gerida, e deveria ser o mais próximo possível de 100%.

- **Aumento nas vendas** (deve ser alta): pode ser simplista sugerir que a receita com vendas é uma métrica da experiência do cliente. Até certo ponto, a trajetória do faturamento é uma pista razoável sobre a experiência do cliente. Evidentemente, o faturamento também é afetado pelo desempenho, preço e promoção do produto. Se as vendas estão caindo, deve haver algo errado com o preço ou a promoção do produto, ou com a experiência do cliente.

- **Reclamações** (deve ser baixa): toda empresa deveria ter procedimentos para reclamações. Uma empresa que faz tudo o que está no seu alcance para ser perfeita ainda pode receber reclamações. O feedback de clientes sobre o que não gostam numa empresa é material valioso. O problema é que 9 em cada 10 clientes buscam a concorrência quando têm uma experiência ruim, sem sequer deixar uma reclamação (Drehmann, 2013).

A quantidade de reclamações será em si mesma um indicativo da experiência do cliente. Um aumento no número de reclamações sugere que algo vai mal. A facilidade com que as reclamações podem ser feitas indica a atitude da empresa em proporcionar uma excelente experiência do cliente. Demonstra boa vontade para ouvir e reagir às críticas de forma positiva.

A maioria dos formulários de reclamações permite aos clientes que descrevam suas queixas, e isso geralmente envolve descrições detalhadas dos eventos. Vale a pena analisar palavra por palavra esses comentários, e agrupá-los em temas que revelem ausência de qualidade dos produtos, problemas de preço, problemas na entrega, atendimento ao cliente e coisas do tipo.

> **Churn (taxa de evasão) de clientes** (deve ser baixa): empresas perdem clientes por motivos variados. Alguns clientes mudam de processo, e não precisam mais do que compraram durante anos. Um cliente pode sofrer declínio na venda de seus produtos, e, portanto, precisa de menos componentes dos fornecedores. Pode haver uma mudança na tecnologia que, como consequência, coloque um substituto no lugar do produto. No entanto, a maioria das perdas de clientes resultam de insatisfação com um fornecedor ou da crença de que outro fornecedor pode fazer melhor. Isso gera a taxa de *churn*, que é a perda dos clientes expressa em uma proporção do número total de clientes em um ano.

Uma pesquisa realizada em 1997 pela American Society of Quality Control verificou que dois terços dos clientes (de longe a proporção mais alta) trocavam de fornecedor por conta da atitude indiferente do fornecedor atual, e não por causa da queda de qualidade ou da insatisfação com os preços (*San Francisco Business Times*, 1997). Não temos nenhum motivo para acreditar que esse índice diminuiu.

Em mercados *business-to-business*, as pontuações de *churn* são bem baixas. Uma empresa fornecedora de componentes ou matérias-primas deve ter uma taxa de *churn* de menos de 10%, e geralmente fica próximo a 5%. Em alguns mercados inconstantes, como o de telecomunicações, provavelmente será mais alta.

- **Participação em programas de lealdade** (deve ser alta): programas de lealdade não são reservados para hotéis e linhas aéreas. Qualquer empresa pode gerenciar um programa de lealdade, estimular clientes a se verem como parte de um clube, com privilégios associados. A quantidade de membros do clube e sua participação fornece um indicativo de uma forte experiência do cliente.

- **Recorrência de negócios** (deve ser alta): presume-se que clientes que retornam vezes seguidas para comprar de uma empresa estejam tendo boas experiências. Em mercados *business-to-business*, não é incomum encontrar clientes que vêm comprando da mesma empresa durante cinco anos ou mais. Aqui, devemos ter cautela em acreditar que voltar a fazer negócios sempre indica uma boa experiência do cliente. Pode ser inércia da parte dele. Uma mudança de pessoal que especifica e compra o produto ou alguma atividade agressiva da concorrência poderia desestabilizar a prática regular.

- **Indicações de clientes e funcionários** (deve ser alta): um forte indicativo de uma boa experiência do cliente é a defesa – recomendações de outros clientes ou funcionários. Sempre que um novo cliente é trazido a bordo, vale a pena perguntar como eles ouviram falar da empresa e se foi por meio de alguma indicação.

- **Outras métricas internas:** pode haver outras métricas dentro de uma empresa que forneça indícios sobre a experiência do cliente. A taxa de conversão de propostas/orçamentos para pedidos pode dar pistas sobre a experiência do cliente logo no começo da jornada do cliente. Outras métricas, por menores que sejam, poderiam ser o número de cartas não solicitadas de elogios e recomendações que são recebidas sobre o time. O Quadro 5.1 fornece um resumo de métricas internas que podem ser usadas para indícios rápidos e econômicos da experiência do cliente.

Sites como o www.glassdoor.com disponibilizam comentários e avaliações de funcionários que trabalharam em uma empresa. Embora essa não seja uma medida direta da experiência do cliente, ela fornece um indicativo da cultura da empresa.

QUADRO 5.1 Métricas internas para a experiência do cliente

Tema	Métrica/KPIs	Benefícios
Engajamento do funcionário	Satisfação do funcionário	O resultado é uma CX sólida
	Absenteísmo do funcionário	Custo reduzido de recrutamento
	Trabalho voluntário do funcionário fora do expediente	Desenvolve uma cultura de ajuda mútua
Qualidade	Taxas de devolução de produtos	Custo reduzido de taxas de defeito e erro
	Entrega no prazo	Custo mais baixo de devoluções
Satisfação do cliente	Aumento nas vendas	Custos mais baixos por meio de aumento na escala
	Reclamações de clientes	Custos menores de reclamações
Lealdade e defesa	Taxas de atrito/de *churn* de clientes	Redução de custos *upsell* e de vendas cruzadas
	Participação em programas de lealdade	Custos de retenção mais baixos
	Repetição de negócios	Aumento do valor de vida útil
	Indicações de clientes e funcionários	Custos mais baixos de aquisição de vendas

MÉTRICAS EXTERNAS DE CX

Métricas externas geralmente precisam ser complementadas por métricas de pesquisas com clientes. Há várias dessas métricas, cada uma proporcionando insights diferentes na experiência do cliente.

◢ *Net Promoter Score*® (NPS)

O *Net Promoter Score*® ou NPS foi elaborado por Fred Reichheld, da Bain & Company, e se tornou uma medida-padrão da experiência do cliente. A pontuação se baseia nas respostas a uma simples pergunta:

> Qual é a probabilidade de você recomendar a marca X (ou a empresa X) para um colega em uma escala de 0 a 10, onde zero significa totalmente improvável e 10, muito provável?

A pontuação é calculada tomando-se a porcentagem de pessoas que dão nota 9 ou 10 de 10 (chamadas de "promotoras") e subtraindo a porcentagem de pessoas que dão 6 pontos ou menos (chamadas de "detratoras"). As que dão 7 ou 8 pontos são ignoradas (passivas).

As notas a essa pergunta são vistas como uma síntese de experiências do cliente. A pontuação será determinada pelas percepções da qualidade do produto e do valor monetário, bem como por fatores mais suaves como marca e atendimento ao cliente. Um *Net Promoter Score*® elevado é uma forte previsão do crescimento da companhia, e no próximo capítulo abordaremos *benchmarks* típicos de referência.

É preciso cautela ao usar o *Net Promoter Score*® (NPS). Muitos clientes *business-to-business*, quando essa pergunta é feita, dão 7 ou 8 pontos de 10. Esses pontos indicam que uma empresa está tendo um desempenho aceitável, embora não excepcional. Eles não são incluídos no cálculo da pontuação NPS. Isso significa que, digamos, se 50 pessoas responderem, 30 podem ser ignoradas no cálculo se derem 7 ou 8 pontos de 10, caso em que o cálculo NPS se baseia apenas em 20 respostas. Se forem feitas comparações de pontuações NPS entre empresas diferentes ou se o NPS for uma métrica de rastreamento, ano após ano, ele pode oscilar bastante, dependendo do número pequeno de respostas fornecidas por promotores e detratores. Um total de 50 respostas geralmente é considerada a quantidade mínima para obter uma pontuação NPS confiável.

◢ Pontuação da satisfação do cliente

Pontuações da satisfação do cliente são o fundamento das métricas da experiência do cliente. Elas foram testadas e experimentadas ao longo dos anos. As pessoas sabem o que significa responder a uma questão como esta:

> Qual é seu nível de satisfação com a empresa X em uma escala de 1 a 10, em que 1 significa nada satisfeito e 10 significa muito satisfeito?

Respostas a essa pergunta têm forte correlação com a média do *Net Promoter Score*®.

A simples pergunta de pontuação de satisfação do cliente pode ser feita para uma empresa como um todo e para vários aspectos de seus produtos e serviços. Por exemplo, a pergunta típica de pesquisas é até que ponto as pessoas estão satisfeitas, usando uma escala de 1 a 10, em relação à qualidade, entrega, recebimento de pedidos, representação de vendas etc., bem como até que ponto estão satisfeitas com a empresa em geral.

As pontuações nos diferentes aspectos do produto e do serviço podem estar relacionadas à satisfação geral para definir o que está impulsionando a satisfação do cliente. Se os pontos dados pela maioria dos clientes para um dos atributos forem altos e a maior parte das pessoas também der uma pontuação alta para a satisfação geral, há uma causa convincente para uma associação entre os dois números. De maneira semelhante, pontuações baixas para um atributo e para satisfação geral sugerem um vínculo entre os dois grupos de dados. Discutimos isso com mais detalhes no Capítulo 7, onde analisamos quais atributos particulares impulsionam a satisfação do cliente.

◢ Índice de Esforço do Cliente

Um artigo da *Harvard Business Review* analisou o *Net Promoter Score*®, o índice de satisfação do cliente e o índice de esforço do cliente como indicadores da probabilidade de que os clientes voltem a comprar de um fornecedor (Dixon *et al*, 2010). Os autores descobriram que o índice de esforço do cliente superou as outras métricas de atendimento ao cliente. A pergunta que eles fizeram foi:

> Quanto esforço pessoal você teve de empregar para que seu pedido fosse atendido?

Dos clientes que relataram pouco esforço para lidar com uma empresa, 94% afirmaram que comprariam de novo da empresa.

A pergunta é útil, e poderia ser mais simples e fácil de ser feita em idiomas diferentes (para um estudo internacional) se elaborada desta maneira:

> Quanto esforço é necessário para fazer negócios com a empresa X em uma escala de 1 a 10, em que 1 significa muito esforço necessário e 10, pouquíssimo esforço necessário?

O índice de esforço do cliente é mais relevante para certos produtos e serviços que para outros. Uma empresa aérea que compra uma aeronave nova sabe que terá de despender muito esforço no processo de compra. No entanto, muitas transações comerciais estão em um nível inferior, e fornecedores são valorizados quando é fácil negociar com eles. A Amazon tornou a "facilidade de fazer negócios" parte fundamental de sua proposta de valores com a facilidade "peça com um clique".

◢ Net value score

Vivemos em um mundo competitivo, portanto, não basta saber como está nosso desempenho em termos *absolutos*; precisamos saber como está nosso desempenho em termos *relativos*. Para isso, são necessárias pontuações comparativas sobre a satisfação geral e NPS com outras empresas em um cenário competitivo. Tais comparações mostram até onde uma empresa é melhor ou pior que outras companhias na satisfação dos clientes. A utilidade do *net value score* é que duas perguntas simples nos permitem traçar a posição de uma empresa sobre a linha de equivalência de valor (ver a Figura 5.1):

> Como você classificaria a empresa X em relação ao produto ou serviço que ela oferece, em comparação aos benefícios de produtos/serviços oferecidos por outros fornecedores de produtos/serviços semelhantes?
>
> Como você classificaria a empresa X em relação a preços, em comparação aos preços de outros fornecedores de produtos/serviços semelhantes?

FIGURA 5.1 Diagrama de empresas na linha de equivalência de valor usando o *net value score*

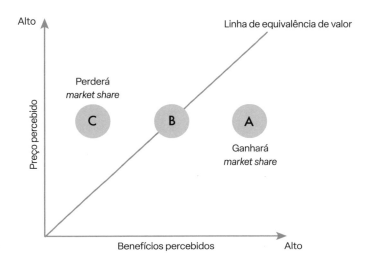

Fonte: Extraído de "Setting value, not price", fevereiro de 1997, McKinsey Quarterly, www.mckinsey.com. Copyright © 2018 McKinsey & Company. Todos os direitos reservados. Reimpresso sob permissão.

O *net value score* mostra até que ponto os clientes percebem que uma empresa oferece mais ou menos valor pelo mesmo preço que outras do mesmo setor. Esse é um bom indicativo de crescimento futuro e ações em potencial. Por exemplo, no diagrama a empresa A está oferecendo mais benefícios que as empresas B e C por um preço aparentemente similar. Logo, ela está em condições de dar continuidade à sua estratégia de preços atual e aumentar seu *market share*, ou aumentar o preço e obter mais lucros.

Essas métricas do cliente atuam em diferentes pontos fortes, e todas elas têm seu lugar em um programa de experiência do cliente (Ver o Quadro 5.2).

As métricas podem ser usadas para comparar empresas diferentes, para comparar diferentes unidades de negócios estratégicas e para rastrear o desempenho ao longo do tempo. Elas indicarão até que ponto é necessário agir e até que ponto quaisquer tentativas de aprimorar a experiência do cliente estão tendo efeito positivo.

QUADRO 5.2 O papel das métricas externas de CX

Métrica	Pergunta	Onde usá-la
Índice de satisfação do cliente	Em uma escala de 1 a 10, qual é o seu grau de satisfação com a empresa X?	Determina pontos fortes e fracos de uma empresa em aspectos diferentes de sua proposta de valor ao cliente
Net Promoter Score®	Em uma escala de 0 a 10, qual a probabilidade de você recomendar a empresa X?	Estabelece lealdade a uma empresa e é um indicador de seu crescimento e lucratividade
Índice de esforço do cliente	Em uma escala de 1 a 10, quanto esforço é necessário para negociar com a empresa X?	Indicador da facilidade de fazer negócios e futuro *market share*
Net value score	Como você classificaria os produtos e serviços da empresa X, em comparação com outros fornecedores semelhantes? (Da mesma forma, como você classificaria seus preços?)	Posiciona uma empresa na linha de equivalência de valor

COMENTÁRIO ABERTO

As métricas quantitativas são úteis para *benchmarking* e rastreamento. Elas não fornecem o motivo subjacente das pontuações. Para isso, são necessárias perguntas abertas. Sempre que possível, após cada uma das perguntas de avaliação, deve-se fazer uma pergunta adicional: "Por que você deu essa resposta?". As respostas literais a essa pergunta indicarão por que alguém não recomendaria uma empresa, por que não estão satisfeitas, por que é difícil fazer negócios com a empresa, e assim por diante. Da mesma forma, a pergunta "por quê?" vai expor os motivos de um desempenho marcante.

Respostas a perguntas "por quê?" podem ser superficiais. Alguém que dá uma pontuação baixa para a satisfação e é questionado "por quê?" talvez responda em termos muito gerais: "Não gosto da empresa, não gosto do serviço deles". É necessário mais sondagem para descobrir qual aspecto do serviço não é apreciado ou se existe algo mais elementar na empresa que está causando a dissonância.

Não é incomum que uma pontuação baixa de satisfação resulte de choques de personalidade entre cliente e fornecedor. Por esse motivo, a maioria das pesquisas de satisfação do cliente são realizadas por empresas independentes de pesquisa de mercado, que oferecem confidencialidade e anonimato a todos os participantes.

METAS PARA A EXPERIÊNCIA DO CLIENTE

As métricas de experiência do cliente mostram as avaliações dos clientes em determinado momento. Essas métricas podem ser usadas para rastrear mudanças e definir metas para melhoria.

Seria difícil verificar como uma pessoa dentro de uma organização argumentaria contra o princípio de se aprimorar a experiência do cliente. Uma experiência do cliente aprimorada gera mais lealdade, aumento nas vendas, justifica preços diferenciados e leva a uma maior lucratividade. As evidências dessa afirmação foram expostas no Capítulo 3.

Suponhamos que uma empresa tenha realizado uma pesquisa e chegado a métricas que mostram que a pontuação atual de satisfação do cliente é 7,8 de 10, o *Net Promoter Score*® é 22 e o índice de esforço do cliente é 7 de 10 (em que 10 é "muito fácil de fazer negócios" e 1 é "difícil de fazer negócios"). Essas são linhas de base que podem ser monitoradas no futuro. Porém, será necessário ter objetivos mais específicos para garantir que elas se movam na direção certa. Se o feedback do cliente diz que uma empresa não está conseguindo responder com rapidez, é necessário definir alguns objetivos específicos para corrigir essa percepção, como:

- O número de vezes que um telefone é atendido em três toques.

- A velocidade com que os pedidos são validados por e-mail.

- A porcentagem de pedidos atendidos no prazo e na íntegra.

- A porcentagem de pedidos atendidos em dias, em uma semana, 14 dias etc.

- A porcentagem de reclamações resolvidas em questão de dias, uma semana, 14 dias etc.

METAS PARA DIFERENTES GRUPOS

Sabemos que os clientes são diferentes e têm necessidades diferentes. Alguns querem uma transação rápida e sem firulas, enquanto outros esperam níveis elevados de envolvimento e atendimento. A fim de obter pontuações excelentes em termos de experiência do cliente, é necessário compreender o modo como os clientes se segmentam e responder a eles de maneira apropriada. As várias dezenas de estudos de segmentação realizados pelos autores nos levam a sugerir que, em um grupo de clientes *business-to-business*, 20% a 30% deles querem uma transação com preços baixos e atendimento mínimo. Outros 20% a 30% talvez esperem níveis elevados de atendimento, enquanto o restante deseja um meio-termo. Cada um desses segmentos consideráveis de clientes precisa ser abordado de forma diferente, e será necessário elaborar uma oferta que sirva de maneira consistente às suas preferências. Construir uma organização capaz de se mover entre esses segmentos é um assunto abordado mais adiante, no Capítulo 13.

GESTÃO DA QUALIDADE TOTAL E EXPERIÊNCIA DO CLIENTE

Gestão da qualidade total (TQM – do inglês *Total Quality Management*) é uma filosofia e um processo de negócios que garante que uma organização proporcione o mais alto nível de qualidade. Algumas empresas buscam atingir TQM por meio de processos como o ISO 9000 ou Six Sigma (quantidade de defeitos por milhão de produtos). Qualquer que seja o método usado para TQM, seu propósito é satisfazer continuamente as necessidades dos clientes. Na típica cultura TQM, tudo é voltado para a satisfação do cliente, acertando desde a primeira vez. Os processos de TQM garantirão uma qualidade o mais perto possível da perfeição, pontualidade no atendimento aos clientes e nas entregas, facilidade de fazer negócios, custo-benefício e assim por diante. Também terá integrado procedimentos para aprimoramento contínuo com base no fato de que as necessidades dos clientes mudam e é quase certo que a concorrência reagirá para satisfazer a essas necessidades. A base da TQM é a aplicação de métodos quantitativos que usam mensurações para aprimorar todos os processos dentro de uma empresa, a fim de cumprir ou superar as necessidades dos clientes. ∎

> **PARA REFLETIR**
>
> ▶ Quais métricas internas você está usando para mensurar o desempenho de sua experiência do cliente?
>
> ▶ Como você está aproveitando as reclamações? Elas são consideradas uma pedra no sapato ou uma baita oportunidade?
>
> ▶ Quais métricas externas são usadas para mensurar a experiência do cliente?
>
> ▶ Quais métricas externas são mais apropriadas para cumprir os objetivos de sua experiência do cliente.
>
> ▶ Você compreende o que está impulsionando sua pontuação de satisfação e experiência do cliente? Além da pontuação numérica, como ter insights mais profundos sobre o que os clientes estão pensando?
>
> ▶ Você define metas para aprimorar a experiência do cliente? Qual é a base para defini-las? Você acompanha seu desempenho nessas métricas?
>
> ▶ Onde a gestão da qualidade total se encaixa em seu programa de experiência do cliente? Como ela poderia ser usada para aprimorar a experiência do cliente?

REFERÊNCIAS

Dixon, D., Freeman, K. e Toman, N. (2010) Stop trying to delight your customers, *Harvard Business Review*, julho/agosto, p. 1-7.

Drehmann, D. (2013) Complaints Are Gifts..., *Customer Experience Magazine*. Disponível em: https://cxm.co.uk/complaints-are-gifts/ [último acesso em 3 de outubro de 2017].

Prusak, L. (2010) What can't be measured, *Harvard Business Review*, 7 de outubro. Disponível em: https://hbr.org/2010/10/what-cant-be-measured [último acesso em 3 de outubro de 2017].

San Francisco Business Times (1997). The top reason customers leave, *San Francisco Business Times*, 19 de outubro de 1997.

6

Como fazer *benchmarking* da experiência do cliente

O QUE COMPARAR

Ao proporcionar uma experiência do cliente, nossa meta sempre deve ser a excelência. Nesse quesito, o histórico de empresas *business-to-business* não é lá grande coisa. A maioria possui desempenho mediano. Ser melhor que a concorrência não significa muita coisa. Na verdade, a crença de que ser melhor que a concorrência já é bom o bastante pode levar à apatia. Nosso objetivo deve ser definir metas realisticamente elevadas, mesmo que muito mais altas que as de concorrentes de baixo desempenho.

"Nenhum homem é uma ilha." Nenhuma empresa resiste isolada. Empresas com que *talvez* você esteja sendo comparado podem incluir as que os clientes usam na vida cotidiana. Se alguém compra um produto da Amazon e ele é entregue na porta dessa pessoa no mesmo dia, se ela consegue sacar dinheiro de um caixa eletrônico a qualquer hora do dia, se paga suas contas apertando um botão e se tem em mãos um Big Mac e uma bebida no McDonald's em menos de alguns minutos, ela pode se perguntar por que um fornecedor *business-to-business* demora 48 horas para responder a uma pergunta.

Benchmarks são importantes porque fornecem pontos de referência para julgar o desempenho. Ao pé da letra, 7 pontos em 10, em termos de satisfação do cliente, parecem bastante bons. Sem dúvida está um pouco distante de 5, aparentemente o ponto no meio do caminho da escala. No entanto, quando clientes deparam com uma escala de 1 a 10, em que 1 é um baixo nível de satisfação e 10 é o nível de satisfação mais alto, a maioria dos participantes pontua entre 7 e 10. Uma empresa não ficaria atuante por muito tempo (a menos que tivesse monopólio) se tivesse uma avaliação de satisfação do cliente de 6 pontos ou menos. Reflita. Se pedissem para você avaliar a satisfação com seu dentista e desse a ele 6 pontos ou menos, seria de se esperar que estivesse à procura de outro.

Na verdade, uma média de 7 pontos em 10 em satisfação é relativamente baixa e, no entanto, a maioria das empresas *business-to-business* tem pontuações de satisfação do cliente entre 7,5 e 8. Uma média de 8 pontos em 10 é boa. Médias de mais de 8 pontos em 10 são muito boas, e fica cada vez mais difícil subir um ou dois décimos de pontuações médias quando se atingem 8,5 pontos em 10. Uma média de 9 em 10 pontos significaria que mais de um terço dos clientes estão atribuindo 10 em cada 10 pontos, o que equivale a dizer que a empresa é perfeita, um status raramente alcançado em mercados *business-to-business*.

Uma empresa que busca se aprimorar ao proporcionar uma experiência ao cliente não é diferente de alguém se preparando para correr uma maratona. O atleta é obcecado por dois *benchmarks* – o melhor que pode fazer e sua performance em comparação com os outros na competição. Um corredor quase sempre checa o relógio ao se preparar para um treino de corrida. No entanto, a motivação para melhorar a performance será maior no dia da maratona. Essa será a ocasião em que seu objetivo será vencer os outros participantes. Haverá dezenas, se não centenas, de corredores no páreo, e apenas poucos de elite vão tomar a dianteira. Os que terminam por último não são perdedores. Eles provaram que são capazes de correr os 42 quilômetros, e só isso já é uma façanha e tanto.

Nos negócios é a mesma coisa. Proporcionar uma excelente experiência do cliente é uma maratona. Na verdade, é uma corrida que nunca acaba. Exige energia, dedicação no treinamento e um desejo real de fazer o melhor possível, seja lá o que for. Uma empresa que se propõe a entregar uma excelente experiência do cliente está se distanciando daquelas que não estão participando da corrida.

MÉTRICAS DE *BENCHMARKING*

No Capítulo 5, abordamos uma série de métricas que podem ser usadas para mensurar a experiência do cliente. Há algumas opções – o *Net Promoter Score*®, o índice de satisfação do cliente, o índice de esforço do cliente e o *net value score* estão entre as favoritas. A escolha da métrica, em grande parte, é determinada pelo propósito dela. Se uma empresa acredita que precisa aprimorar a "facilidade de fazer negócios", o esforço do cliente seria uma métrica importante. Se uma diretoria quer uma pontuação de performance para comparar com outras empresas, talvez faça sentido usar o *Net Promoter Score*®. É bastante normal obter duas ou três métricas sobre satisfação, já que cada uma delas mensura coisas diferentes.

Embora haja algumas formas diferentes para medirmos a experiência do cliente, a pontuação de satisfação do cliente, usando uma escala de 1 a 10, é um padrão na maioria das pesquisas de *benchmark*. Há uma série de motivos para isso:

- É amplamente usada, com vários dados publicados para comparação.

- A pontuação funciona bem com amostras pequenas.

- Os participantes entendem o conceito de satisfação, enquanto "esforço" e "probabilidade de recomendar" nem sempre podem ser apropriados.

- É fácil perguntar sobre satisfação geral e especificamente sobre satisfação com aspectos particulares do produto, preço e serviço.

- Correlacionar as pontuações de satisfação geral com pontuações de satisfação sobre aspectos individuais da oferta de uma empresa indicará onde é necessário agir para melhorar a experiência do cliente.

No Reino Unido e nos EUA existem duas organizações que disponibilizam pontuações de satisfação do cliente em vários setores:

- ACSI (American Customer Satisfaction Index): http://www.theacsi.org/

- UKCSI (UK Customer Satisfaction Index from the Institute of Customer Service): https://www.instituteofcustomerservice.com/

Em cada caso, as pontuações de satisfação do cliente são mostradas em 100, embora as perguntas sejam feitas em escalas de 1 a 10 ou de

0 a 10. (Vale a pena notar que, pelo fato de a maioria das pessoas usar a parte à direita da escala – de 6 a 10 –, não importa se ela começa em 1 ou em 0.)

As pontuações de satisfação publicadas na UKCSI mostram que varejistas britânicos, como um grupo, atingem 82 pontos de 100, seguradoras recebem 79 de 100 pontos, e serviços públicos e de telecomunicações têm 74 de 100 pontos. Dentro de cada um desses setores há um amplo leque de pontuações de desempenho para as empresas incluídas.

As pontuações do ACSI norte-americano revelam níveis similares. Por exemplo, nos EUA, supermercados têm em média 78 pontos de 100 no quesito satisfação, seguradoras atingem uma média de 79 de 100 e empresas de telecomunicações pontuam uma média de 71 de 100 pontos.

Embora sejam exemplos de mercados de consumo, eles indicam como a maioria das classificações de satisfação do cliente fica entre 70 a 80 de cada 100 (ou seja, os participantes atribuem de 7 a 8 pontos de 10 na escala utilizada na pergunta da entrevista).

Tanto nos EUA quanto no Reino Unido, a Amazon atinge uma das pontuações mais altas de satisfação do cliente, de 87 em cada 100 pontos, enquanto nos EUA o varejista de *fast food* Chick-fil-A e a de supermercados Trader Joe's atingem pontuações semelhantes (ACSI, 2017; UKCSI, 2017). Essas pontuações estão na ponta superior do corredor de elite de 80 em 100, e podem ser consideradas como alguém que finaliza uma maratona em apenas duas horas – é tão bom quanto parece.

COM QUEM FAZER *BENCHMARKING*

Os primeiros e óbvios critérios para procurar estão dentro de sua própria empresa. Comparar pontuações de satisfação do cliente entre diferentes unidades de negócios estratégicas, diferentes grupos de produtos, operações em países diferentes e em segmentos diferentes indicará onde estão o melhor e o pior desempenho. As pontuações dos anos anteriores mostrarão se houve melhora ou piora nas avaliações de satisfação.

O *benchmark* interno pode ser delicado. Resulta em tabelas de classificação, o que pode implicar que uma parte da empresa está melhor que outra. Tome como exemplo uma empresa química com diferentes unidades de negócios vendendo desde produtos químicos até matérias-primas. A unidade de especialidades químicas, que atende a um grupo seleto de clientes e proporciona um nível elevado de atendimento técnico, provavelmente alcançará pontuações maiores de satisfação do cliente do que uma divisão que vende matérias-primas. O *benchmark* interno não deve implicar que o time de matérias-primas está fazendo um trabalho pior que os vendedores de produtos químicos; eles estão operando em ambientes diferentes. É quase certo que a tabela de classificação interna das pontuações de satisfação criará uma competição saudável entre as unidades de negócios. No entanto, isso não deve ser visto como uma base para críticas, do contrário, não vai demorar muito para que mentes inteligentes descubram um modo de invalidar o uso dessas métricas, e o programa de experiência do cliente vai cair por terra.

Diferenças regionais também podem gerar discussões dentro das empresas. Não é incomum pontuações de satisfação serem mais baixas em países do norte da Europa e mais altas em países latino-americanos (Wilcock, 2015). Isso não se deve necessariamente ao desempenho dos times de vendas, que podem estar fazendo um trabalho excelente em diferentes regiões geográficas; em vez disso, poderia ser o resultado da disposição mais generosa dos participantes de certos países. Na próxima seção deste capítulo, falaremos mais sobre diferenças regionais.

Os *benchmarks* mais óbvios são aqueles que acontecem entre concorrentes. Em um grupo de concorrentes vendendo produtos e serviços similares pode haver um amplo leque de pontuações de satisfação do cliente. Se essas pontuações variam demais e ficam entre 7 e 9, é quase certo de que aqueles com pontuações líderes de satisfação do cliente estarão ganhando *market share*, e aqueles na extremidade inferior estarão perdendo. Na maioria dos mercados *business-to-business*, as pontuações de satisfação do cliente de empresas concorrentes são bem próximas. A maior parte das empresas *business-to-business* tem pontuação média de satisfação do cliente entre 7,5 e 8,5 de 10.

Em um estudo de acompanhamento, em que pontuações de satisfação do cliente são mensuradas em intervalos de meses ou anos, é de se esperar um pouco de oscilação. Se as pontuações estão sendo mensuradas numa escala de 1 a 10, uma mudança de 0,1 pode ser uma anomalia. Se a pontuação muda por um coeficiente de 0,2, isso se torna mais significativo. A quantidade de participantes que está dando esses pontos deve ser levada em consideração. Em mercados *business-to-business*, amostras podem ser bem pequenas, e quando há menos de 30 a 50 participantes numa pesquisa, é de se esperar uma oscilação maior nas pontuações de satisfação entre ondulações do que se o tamanho da amostragem abarca 200 ou mais participantes.

Além dos concorrentes diretos há outro grupo de empresas que fornecem comparações interessantes. São as empresas usadas pelo cliente, mas que oferecem produtos e serviços diferentes. Ainda que não concorram dentro do mesmo espaço, elas fornecem pontos de referência contra os quais todas as empresas são julgadas. Uma pesquisa que tem clientes como alvo poderia perguntar quais fornecedores usados pelos clientes são considerados um padrão para ser igualado ou superado. Obter uma pontuação de satisfação de 1 a 10 nesses paradigmas definirá um *benchmark* ambicioso.

Pontuações numéricas são importantes para avaliar o grau em que experiências excelentes do cliente são alcançadas. No entanto, como todas as métricas, elas respondem às perguntas "o quê", "onde" e "quando", e não às perguntas "por quê" ou "como". Depois de cada resposta à pontuação das avaliações, é importante perguntar "por que você deu essa resposta?". As respostas a essa pergunta fornecerão insights que levarão a melhorias.

DIFERENÇAS CULTURAIS

Nacionalidades respondem de maneiras diferentes a pesquisas. Alguns países são culturalmente inclinados a concordar positivamente com perguntas de pesquisas. Isso se chama aquiescência positiva. Da mesma forma, certas pessoas não têm problema algum em dar pontuações altas ou baixas na escala de classificação, enquanto outras tendem a ser mais moderadas nas respostas. Somos todos capazes de atribuir pontuações diferentes, dependendo de como nos sentimos em determinado dia. É por isso que precisamos de uma quantidade significativa de respostas para acomodar a variabilidade natural que ocorre em relação a perguntas desse tipo.

FIGURA 6.1 Respostas a perguntas sobre satisfação do cliente ao redor do mundo

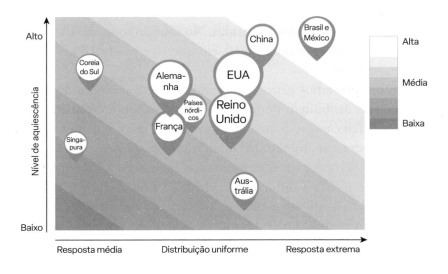

Fonte: Cortesia de Conor Wilcock.

Conor Wilcock, diretor da B2B International, analisou pontuações de satisfação do cliente ao redor do mundo e descobriu que, em certos países, participantes atribuíam pontuações bem próximas e, em outros, eles espalhavam as pontuações pela escala de 10 pontos. Ao delinear o grau de aquiescência em comparação com a distribuição das respostas, encontrou diferenças significativas entre os países (Wilcock, 2017). Veja a Figura 6. 1.

Há uma forte tendência em aquiescer e concordar positivamente com as perguntas de satisfação do cliente em países latino-americanos, principalmente no Brasil e no México. No sudeste da Ásia também existe essa tendência de aquiescer e concordar positivamente com afirmações, embora os participantes sejam menos inclinados a atribuir pontos tão altos quanto na América Latina. Em contraste, países do norte da Europa e da Austrália demonstram pouca tendência em aquiescer e concordar positivamente. A pontuação média de satisfação nesses países tende a ser mais baixa que em qualquer outro lugar, mesmo que os participantes sintam que seus fornecedores estejam fazendo um excelente trabalho.

Escalas numéricas são a opção mais segura para medir a experiência do cliente. Escalas com base em palavras, usando expressões como "bastante satisfeito" ou "muito satisfeito" dão margem a interpretações equivocadas quando traduzidas. No mundo todo, pessoas estão acostumadas com escalas de 1 a 10, em que 10 especifica o nível mais alto de satisfação.

Embora possamos generalizar sobre as predisposições de culturas diferentes atribuírem pontuações diferentes sobre experiência do cliente, é difícil e imprudente tentar normalizá-las com algum tipo de fator de ponderação, sobretudo em mercados *business-to-business*. Boa parte do público em mercados *business-to-business* é global em termos de atitudes e sujeita à influência ocidental. O nível em que esse é o caso torna difícil adivinhar qual será a variação da norma. Em todo caso, qual é a norma? Entender que os holandeses atribuem pontuações mais baixas que brasileiros ao quesito satisfação do cliente é útil, pelo menos, para interpretar o que aparentemente são níveis muito diferentes de experiência do cliente, mas não é fácil dizer de quanto é a diferença. Isso significa que o conselho mais seguro é sempre usar as pontuações brutas para cada país, e não tentar compará-las com outras nações. O importante num país é se a pontuação de satisfação vai para cima ou para baixo, em vez de como ela se compara com a pontuação de outra região.

Compreender métricas internas nem sempre é fácil. Um colaborador deste livro afirma o seguinte:

> "Analisamos métricas internas, mas não de maneira homogênea. Tínhamos formas diferentes de mensurar a experiência do cliente em cada país europeu. A abordagem centralizada que utilizamos hoje em dia é bastante recente. Por exemplo, um de meus projetos era mensurar nossas entregas. Em alguns países, mensurávamos a satisfação relacionada a entregas com uma pergunta que usava uma escala de 5 pontos; em outros, usávamos uma escala de 10 pontos, ou até mesmo uma escala semântica. Até mesmo a maneira como formulávamos as perguntas era diferente. Agora, usamos uma métrica consistente para

> toda a Europa. Com essa métrica, temos 95% de entrega consistente de OTIF (*on time in full*).
>
> Também mensuramos as reclamações, mas ainda não tornamos isso consistente. Por exemplo, todo mundo registra uma reclamação de que os tambores estavam sujos ou que o produto não cumpria as especificações? Precisamos harmonizar esses KPIs.
>
> Em seguida, temos maneiras diferentes de elaborar pesquisas de satisfação do cliente em toda a Europa. Algumas pessoas na empresa fazem isso todos os anos, algumas, a cada dois anos, outras estão fazendo por conta própria, outras, ainda, estão usando fornecedores terceirizados. Precisamos reunir todos esses KPIs. Se não tivermos consistência na maneira como medimos as coisas, isso levará a brigas e caos quando os resultados forem compartilhados dentro da empresa."

FREQUÊNCIA DE MENSURAÇÃO

Tal é o interesse pelas métricas de experiências do cliente que é tentador obter uma pontuação de desempenho após cada interação com clientes. No entanto, clientes podem estar fartos de pesquisas desse tipo. Se feitas com frequência excessiva, elas serão ignoradas. Como passageiros frequentes da United Airlines, recebemos um formulário de feedback após cada voo. Se outras pessoas forem como nós, logo aprenderão a ignorar as solicitações, a menos que tenham tido uma experiência ruim, caso em que a pesquisa se transformará numa folha de reclamações.

Pesquisas anuais de satisfação do cliente são a norma. Um intervalo de 12 meses entre pesquisas permite uma visão equilibrada do desempenho de uma empresa. Mesmo se um participante estiver com um acontecimento recente na cabeça, há uma boa chance de que ele dê uma opinião mais imparcial do que se fosse solicitado a passar em revista os últimos 12 meses. A maioria dos clientes aceita a legitimidade de perguntas sobre a satisfação do cliente feitas em uma base anual. Eles também terão esperanças de que essas pesquisas levem a melhorias da parte dos fornecedores e justifiquem os 10 a 15 minutos gastos uma vez por ano completando a pesquisa de satisfação. ■

> **PARA REFLETIR**
>
> - Com quais organizações sua empresa é comparada ao se julgar a experiência do cliente que você oferece?
>
> - Qual é a diferença entre a experiência do cliente que sua empresa oferece e a das empresas com as quais a sua é comparada?
>
> - Qual é a diferença entre a experiência do cliente que sua empresa oferece e a das maiores representantes em outros setores com as quais você é comparado?
>
> - Como as métricas de experiência do cliente variam em diferentes partes de sua empresa? Quais os motivos dessas variações? De que forma você poderia harmonizar as métricas da experiência do cliente?
>
> - O que significa a variabilidade das pontuações em sua empresa? São diferenças reais ou podem ser explicadas por fatores culturais?

REFERÊNCIAS

ACSI (2017) Benchmarks by Industry. Disponível em: www.theacsi.org/ [último acesso em 3 de outubro de 2017].

UKCSI (2017) The state of customer satisfaction in the UK, July 2017. Disponível em: www.instituteofcustomerservice.com/ [último acesso em 3 de outubro de 2017].

Wilcock, C. (2015) Accounting for Cultural Bias in B2B Research, *Research Live*, 12 de agosto de 2015. Disponível em: https://www.research-live.com/article/features/accounting-for-cultural-bias-in-b2b-research/id/4013742 [último acesso em 3 de outubro de 2017].

Wilcock, C. (2017) Comparing Apples to Pommes: Understanding and Accounting for Cultural Bias in Global B2B Research. Disponível em: www.b2binternational.com/publications/understanding-accounting-cultural-biasglobal-b2b-research/ [último acesso em 3 de outubro de 2017].

> [...] O CONSELHO MAIS SEGURO É SEMPRE USAR AS **PONTUAÇÕES BRUTAS PARA CADA PAÍS**, E NÃO TENTAR COMPARÁ-LAS COM OUTRAS NAÇÕES. **O IMPORTANTE NUM PAÍS É SE A PONTUAÇÃO DE SATISFAÇÃO VAI PARA CIMA OU PARA BAIXO,** EM VEZ DE COMO ELA SE COMPARA COM A PONTUAÇÃO DE OUTRA REGIÃO.

7

Quais os principais *drivers* da experiência do cliente?

A MEMÓRIA COMO *DRIVER* DA EXPERIÊNCIA DO CLIENTE

Podemos escolher nos lembrar de certas coisas, como o que precisamos saber para passar em uma prova. Essas lembranças exigem trabalho duro e repetição constante de um tema, até que finalmente seja decorado. Outras coisas permanecem na memória por um longo tempo porque acontece algo extraordinário que ativa neurônios particulares e codifica o evento. É improvável que eventos rotineiros ou irrelevantes durem muito. Não há nada digno de nota que os fixe em nossas mentes. Nossas memórias são afetadas por estímulos. Nós nos lembramos especialmente dos bons e dos maus momentos.

As consequências disso são importantes para programas de experiência do cliente. Quando alguma coisa dá totalmente errado para um cliente, é quase certo de que será lembrada de uma forma negativa. Uma experiência do cliente fracassada tende a induzir dores emocionais, e não físicas. Estudos revelam que a dor emocional é recordada por muito mais tempo (Winch, 2014). Talvez seja possível se recuperar de uma experiência do cliente desastrosa e suas consequências emocionais, embora não seja preciso dizer que um problema importante precisa de uma recuperação duradoura e, possivelmente, delicada.

Felizmente, experiências maravilhosas do cliente também são lembradas. Se um fornecedor livra o cliente de uma encrenca com uma entrega super-rápida de produtos ou aconselhamentos técnicos que resolvem o problema, o evento será gravado na memória pelos neurônios. É por isso que conseguimos nos lembrar, como se fosse ontem, da vez em que o carro pifou naquela noite escura e úmida de inverno e a empresa de assistência técnica resolveu nosso problema.

Resolver o problema de um cliente sempre será mais memorável do que proporcionar um serviço impecável a ele. Pode haver maneiras pelas quais a experiência pode se tornar mais memorável. Dividir em episódios o evento da experiência do cliente pode ser útil. As pessoas acham mais fácil pensar em uma experiência por meio de episódios em vez de como cenas de um filme. Se um evento é acompanhado por coisas que ativam os sentidos, ele pode fornecer estímulos à memória.

No início de uma palestra, gostamos de pedir às pessoas que compartilhem suas histórias sobre empresas que elas acham que fazem um ótimo trabalho em proporcionar experiências do cliente. Esse é um teste do grau em que os eventos de experiências do cliente permanecem na memória. Uma série de temas comuns são mencionados. Vez ou outra, as pessoas comentarão sobre um produto que as deixou boquiabertas. De vez em quando, serão novas tecnologias. A maioria das histórias envolve serviços de um tipo ou de outro. Isso nunca surpreende. Ao longo dos anos, elaboramos um retrato do que impulsiona uma ótima experiência do cliente, e sabemos que as pessoas, em geral, estão envolvidas. Aqui está uma lista das experiências que as pessoas afirmam ser mais memoráveis:

- **Ser responsivo:** o motivo mencionado com mais frequência para um serviço excelente ao cliente é a responsividade. Os clientes querem respostas imediatas às suas perguntas. Eles querem entregas rápidas. Exigem soluções instantâneas. Somos um mundo faminto por tempo.

- **Ouvir e aprender:** empresas que ouvem os feedbacks dos clientes e os colocam em prática recebem avaliações altas no quesito proporcionar excelente experiência do cliente.

- **Ser simpático:** nada como um sorriso e uma dose de entusiasmo para criar uma excelente experiência do cliente.

- **Demonstrar respeito:** os clientes são importantes, e sabem disso. Empresas que oferecem excelentes experiências do cliente demonstram um nível apropriado de respeito e apreciação.

- **Comunicar-se:** clientes esperam e querem que os fornecedores se comuniquem. Em particular, eles querem informações relevantes sobre seus pedidos, produtos novos ou coisas que vão interessá-los.

- **Produtos de primeira linha:** as pessoas adoram contar umas às outras sobre produtos novos, inovadores, de boa qualidade e bom design. Afinal, o produto está no centro de qualquer compra.

- **Conhecer o próprio produto e serviço:** clientes ficam impressionados se um fornecedor demonstra conhecê-los e a suas necessidades. Eles esperam que os fornecedores conheçam o próprio portfólio de produtos e serviços. Querem se comunicar com alguém capaz de mostrar que esses produtos e serviços corresponderão às necessidades dos clientes.

- **Corresponder e superar as expectativas:** clientes querem saber o que vai acontecer e, em seguida, se certificar de que vai acontecer de fato, se possível superando a promessa que foi feita a eles. Superar as expectativas do cliente é extremamente apreciado.

- **Dizer "obrigado":** essa palavrinha exerce uma influência e tanto sobre os clientes. Dizer "obrigado" demonstra apreciação e reconhecimento do valor que você dá aos negócios deles.

- **Paciência:** proporcionar uma excelente experiência do cliente leva tempo e energia para acertar. É uma maratona, não uma corrida de velocidade.

- **Buscar a perfeição:** ser satisfatório não basta. Quase todos os fornecedores estão nesse nível, do contrário não estariam no negócio. Empresas que buscam a excelência na experiência do cliente têm como objetivo não o "satisfatório", mas o "uau" – tornar seu serviço memorável de uma forma positiva.

- **Time treinado:** todo mundo que trabalha numa fornecedora que tem contato com clientes é um possível embaixador. O time precisa de seleção cuidadosa, a fim de ter as habilidades e atitudes certas. Ele precisa do treinamento correto para ser capaz de proporcionar uma experiência excelente e inesquecível.

USANDO A CIÊNCIA PARA DETERMINAR OS *DRIVERS* DA EXPERIÊNCIA DO CLIENTE

Se você fez uma refeição espetacular com ótimo serviço em um restaurante, pode se levantar da mesa e usar palavras efusivas para descrever a situação. É possível, mas improvável, que você simplesmente diga "de zero a 10, essa refeição é nota 9". É assim que pesquisadores de mercado fazem perguntas. Eles gostam de usar métricas sempre que podem. Palavras conferem insights, mas não fornecem uma ancoragem firme. Os números colocam uma estaca no chão, para que seja possível comparar a experiência do cliente com outras partes da empresa ou com outras empresas e rastrear tendências ao longo do tempo.

As escalas usadas para medir a experiência do cliente precisam ser grandes o bastante para permitir discriminação. Uma mera escala de três pontos, bom, neutro e ruim, seria limitada demais para comunicar um leque de sentimentos. Por outro lado, uma escala de 1 a 100 poderia ser abrangente demais. Pesquisadores estabeleceram escalas de 1 a 10 como uma medida aceitável para experiência e satisfação do cliente.

Retome o exemplo da refeição no restaurante para perguntar sobre satisfação. Vamos presumir que uma pessoa dá uma nota 9 de 10 – a refeição estava ótima. Normalmente, perguntaríamos por que ela atribuiu essa pontuação e a resposta forneceria insights extras. No entanto, dependemos da habilidade das pessoas de descrever e explicar. Tentando descobrir exatamente por que elas gostaram da refeição, seria possível fazer perguntas complementares de avaliação para descobrir o que acharam da comida, do ambiente do restaurante e assim por diante. Usando mais uma vez uma escala de 1 a 10, poderíamos chegar a um resultado como o exibido no Quadro 7.1.

Agora, vamos imaginar que fazemos as mesmas perguntas a 20 ou mais pessoas. As respostas não serão exatamente as mesmas, mas provavelmente haverá semelhanças. Se uma dessas semelhanças fosse uma alta pontuação geral de satisfação acompanhada de uma pontuação alta

QUADRO 7.1 Pontuações da satisfação dadas a atributos específicos da experiência no restaurante

Atributo mensurado	Pontuação (em 10)
Qualidade da comida	7
Quantidade de comida	6
Apresentação da comida	7
Ambiente do restaurante	8
Atenção do garçom	10
Simpatia do garçom	10
Facilidade para reservar uma mesa	5
Relação custo-benefício	8

pela simpatia do garçom, podemos determinar que as duas pontuações são intrinsecamente conectadas. Em termos estatísticos, chamamos essa conexão de coeficiente de correlação. Um coeficiente de correlação de 1,0 indica uma conexão perfeita entre os fatores. Seria incomum obter uma associação tão forte, mas qualquer pontuação de 0,5 ou mais indica uma correlação positiva e que nos possibilita ver que há um fator que incentiva a satisfação.

O Quadro 7.2 mostra as correlações entre uma pontuação de satisfação geral e as pontuações de satisfação atribuídas a componentes individuais da oferta de 500 clientes de uma grande empresa metalúrgica.

O que percebemos nessa análise é que, no caso da empresa metalúrgica, a experiência do cliente é bastante orientada a ajudar os clientes a atingir seus objetivos, serem confiáveis e fáceis de fazer negócio.

Essa análise é interessante, mas não diz à empresa metalúrgica se seu desempenho está bom ou ruim nos diferentes quesitos. Uma questão separada perguntou aos participantes até que ponto eles achavam que a empresa de metais era melhor ou pior que a concorrência em cada um dos quesitos. O Quadro 7.3 mostra que, em alguns quesitos que são fortes *drivers* de satisfação (ajudar os clientes a atingirem seus objetivos, facilidade de fazer negócios, fornecimento de soluções eficazes etc.), a empresa não foi considerada particularmente forte em relação à concorrência. Isso proporcionou sinais sobre onde eram necessárias melhorias. O time de vendas, que sempre sentiu falta de novos produtos, pôde ver que aumentar o portfólio de produtos teria pouco impacto sobre a satisfação geral. Bastante surpreendente, a baixa correlação entre a qualidade do produto e a satisfação geral não se deu porque não é importante, mas porque a qualidade do produto já era muito boa, e outras coisas surgiram como prioridades para estimular a satisfação.

QUADRO 7.2 Correlação entre satisfação geral e satisfação com elementos específicos de uma oferta de um fornecedor metalúrgico

Atributo em que a satisfação foi mensurada	Correlação com a satisfação geral
Me ajuda a atingir as metas de minha empresa	0,76
É uma empresa em que posso confiar	0,72
É fácil fazer negócios com ela	0,69
Fornece soluções eficazes à minha empresa	0,64
Trabalha duro para ganhar e manter meu negócio	0,59
Tem representantes responsivos	0,56
Entende meu negócio	0,53
Tem preços competitivos	0,50
Oferece entregas em um prazo razoável	0,44
Oferece desempenho e qualidade de produtos consistentes	0,43
Tem representantes bem-informados	0,42
É comprometida com princípios ambientais e sociais	0,41
É líder em tecnologia e inovação	0,37
Tem um portfólio de produtos que atende minhas necessidades	0,32

Embora esse exemplo seja específico do setor metalúrgico, ele ilustra um princípio que pode ser observado em centenas de pesquisas de experiência do cliente *business-to-business*. São os fatores mais suaves nas propostas de valor do cliente que proporcionam uma ótima experiência do cliente, e não os mais tangíveis, como qualidade do produto, variedade de produtos, entrega e preço.

Uma empresa precisa ter bom desempenho nesses fatores tangíveis, senão sequer seria considerada uma fornecedora. São as ofertas mínimas necessárias para se fazer negócios. Considerando que todas as ofertas mínimas foram cumpridas por cada fornecedor e, portanto, são muito semelhantes, são os fatores mais suaves que adquirem mais importância e são mais apreciados.

QUADRO 7.3 Correlação de satisfação geral e níveis de satisfação sobre quesitos particulares

Atributo em que a satisfação foi mensurada	Correlação com a satisfação geral	Porcentagem dos que dizem que a empresa é melhor que a concorrência
Me ajuda a atingir as metas de minha empresa	0,76	21%
É uma empresa em que posso confiar	0,72	48%
É fácil fazer negócios com ela	0,69	19%
Fornece soluções eficazes à minha empresa	0,64	15%
Trabalha duro para ganhar e manter meu negócio	0,59	16%
Tem representantes responsivos	0,56	19%
Entende meu negócio	0,53	33%
Tem preços competitivos	0,50	35%
Oferece entregas em um prazo razoável	0,44	34%
Oferece desempenho e qualidade de produtos consistentes	0,43	70%
Tem representantes bem-informados	0,42	38%
Está comprometida com princípios ambientais e sociais	0,41	29%
É líder em tecnologia e inovação	0,37	14%
Tem um portfólio de produtos que atende minhas necessidades	0,32	46%

Significativamente, muitos dos fatores mais flexíveis não exigem grandes investimentos. Ajudar uma empresa a atingir seus objetivos não requer um time de vendas maior. É preciso, isso sim, que o time de vendas ouça e responda de forma criativa a sugestões sobre como podem ajudar os clientes a crescer. É preciso que o fornecedor não somente venda produtos, mas ofereça ideias, soluções e parceria. Isso não precisa, necessariamente, custar caro em termos de investimentos de capital, mas não são ofertas fáceis para tirar da prateleira. É necessário um calibre especial de vendedores para usar os produtos em oferta a fim de ajudar um cliente a atingir seus objetivos. Às vezes, isso poderia envolver recomendar ao cliente que mude para outro produto que corresponda melhor a suas necessidades (e que possa economizar dinheiro); outras vezes, pode significar pensar fora da caixa e recomendar uma nova maneira de fazer negócios.

A importância de ser "fácil de fazer negócios" confirma a relevância do índice de esforço do cliente. Pessoas com fome de tempo não querem gastar seus poucos momentos caçando fornecedores. O fato de ser fácil fazer negócio com a Amazon é um dos motivos pelo qual ela pontua tão alto em termos de satisfação do cliente.

A facilidade de fazer negócios significa coisas diferentes em negócios diferentes. No caso da Amazon, eles facilitam o pedido e o pagamento. Em mercados *business-to-business*, a facilidade de fazer negócios pode significar ter pessoal suficiente no serviço de atendimento ao cliente, para que os telefones sejam atendidos imediatamente. Pode significar que os vendedores podem tomar decisões por conta própria, sem precisar informar o escritório central. Pode significar minimizar a papelada e a burocracia tão frequentemente envolvidas na integração de um novo cliente. Pode significar que os clientes valorizam vendedores que conhecem a série do produto e são capazes de resolver seus problemas sugerindo alternativas se algo estiver em falta no estoque.

A IMPORTÂNCIA DAS EMOÇÕES

Em vários trechos deste livro falamos sobre a importância das emoções. Este capítulo é sobre os *drivers* da experiência do cliente, e sabemos que emoções são importantes em estimular pontuações altas de satisfação. Quando perguntamos a uma pessoa por que ela diz que uma experiência do cliente é boa, é provável que a resposta seja racional:

"Eles sempre têm produtos em estoque."
"Os preços são os melhores no mercado."
"Eles são incríveis porque entregam os produtos no dia seguinte."

Essas respostas podem ser lógicas e corretas, mas talvez não reflitam os reais motivos para a atribuição de uma nota alta à experiência do cliente. Uma empresa que seja perfeita na maneira como executa sua oferta talvez não seja apreciada. Um vínculo emocional sólido é um estímulo importante das sensações da experiência do cliente.

Em geral, os sentimentos que temos por uma empresa foram construídos com o tempo e em pequenos incrementos. Um time simpático certamente terá algum efeito. A consistência da maneira como ele lida com o cliente e apresenta sua oferta criará confiança e construirá uma sensação de segurança.

Agora, vamos imaginar que alguma coisa mude em um fornecedor. A empresa pode mudar de nome ou pode haver mudança no time que lida com os clientes. Por si só, a mudança de nome da empresa pode não importar, mas talvez gere preocupações sobre se a empresa foi adquirida ou está se recriando em um novo paradigma. Uma mudança no time poderia gerar a preocupação de que as pessoas novas não vão entender todas as nuances das necessidades dos clientes. Em última instância, as mudanças podem ser para melhor, mas só o tempo mostrará se esse é o caso. Nesse meio-tempo, os clientes podem temer que o novo *status quo* pode desestabilizar uma boa relação profissional, e isso vai despertar questões emocionais.

Nem sempre os clientes conseguem distinguir elementos racionais e emocionais das próprias decisões. Eles tendem a superestimar a influência do componente racional. Quando questionados sobre os motivos por que escolheram um fornecedor, as respostas usuais são lógicas, como ótima qualidade dos produtos, da entrega, preços excelentes, bom custo-benefício e assim por diante. Pouquíssimos diriam que sua escolha é fortemente influenciada pela marca. E, não obstante, quando perguntamos às empresas há quanto tempo elas vêm usando seus fornecedores, não é incomum ficarmos sabendo que é "há muitos anos". É inconcebível que, ao longo de tantos anos, nenhuma outra empresa tenha oferecido produtos, entrega ou preços melhores, e, no entanto, as pessoas tendem a continuar comprando dos mesmos fornecedores. Talvez porque haja um receio de que outros fornecedores não tenham um vínculo melhor ou genuíno com o fornecedor atual e as pessoas que trabalham nele. Em geral, fatores emocionais superam fatores racionais quando se trata de escolher fornecedores.

FIGURA 7.1 ▶ As seções emocional e racional do cérebro e como elas influenciam as experiências

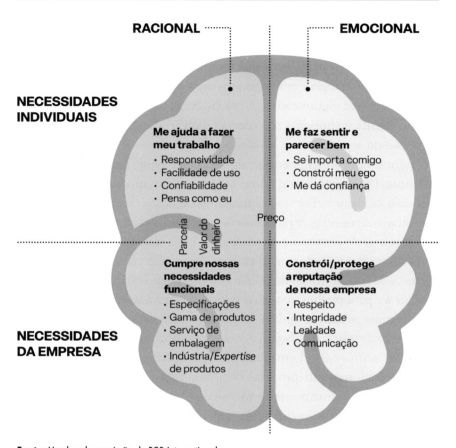

Fonte: Usada sob permissão da B2B International.

Sabemos que, em outras áreas de nossas vidas, as emoções possuem um efeito imenso, por exemplo, na influência da escolha do parceiro ou parceira com quem desejamos viver pelo resto da existência. A escolha da empresa que escolhemos para negociar está sujeita às mesmas emoções. Fazemos negócios com pessoas com quem gostamos de fazer negócios. Esse fato não deveria surpreender, mas muitas vezes é ignorado.

Os cientistas ainda estão tentando descobrir como o cérebro funciona. O cérebro humano se divide em dois hemisférios – o esquerdo e o direito. A crença atual é de que o lado esquerdo do cérebro controla a maior parte de nosso pensamento lógico, enquanto nossas emoções são definidas pelas funções do lado direito. Precisamos abordar ambos os lados do cérebro para tentar proporcionar uma melhor experiência do cliente. O lado esquerdo do cérebro, a parte que define o pensamento lógico e racional, ficará impressionado pela maneira como podemos ajudar o cliente a fazer seu trabalho. Se conseguimos demonstrar que somos responsivos, fáceis de lidar e confiáveis, isso vai repercutir. O lado esquerdo do cérebro também ficará muito satisfeito com as especificações, a gama de produtos e o serviço de empacotamento que oferecemos. Veja a Figura 7.1.

É no lado direito do cérebro que atuam as emoções. Aqui, precisamos trabalhar com as emoções do mesmo jeito que faríamos ao lidar com um ente querido na vida particular. Vamos examinar o que está acontecendo no lado direito do cérebro ilustrado na Figura 7.1.

◢ Atendendo necessidades individuais

O comprador ou o especificador da companhia do cliente quer ser bem-visto pelos colegas. Um fornecedor *business-to-business* pode ajudar nesse aspecto, pelos itens a seguir:

- **Cuida de mim:** as pessoas de uma empresa precisam sentir que alguém se importa com elas. Querem sentir que serão auxiliadas sempre que necessário. Às vezes, os clientes cometem um equívoco fazendo o pedido errado e o fornecedor tem a chance de salvar o dia. Se o problema é resolvido para o cliente sem confusão ou culpa, ele será eternamente grato. Se o cliente ganha um mimo vez ou outra, vai passar a se sentir especial. Clientes são pessoas, e faz parte do instinto humano querer ser cuidado.

- **Constrói meu ego:** as pessoas querem parecer bem aos olhos dos colegas. Se um fornecedor faz algo que beneficia um cliente, a(s) pessoa(s) que escolhe(m) esse fornecedor será(serão) refletida(s) nessa glória. Da mesma forma, essas pessoas que escolhem o fornecedor não querem ser culpadas se esse fornecedor falhar em algum aspecto. Uma ótima experiência do cliente garante que os tomadores de decisão que escolhem o fornecedor sempre ganhem o crédito pelas vitórias. Um fornecedor que faz uma concessão para que o cliente feche o negócio deve comemorar com esse cliente seu sucesso pela façanha. Por exemplo, um fornecedor cujas entregas *just-in-time*[3] liberam espaço no depósito para o cliente deve permitir ao cliente que leve o crédito por esse recurso novo e valioso, ainda que o trabalho duro e a solução não tenham sido ideia dele.

▶ **Me dá confiança:** pessoas que fazem um pedido com um fornecedor estão investindo uma confiança enorme em sua habilidade de cumprir o que promete. Um fornecedor que consistentemente faz o que diz permitirá que os clientes durmam bem à noite.

◢ Atendendo necessidades da empresa

Assim como as pessoas da empresa-cliente têm necessidades emocionais, a organização também tem. A organização depende de seus fornecedores para manter sua imagem no mercado. Isso quer dizer que as empresas demandam os seguintes itens de seus fornecedores:

▶ **Respeito:** as empresas podem escolher quais fornecedores utilizar, e gostam de usar os que são respeitados. É por isso que empresas de informática gostam de anunciar "Intel Inside", e que fabricantes de roupas anunciam que seus equipamentos para climas úmidos são feitos de Gore-Tex. Essas são marcas fornecedoras de respeito, e suas qualidades positivas serão transmitidas às empresas que as usam em seus produtos finalizados.

▶ **Integridade:** as empresas, assim como as pessoas, querem lidar com fornecedores com certas credenciais. Honestidade e integridade, é claro, são importantes. Cada vez mais, certificados e credenciais verdes também são. Os fornecedores precisam ser capazes de demonstrar que podem atender esses padrões.

---

[3] Método de produção e entrega de produtos conforme demanda exata de itens. (N. T.)

> **Lealdade:** clientes querem saber se seus fornecedores estão comprometidos com seu ramo. Eles querem saber se seus fornecedores não são desonestos, pretendendo ganhar dinheiro rápido enquanto o mercado está aquecido. Sabem que os mercados são cíclicos, e querem saber se os fornecedores estarão por perto na alegria e na tristeza.

> **Comunicações:** um fornecedor de produtos *business-to-business* ganhará aprovação se ajudar a promover os produtos ou serviços dos clientes. Pode ser algo tão simples quanto listar distribuidoras onde os produtos podem ser adquiridos através de uma contribuição com uma campanha publicitária do cliente. Embora isso possa gerar fortes emoções positivas, também verificamos que pode durar apenas enquanto a contribuição generosa à campanha do cliente continuar!

OS FUNCIONÁRIOS COMO *DRIVERS* DE UMA EXCELENTE EXPERIÊNCIA DO CLIENTE

James Heskett, professor da Universidade de Harvard, compreendeu a importância dos funcionários em proporcionar excelentes experiências do cliente. Sua tese, *The Service Profit Chain* (Heskett *et al.*, 1997), se baseia na crença de que um time feliz faz um serviço melhor, e um serviço melhor gera clientes, o que, por sua vez, traz lucros. Sua ideia é óbvia, e vemos evidências dela todos os dias. Empresas aéreas em disputa com seus funcionários em relação a pagamento e condições de trabalho geralmente recebem notas baixas de satisfação do cliente, porque o time está chateado. Varejistas com funcionários contentes criam uma cultura de felicidade nos depósitos e agradam os clientes. Essas são manifestações muito públicas de como funcionários podem incentivar excelentes experiências do cliente.

Nos mercados *business-to-business*, as interações entre funcionários e clientes também são ótimas. Os clientes conversam regularmente com o serviço de atendimento e gostam de um serviço personalizado. Eles gostam do contato de representantes de vendas experientes e prestativos. Querem ser reconhecidos pelo nome quando telefonarem. Gostam de lidar com as mesmas pessoas que conhecem suas exigências, e ficam preocupados quando são feitas mudanças. Times de serviços técnicos, controladores de crédito e despachantes são importantes pontos de contato. Eles podem cumprir muito bem suas tarefas funcionais, mas talvez não entendam sua função em proporcionar uma excelente experiência do cliente.

Quando gráficas encomendam papel de uma distribuidora, esperam entregas rápidas, geralmente no dia seguinte. Distribuidoras de papel fazem entregas a clientes duas ou três vezes por semana. Isso significa que o motorista da van tem mais contato cara a cara com os clientes do que qualquer outra pessoa na distribuidora. Uma distribuidora de papel teve uma epifania quando percebeu a importância dos motoristas de van como heróis anônimos. A função desses motoristas foi promovida. As vans ganharam pintura nova e limpeza. Os motoristas ganharam uniformes elegantes e foram treinados como emissários de atendimento ao cliente. Eles aprenderam os nomes dos profissionais das gráficas a quem prestavam serviço e construíram um vínculo amistoso. Ajudaram a entregar o papel nas instalações dos clientes, incluindo, se solicitado, carregá-lo até as máquinas de impressão. Essas mudanças custam pouco e têm influência extremamente positiva nas percepções da experiência do cliente proporcionada pela distribuidora de papel. ■

PARA REFLETIR

- Você conhece os fatores que estão impulsionando as opiniões de seus clientes sobre as excelentes experiências do cliente?

- O que você faz para tornar as coisas positivamente memoráveis para os clientes?

- Até que ponto sua empresa é boa em ajudar os clientes a atingirem seus objetivos?

- Até que ponto sua empresa é boa em termos de ser fácil fazer negócios com ela?

- Qual é a inteligência emocional de sua empresa?

- Até que ponto sua empresa compreende e administra emoções em construir uma boa experiência do cliente?

- Até que ponto existe conexão emocional com os clientes na sua empresa?

REFERÊNCIAS

Heskett, J. L., Sasser, E. e Schlesinger, L. A. (1997) *The Service Profit Chain: How leading companies link profit and growth to loyalty, satisfaction, and value*, The Free Press, Nova York.

Winch, G. (2014) 5 Ways Emotional Pain is Worse Than Physical Pain. Disponível em: www.psychologytoday.com/blog/the-squeakywheel/201407/5-ways-emotional-pain-is-worse-physical-pain [último acesso em 3 de outubro de 2017].

8
O mapeamento da jornada do cliente e como aplicá-lo

A JORNADA DO CLIENTE

SEMPRE QUE UM CLIENTE (ou potencial cliente) interage visual, verbal ou fisicamente com uma empresa, há um ponto de contato. Esses pontos de contato podem ser interações simples. Pode ser alguém observando o caminhão de um fornecedor, o recebimento de um e-mail, uma ligação telefônica de uma empresa. Cada ponto de contato contribui, de certa forma, para moldar a visão de uma empresa e, nesse sentido, influencia as experiências dos clientes. Pode haver dezenas de interações como essas em pontos diferentes da jornada do cliente. Se um fornecedor não tiver pensado nas implicações desses pontos de contato, eles podem gerar sentimentos negativos. Da mesma forma, poderia haver alguns pontos de contato em que, sem perceber, a empresa se sobressai e tem uma forte vantagem competitiva que poderia ser explorada. Portanto, gerenciar a jornada do cliente tem uma função importante em proporcionar excelentes experiências do cliente.

Devemos pensar na jornada do cliente como um tipo de vida útil. Antes que haja quaisquer interações com uma empresa, os clientes adquirem conhecimento. Esse é o nascimento da jornada. A construção da percepção e do conhecimento pode acontecer durante um período prolongado. Anúncios, promoções e mensagens de RP sustentam mensagens para clientes e potenciais clientes. No marketing *business-to-business*, o boca a boca, recomendações pessoais, visitas a exibições e seminários podem desempenhar um papel em elaborar a imagem de um fornecedor.

Uma pesquisa feita pelo Google informa que 71% dos compradores B2B usam a internet para buscar informações antes de entrar em contato com um fornecedor (Lecinski, 2011). Na verdade, a pesquisa afirma que o público geral e compradores *business-to-business* agem de forma bem parecida, usando a internet para pesquisar dados sobre uma companhia ou produto antes de se envolver diretamente na compra. Essa conexão digital acontece bem no início da jornada do cliente, e fez surgir a expressão *momento zero da verdade* (ZMOT, na sigla em inglês). É um ponto importante, já que afeta o papel do representante *business-to-business*. No passado, muitas perguntas que um potencial cliente tinha sobre os produtos e serviços de uma empresa eram respondidas pelos representantes de vendas. Hoje, clientes *business-to-business* sabem muita coisa sobre os produtos pelos quais se interessam antes de contatar o fornecedor. Isso significa que as únicas perguntas que talvez tenham para os fornecedores são "Quanto custa?" e "Quando é que podem me entregar?". Um serviço de atendimento ao cliente pode disponibilizar essas informações por telefone. Portanto, o papel do representante de venda está mudando e se tornando uma função de conselheiro técnico, solucionador de problemas ou fornecedor de soluções.

Nesse ponto inicial da jornada do cliente, há pouco ou nenhum relacionamento com a empresa, já que o negócio ainda precisa ser feito. Usando a internet, o potencial cliente pode verificar mais a fundo no portfólio de produtos da empresa, as especificações dos produtos, serviços de suporte, preços – todos os componentes de sua proposta de valor ao cliente. Além disso, o cliente pode buscar a opinião de amigos e colegas para ver se eles conhecem a empresa.

À medida que o envolvimento entre cliente e empresa se desenvolve, o interesse em fazer negócios pode chegar ao ponto em que se discutem termos e condições, as negociações acontecem e pedidos de testes são realizados. Por estarmos falando de um novo relacionamento, pode haver algumas escorregadelas e tropeções no meio do caminho. A maneira como se lidará com eles influenciará o sucesso da parceria de negócios.

Se tudo der certo, ocorrerão transações comerciais regulares com a empresa. Isso envolverá fazer pedidos, receber entregas e lidar com os problemas inevitáveis que acontecem de vez em quando em qualquer cadeia de suprimentos.

Não há motivo para que o relacionamento não continue com sucesso durante anos. Em muitos relacionamentos *business-to-business* entre cliente e fornecedor, empresas gerenciam seus altos e baixos do mesmo jeito que duas pessoas lidam com questões conjugais. Às vezes, por uma ou outra razão, o relacionamento se rompe e o cliente deixa o fornecedor.

Denominamos as duas partes desse acordo como cliente e fornecedor. Naturalmente, isso não é impessoal. Há pessoas envolvidas, e pode haver várias delas. Os acordos iniciais entre cliente e fornecedor podem se dar com membros do time técnico do cliente interessado nas características técnicas dos produtos. Também pode haver alguma influência de alto nível na diretoria, com membros do time de liderança favorecendo empresas de uma certa região geográfica ou que sejam parte de seu grupo estendido. O time de compras está quase sempre envolvido em alguma etapa.

O fornecedor, por sua vez, conta com vários participantes que possuem interesses diferentes em etapas distintas. Logo no início do relacionamento, o time técnico do fornecedor pode conversar com o time técnico do cliente. Quando o cliente é integrado e as entregas começam, o time da cadeia de suprimentos e o pessoal do atendimento ao cliente vai se comunicar regularmente com o cliente. Ao longo do processo, é provável que haja um vendedor ou gerente de contas para coordenar os procedimentos.

O envolvimento desses participantes com o cliente e o fornecedor cria uma mistura elaborada de relacionamentos em etapas diferentes da jornada. Ao examinarmos a jornada do cliente, vemos que há oportunidades para várias experiências do cliente, dependendo de quem está envolvido e em qual etapa elas acontecem no relacionamento.

Às vezes, as experiências do cliente são chamadas de "a hora da verdade". A expressão foi popularizada em um livro intitulado *A Hora da Verdade*, de Jan Carlzon (1987), que mencionamos no Capítulo 2. A questão marcante sobre Carlzon e a história da Scandinavian Airlines é que ele fez a empresa dar a volta por cima, não cortando custos ou mudando os preços, mas capacitando o time, para que pudesse compreender e lidar com as necessidades dos clientes de maneira rápida e eficiente. Um ano depois que Carlzon assumiu, a SAS se tornou a empresa aérea mais pontual da Europa; prejuízos se tornaram um lucro de US$ 54 milhões em 1982.

MAPEANDO A JORNADA

Como as ações de Carlzon nos mostram, a jornada do cliente pode ser mapeada. Assim como qualquer mapa, pode ser de alto nível ou com detalhes consideráveis. No nível mais alto, a jornada pode ser dividida em meia dúzia ou mais de etapas principais (ver a Quadro 8.1). Essas etapas criam a espinha dorsal do mapa, e seguem amplamente o modelo de comunicações AIDA (em inglês, *awareness*, "atenção", *interest*, "interesse", e, se as coisas derem certo para a empresa, *desire*, "desejo", e *action*, "ação"). Além dos quatro passos do modelo AIDA pode haver outros objetivos intermediários, como reclamações, deixar a empresa, retorno etc. Não existe estrutura rígida e rápida para essas etapas principais; elas precisam ser desenvolvidas, de uma forma apropriada, para o relacionamento cliente-fornecedor que está sendo analisado.

Abaixo das principais rubricas da espinha dorsal estão todas as horas da verdade que ocorrem dentro dessa etapa da jornada. Cada uma dessas horas da verdade pode ser analisada em termos de importância ao cliente e se são pontos fortes ou fracos do fornecedor.

Assim como um viajante continuaria consultando um mapa conforme o desenrolar da viagem, também é bom manter visível o mapa da jornada dentro da empresa que o criou. Mapas de jornadas do cliente dão excelentes pôsteres, atraem considerável atenção e geram várias discussões saudáveis. Se eles serão transformados em pôsteres, talvez haja alguns limites físicos em relação ao que pode ser marcado no mapa em cada etapa. Mapas diferentes de jornadas do cliente devem ser preparados para cada segmento de clientes a quem uma empresa presta serviços. Variações dessas jornadas podem incluir:

- Todas as horas da verdade classificadas de acordo com sua importância perceptível para os clientes.

- Os pontos fortes e fracos da empresa, em cada uma das horas da verdade.

- O cliente-alvo em determinada etapa.

- Principais concorrentes em determinada etapa.

QUADRO 8.1 Mapa de alto nível da jornada do cliente

ATENÇÃO	INTERESSE	DECISÃO	SET-UP DO SERVIÇO	ENTREGA DO SERVIÇO	FORTALECIMENTO DO RELACIONAMENTO	PREOCUPAÇÕES	DEIXAR A EMPRESA	RETORNO
Como os clientes passam a conhecer a empresa X	Como os clientes ficam interessados em fazer negócios com a empresa X	Coisas que ajudam os clientes a tomar a decisão de fazer negócios com a empresa X	O que a empresa X faz no set-up de uma nova conta de cliente	Os elementos cotidianos envolvidos na entrega do serviço acordado	O que a empresa X faz para desenvolver relacionamentos contínuos e agradar aos clientes	Como a empresa X lida com questões e reclamações	O que a empresa X faz quando um cliente quer sair	Como reconquistar antigos clientes
Caminhões/ cores da empresa	Material de prospecção	Proposta/ apresentação	Visita do cliente ao site	Telefone/ fax/e-mail para pedidos	Instalação de produtos adicionais	Recebendo reclamações	Deixar de telefonar	Lista de prospecções
Portfólio de marcas	Ofertas promocionais	Visitas presenciais	Avaliação do local do cliente	O cliente faz um pedido	Treinamento do cliente	Acompanhamento de reclamações	Parar totalmente de fazer pedidos	Plano de contato AM
Guarda-chuva de marca/ corporativo	Oferta one-stop-shop	Acordo	Ligação de boas-vindas	O cliente faz um pedido – ligação telefônica	Gerente de Desenvolvimento de Negócios	Carta com aumento de preços	Visitar	Ligação para o cliente
CSR	Linhas de produtos existentes	Não pode prestar serviços/notificação de rejeição	Criação da conta	Entrega do produto	Serviços extras gratuitos	Ligações AM padrão	Última chance para visitar	
Boca a boca	Empréstimo		Visitas do representante na empresa	Ligações do serviço ao cliente	Empréstimos/ gerenciamento comercial			
Visibilidade da fábrica/local	Literatura da marca				Apoio promocional			
Prospecção					Ligação AM			
Envolvimento com instituições de caridade					Auditoria do cliente			
Mídias sociais					Visita presencial			
					Crédito favorável/ aumento de limite			

Horas da verdade

| Criticamente importante |
| Extremamente importante |
| Muito importante |
| Importante |

Fonte: Usado sob permissão da B2B International.

CAPÍTULO 8

O mapeamento da jornada do cliente e como aplicá-lo 133

▶ As emoções dos clientes em determinada etapa.

▶ Ações necessárias para aprimorar o desempenho em determinada etapa.

COMO ELABORAR MAPAS DE JORNADA DO CLIENTE

Em geral, o mapa inicial da jornada do cliente começa em um workshop onde *brainstormings* geram ideias para as etapas da espinha dorsal e as horas da verdade dentro de cada etapa. Pode parecer estranho criar esse primeiro corte interno no mapa, mas isso porque as pessoas em uma empresa são capazes de visualizar através de toda a vida útil, enquanto clientes veem apenas uma parte dela, dependendo de onde estejam nesse ciclo. Os clientes terão uma chance de se pronunciar, mas isso acontece mais tarde, quando o mapa é validado.

Faz sentido os participantes do workshop representarem as diferentes funções dentro da empresa. Como veremos, são as interconexões impecáveis entre esses silos distintos de uma empresa que garantem uma ótima experiência para os clientes.

O mapeamento começa com o facilitador do workshop chegando a um acordo em relação ao segmento de clientes que será o foco do mapa da jornada. As etapas principais que compõem a coluna central são decididas, e então tem início o detalhamento da listagem de todos os pontos de contato (horas da verdade) que constituem cada etapa dessa coluna.

Os pontos de contato com os clientes não são exclusivos do time de vendas e marketing. Clientes podem contatar o pessoal do financeiro, times técnicos, de entregas, recepcionistas etc. Esse é outro bom motivo para se ter uma vasta gama de participantes no workshop. É bom ser representado por alguém que pode afetar, direta ou indiretamente, a experiência dos clientes com a empresa. Mesmo que o pessoal dos vários departamentos da empresa não interaja pessoalmente com os clientes, suas ações e processos internos certamente afetarão os clientes de alguma forma.

Uma sugestão de processo para elaborar mapas da jornada do cliente no workshop é mostrada no Quadro 8.2.

QUADRO 8.2 Passos do desenvolvimento de um mapa da jornada do cliente (CJM)

Passo 1	Acordo sobre o segmento que será abordado na jornada do cliente	Decida qual grupo de clientes será abordado. A jornada do cliente deve ser elaborada para um segmento específico.
Passo 2	Convite para o workshop	Convide até 20 pessoas para o workshop. Provavelmente o workshop vai ocupar metade do dia. Participantes devem ser pessoas que causem impacto na experiência do cliente, ou seja, não apenas pessoas do marketing e vendas.
Passo 3	Dando início ao workshop	Um moderador vai conduzir o workshop introduzindo o conceito de jornada do cliente e horas da verdade. Ele explicará o processo e os resultados.
Passo 4	Definindo a espinha dorsal	O ponto de partida é a espinha dorsal da jornada – os principais eventos da jornada do cliente. É provável que essas partes da espinha sigam amplamente o modelo AIDA – atenção, interesse, desejo, ação. Além disso, haverá etapas centrais como reclamações e saída/perda de clientes. Os participantes do workshop precisam estar de acordo em relação à espinha dorsal. *Flipcharts* são marcados com os rótulos da espinha dorsal.
Passo 5	Grupos trabalham em partes da espinha dorsal	O workshop se divide em grupos, cada um com um segmento alocado. Os grupos fazem *brainstorming* e listam em *post-its* todas as horas da verdade (MOT, na sigla em inglês) nessa parte da espinha. Essas MOT são intervenções físicas com o cliente. Cada MOT deve ser marcada ou como um ponto de dor ou um ponto de prazer. Os *post-its* são classificados no *flipchart* em ordem de importância.
Passo 6	Grupos revisam os trabalhos uns dos outros	Cada grupo apresenta seu MOT para as diferentes partes da espinha para a plenária do workshop. Na plenária, são feitos ajustes em relação à importância do MOT, pontos de dor ou de prazer. Pode-se acrescentar algum MOT que ficou faltando. No encerramento da reunião, é necessário ajustar o CJM.
Passo 7	Cria-se no Excel o mapa da jornada no cliente	Depois do workshop, os moderadores inserem o MOT no Excel. Tabelas de Excel são circuladas entre os participantes do workshop, para aprovação.
Passo 8	Validação	Por último (e não menos importante), o CJM é validado com os clientes. Em geral, isso é feito de maneira (qualitativamente) aprofundada, para garantir que tudo seja abordado no workshop.

O mapeamento da jornada do cliente e como aplicá-lo

CONVERSANDO COM OS CLIENTES

A elaboração do mapa da jornada do cliente é um processo catártico. Com muita frequência, o workshop finaliza com um mapa e uma lista de pontos de ação. Já que muitas pessoas se reúnem de partes diferentes da empresa para pensar em como podem proporcionar uma melhor experiência ao cliente, há muitos alertas para o que poderia ser feito para aprimorar o processo. O foco interno fornece insights e ajuda a unir os silos da empresa.

A opinião interna precisa da validação externa dos clientes. Para estes últimos, é fácil pular pontos da jornada, que são considerados garantidos e podem não ser mencionados no momento da entrevista. Precisamos de um método de entrevista que destrave a mente do cliente para a jornada completa. Um projeto de pesquisa de mercado de qualidade feito com algumas dezenas de clientes pode ser suficiente. O objetivo dessas entrevistas é definir se a sequência de eventos está correta, se as horas da verdade foram todas identificadas e se possuem a classificação correta em termos de importância, de ponto de dor ou de prazer.

Entrevistas aprofundadas permitem aos participantes "um tempo para refletir", durante o qual podem pensar nas etapas da jornada. O início da jornada será mais ou menos o momento em que o participante conheceu um novo fornecedor ou decidiu que já era hora de procurar um. A partir desse ponto de partida, o pesquisador se interessa por todas as histórias do cliente, descobrindo como foram seus passos ao longo da jornada até finalmente se tornar um cliente regular.

Pode ser útil tratar a jornada como uma série composta de episódios. Cada episódio é uma etapa da jornada do cliente. O pesquisador pede ao participante que pense onde ele estava quando começou a pensar em um novo fornecedor. A pergunta "onde" é importante. Se um participante consegue localizar onde estava em um ponto da jornada, ele pode pensar prontamente em quem estava com ele, o que estava acontecendo e descrever o "cenário da série".

A pergunta "por quê?" pode não ser feita diretamente. É claro que estamos interessados em saber por que os participantes pensam e agem de certa maneira, mas uma pergunta direta pode gerar um viés que direciona a conversa. Por exemplo, se alguém é questionado logo no início da jornada por que estava procurando um novo fornecedor, talvez dê uma resposta racional como "para obter um preço melhor", "para ter melhor segurança no fornecimento", "para deixar os concorrentes em alerta" etc. Essas respostas lógicas e racionais podem fornecer apenas parte da história, já que o real motivo pela busca de um novo fornecedor pode ser bem menos evidente. Pode ter acontecido algo no relacionamento com o fornecedor atual que rompeu a confiança, o que levou à busca por um novo. Pode ter acontecido alguma coisa na empresa do cliente, como um diretor sênior dizendo ao time de compras "vocês deveriam dar uma olhada na empresa X, ouvi dizer que são fornecedores muito bons". A pergunta "por quê?", mais cedo ou mais tarde, será respondida interpretando-se tudo que é descrito na entrevista episódica, e não na resposta a perguntas diretas.

O objetivo da pesquisa com o cliente é validar a jornada do cliente. Se os clientes sugerirem etapas ou horas da verdade adicionais, elas serão acrescentadas à jornada.

Da mesma forma, o workshop interno pode ter identificado processos dentro da empresa que os clientes não conhecem nem precisam conhecer. Por exemplo, processos para checar níveis de crédito dos clientes ou comunicações entre departamentos necessárias para confirmar se um pedido foi enviado sem problemas. Não obstante, essas ainda são horas da verdade importantes na jornada, mesmo que invisíveis para o cliente.

COMUNICANDO O MAPA DA JORNADA DO CLIENTE

Uma vez verificado, o mapa da jornada do cliente pode ser confirmado. Mapas da jornada do cliente não são feitos para serem guardados em uma gaveta ou escondidos num arquivo de computador. Como o nome sugere, eles são mapas que servem para guiar a empresa quando lida com clientes diferentes.

Mapas da jornada do cliente são ótimos gatilhos para conversas. Se são pregados na parede, as pessoas param para olhá-los. Para algumas pessoas, eles fornecerão uma forma nova e diferente de analisar as interações com os clientes. Eles vão suscitar conversas e, o mais importante, mostrarão a importância dos diferentes departamentos que contribuem com a jornada. Os mapas se tornam veículos para quebrar os silos dos departamentos.

Se os mapas são usados como pôsteres, vale a pena considerar transformá-los em infográficos. Dessa forma, eles podem ficar mais interessantes em termos visuais, destacando aspectos da história que levarão a uma melhor experiência do cliente. O uso de mapas da jornada do cliente para ajudar a comunicar melhorias na experiência do cliente foi descrito por um dos colaboradores de nosso livro:

> "Tenho mapas da jornada do cliente colados em todas as paredes do meu escritório. Tenho várias apresentações *ad hoc* deles por toda a sala. Usamos esses mapas em todas as reuniões possíveis, para comunicar o que estamos fazendo em nosso time de atendimento ao cliente. Quando saímos com nossos colegas, nem sempre nos referimos a esses mapas como mapeamento da jornada do cliente. Podemos nos referir a eles como 'facilidade para fazer negócios'. Somos uma empresa de 1500 pessoas, e todo mundo tem seu papel na experiência do cliente. Temos de ser muito acessíveis como time de atendimento ao cliente. Temos que pegar todas as complexidades e simplificá-las. Em essência, tentamos manter as coisas simples, vender os benefícios, envolver todo mundo e comunicar o que estamos fazendo." ■

PARA REFLETIR

> Na sua organização, quem vai liderar a iniciativa do mapeamento da jornada do cliente? Ela recebe apoio do alto escalão?

> Para cada segmento que você atende, considere elaborar um mapa da jornada do cliente. De quantos mapas da jornada do cliente você precisa?

> Você tem acesso a um moderador com habilidades capaz de reunir departamentos diferentes para elaborar os mapas da jornada do cliente?

> Considere usar um facilitador externo para coordenar as sessões de mapeamento da jornada do cliente.

- Quem participará dos workshops de CJM?
- Quem realizará a validação dos mapas da jornada do cliente com os próprios clientes? Esse trabalho pode ser feito internamente ou necessitará de ajuda externa?
- Como os mapas da jornada do cliente serão usados quando forem validados? Como eles serão compartilhados na empresa?

REFERÊNCIAS

Carlzon, J. (1987) *Moments of Truth*, Ballinger Publishing Company, Cambridge MA.

Lecinski, J. (2011) *ZMOT Winning the Zero Moment of Truth, e-book*. Disponível em: https://www.thinkwithgoogle.com/marketing-resources/micromoments/2011-winning-zmot-ebook/ [último acesso em 5 de dezembro de 2017].

PARTE TRÊS

Estratégias para se alcançar uma excelente experiência do cliente

9
Desenvolvendo uma estratégia de experiência do cliente

PILARES DA EXPERIÊNCIA DO CLIENTE

MELHORAR A EXPERIÊNCIA do cliente em uma empresa *business-to-business* é semelhante a seguir uma sequência típica de passos como os descritos pelo Plano SOSTAC® de P. R. Smith (Smith, 2017). Essa estrutura de planejamento estratégico é composta de seis etapas:

- **S Análise da situação.** Essa etapa inicial é uma análise do nível da experiência do cliente fornecida pela empresa. É provável que se baseie em métricas variadas, como pontuações de satisfação do cliente, *Net Promoter Score*® e o índice de esforço do cliente. Discutimos essas questões no Capítulo 5. Também seria o ponto em que os mapas da jornada do cliente são desenvolvidos para cada segmento do mercado que é servido. Por meio do mapeamento do mercado, serão destacados quaisquer problemas e sugeridas algumas soluções. Veja o Capítulo 8.

- **O Objetivos.** Com uma compreensão total dos problemas do processo de mapeamento, podem ser definidos objetivos para aprimorar a experiência do cliente. Discutimos essas questões nos Capítulos 4 e 5.

- **S Estratégia** (*Strategy*, em inglês). Seria elaborada uma estratégia para cumprir os objetivos. Esses seriam fatores de alto nível, que precisariam estar em vigor para garantir que os objetivos fossem cumpridos. A estratégia se compõe de uma série de princípios ou pilares, e são eles o foco deste capítulo.

T Tática. São as medidas detalhadas a serem tomadas para aprimorar a experiência do cliente. É atender ao telefone após três toques, é se lembrar do aniversário do cliente, é lidar com uma reclamação e oferecer uma solução, acrescentando algo especial. É garantir que focamos as coisas que incentivam a satisfação do cliente, conforme descritas no Capítulo 7.

A Ação. Crie um plano de ação mostrando quem vai fazer o quê, quando e com quais recursos. Serão definidos alvos para algumas das métricas importantes, como satisfação do cliente e Net Promoter Scores®. Falamos detalhadamente sobre isso nos Capítulos 10, 11 e 12.

C Controle. Um mecanismo de controle é inserido no planejamento. Se ele sair do curso, haverá chance para uma ação corretiva. Discutimos esses controles mais adiante, nos Capítulos 20 e 21.

Neste capítulo, nosso interesse é o componente estratégico do processo SOSTAC® de P. R. Smith. Programas de experiência do cliente são sustentados por seis pilares, que descrevemos no Capítulo 4. Só para lembrar, eles são:

① comprometimento;

② *fulfilment*;

③ sem atritos;

④ responsividade;

⑤ proatividade;

⑥ evolução.

Esses pilares configuram a estratégia para um programa bem-sucedido de experiência do cliente em uma empresa *business-to-business*. Sem dúvida, empresas diferentes colocarão mais ou menos ênfase em um ou outro dos pilares. Como já vimos, apenas entre 25% e 50% das empresas B2B reconhecem que estão se saindo bem nesses componentes importantes de uma estratégia de experiência do cliente.

FIGURA 9.1 Modelo SOSTAC® de P. R. Smith

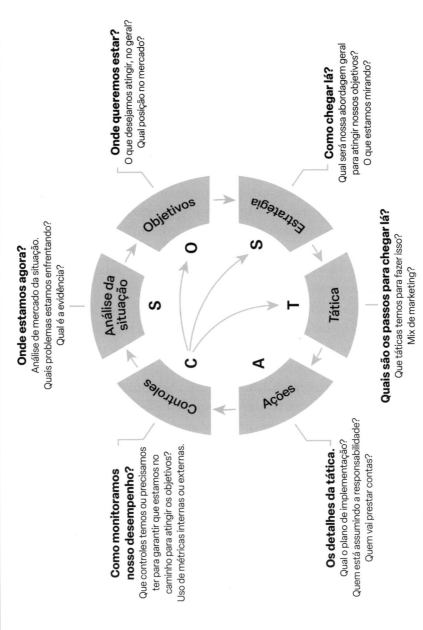

Fonte: SOSTAC® é marca registrada de P. R. Smith. Para mais informações sobre o planejamento SOSTAC® e para se tornar um planejador certificado SOSTAC®, visite www.SOSTAC.org.

◢ Comprometimento

Apenas 48% das empresas B2B afirmam que estão se saindo bem nesse fator (Cupman, 2016).

Pessoas que se propuseram a realizar alguma coisa, sobretudo algo que vai ser difícil e vai demorar um bom tempo, assumem um compromisso. Elas prometem a si mesmas e aos outros que atingirão um objetivo, que não desistirão e irão até o fim. Não estamos sugerindo que todo mundo que embarca em um programa de experiência do cliente deve pôr a mão no coração, erguer os olhos para o céu e entoar palavras bonitas. No entanto, acreditamos que é necessário que as pessoas à frente de um programa de experiência do cliente levem a sério o que dizem sobre sua importância e que estão comprometidas em que ele aconteça.

Isso significa que, se e quando houver escolhas a fazer, como de fato haverá, o programa de experiência do cliente não será colocado em segundo plano. A experiência do cliente é uma iniciativa estratégica e os resultados vão demorar para aparecer, o que pode tornar tentador deixá-la para trás em momentos difíceis.

É provável que o custo de um programa de experiência do cliente seja relativamente pequeno dentro do esquema geral das coisas. Muitas ações para o programa exigem mudanças na cultura da empresa e em atitudes pessoais. Embora teoricamente devesse ser possível mudar isso a toque de caixa, na prática é difícil mudar comportamentos, já que hábitos e comportamentos existentes podem estar profundamente arraigados.

O comprometimento com o programa precisa vir de alguém que esteja em condições de fazer as coisas acontecerem. O ideal é que seja o CEO, mas pode ser qualquer líder de um time que esteja preparado para arriscar o pescoço a fim de fazer a diferença.

É compreensível que CEOs sejam motivados por justificativas financeiras. A maioria quer ver evidências de retorno financeiro, conforme evidenciado por um de nossos colaboradores.

> "Começamos nosso programa de experiência do cliente no Reino Unido. Ele se mostrou extremamente bem-sucedido, e despertou o interesse ...

> de outros setores da empresa. Quando o Canadá deu início à jornada, eles queriam saber qual seria o ROI. Nossa recomendação foi sentir o medo e pôr mãos à obra de qualquer forma. Conseguimos compartilhar com o Canadá nosso retorno sobre o investimento, que na verdade foi bem substancial. Sugerimos que eles poderiam esperar ver o mesmo tipo de resultado. Mas nunca se sabe, talvez o Canadá pudesse ver um efeito ainda maior. Mas é preciso ter um *buy-in* de nível superior."

Uma história de sucesso terá peso dentro de uma empresa se ela puder ser respaldada por evidências. Se não houver nenhum recurso interno de sucesso financeiro, existem outros recursos. Satmetrix, os inventores do *Net Promoter Score*®, disponibilizam um *e-booklet* intitulado *The ROI of NPS* ("O ROI do NPS", em tradução livre) (Satmetrix, 2017). Nele, citam muitos exemplos de como a experiência do cliente tem um retorno sólido com base em:

- Taxas de retenção mais altas.

- Aumento de oportunidades de *upsell*/vendas cruzadas.

- Menor custo de serviço.

- Custos de marketing mais baixos, devido à promoção boca a boca.

Usamos o exemplo da Amazon como modelo de empresa que proporciona excelente experiência do cliente. Seu comprometimento com experiências excelentes ao cliente vem de Jeff Bezos, seu CEO. Brad Stone, em seu livro *A Loja de Tudo* (Stone, 2013), conta como Jeff Bezos pressionou vezes seguidas seu time para encher os depósitos da Amazon com todos os tipos de produtos, com pouca ou nenhuma justificativa financeira de que venderiam. Em seus anos de formação, conforme a empresa crescia, Bezos quis expandi-la para além de livros e filmes, e oferecer brinquedos. Prever quais e quantos brinquedos ter em estoque antes da época do Natal não foi fácil. O importante para

Bezos era que os clientes confiassem que a Amazon teria o brinquedo que queriam e que ele seria entregue a tempo para o Natal. Esse componente fundamental da experiência do cliente tem um custo elevado, pois se o estoque do brinquedo é muito restrito e o produto não está disponível, os clientes ficarão insatisfeitos. Se o estoque for alto demais, sobrarão brinquedos, que talvez não sejam comercializáveis por mais doze meses, ou nunca mais. Isso não impediu Bezos, que tem um desejo inabalável de satisfazer o cliente – sem comprometer e sem considerar o custo financeiro.

Aos leitores com a impressão de que estamos fora de contexto citando a Amazon em um livro sobre *business-to-business*, cuidado. A Amazon presta muita atenção a mercados B2B. Quase todos os colaboradores que entrevistamos neste livro usaram a Amazon como exemplo pertinente. Alguns se sentiam ameaçados por ela, enquanto outros acreditavam que podiam suprir um leque mais amplo de clientes através do *marketplace* da Amazon. Sem dúvida podemos aprender muito com ela, observando seu comprometimento em satisfazer todos os seus clientes, sejam B2C ou B2B.

◢ Fulfilment

Somente 38% das empresas B2B afirmam que se saem bem neste fator (Cupman, 2016).

Fulfilment significa compreender o que os clientes querem e satisfazer suas necessidades. No caso da Amazon, era garantir que a empresa tivesse todos os produtos que o cliente quisesse, que pudessem ser pedidos com facilidade e que fossem entregues rapidamente. Se para isso a empresa precisasse ter um super estoque do produto e isso custasse milhões de dólares em brinquedos sobrando nas prateleiras dos depósitos, paciência. A empresa tinha uma promessa a cumprir.

Muitas vezes, uma marca é definida como uma "promessa cumprida". Isso significa que uma empresa deve ter uma proposta muito clara, para que os clientes saibam o que esperar. Em seguida, deve-se fazer tudo o necessário para entregar essa proposta. Todas as pessoas da empresa devem estar cientes da promessa, a fim de que possam garantir que ela seja cumprida.

Proporcionar de forma consistente uma excelente experiência do cliente a todos os clientes, que podem ser bastante exigentes, requer habilidade, paciência e energia. Não é apenas o time que lida direto com os clientes que precisa ser treinado em experiências do cliente. O *fulfilment* da experiência do cliente pode ter de ser realizado por pessoas que não estão cientes de que essa é uma de suas responsabilidades. Por exemplo, um gerente de produção pode pensar que o papel de sua vida é fabricar produtos com eficiência. Mesmo que essa possa ser uma parte importante de seu trabalho, ela não deve acontecer às custas do cliente. Processos longos de produção para linhas diferentes de produtos podem ser a melhor maneira de produzir, mas talvez signifique que alguns clientes esperem meses antes de poderem obter o produto específico que solicitaram.

O *fulfilment* tem um custo, que pode ser um inventário maior, o tempo de alguém ou uma mudança de comportamento. A constatação de que uma nova maneira de trabalhar significa inconveniências ou mudanças será desanimadora para alguns. Evidentemente, novos processos e formas de trabalho podem ser impostos. Pode ser necessário um toque de disciplina e direção firme. Mas, sobretudo, todos os que estiverem executando o programa de experiência do cliente precisam acreditar nele. Se ele for executado sob coação, os sorrisos não serão genuínos, as pessoas não entrarão nele de corpo e alma e a iniciativa vai fracassar. Por isso é tão importante recrutar as pessoas certas para o time do *fulfilment*. Uma vez que elas enxerguem o sucesso do programa, vão querer participar. Nada é tão bem-sucedido quanto o sucesso!

◢ Sem atritos

Somente 27% das empresas B2B afirmam que seu desempenho é bom nesse fator (Cupman, 2016).

Os clientes não estão interessados nos processos internos que as empresas usam para realizar suas operações. Não é problema do cliente se um computador falha e o serviço de atendimento ao cliente não consegue acessar seus dados. Eles não se importam se uma empresa tem procedimentos de saúde e segurança que trazem, como consequência, uma produção mais lenta. Isso não quer dizer que os clientes sejam insensíveis a questões de saúde e segurança ou falhas de computador; significa que eles não gostam que isso seja levantado como motivo para um atendimento fraco. Eles esperam que uma empresa cuide disso em seu nome, garantindo o mínimo de interrupções.

A maneira como os processos são reunidos para proporcionar excelência à experiência do cliente é responsabilidade do fornecedor. Vale a pena observar redes de restaurantes bem-sucedidas pela maneira como elas gerenciam esses processos. Muitas vezes elas dividem o trabalho de cuidar dos fregueses, assim, a função de receber o cliente quando ele entra no restaurante pode ficar a cargo de alguém responsável pelas reservas, que sabe quais mesas estão disponíveis e quando. Em seguida, um restaurante bem-organizado encaminha tranquilamente o cliente para alguém que leva os fregueses até suas mesas. Nesse momento, o garçom é apresentado como a pessoa que vai anotar o pedido e trazer a comida. Se o restaurante for nos Estados Unidos, pode muito bem haver outros prestadores de serviços, que enchem as taças de água e trazem pão até a mesa.

O exemplo do restaurante é para ilustrar que uma excelente experiência do cliente não precisa ser proporcionada por uma única pessoa. Uma empresa *business-to-business* pode fazer alguém anotar o pedido, outra pessoa entregá-lo, outra responder a perguntas técnicas e outra, ainda, lidar com questões de faturamento. Outras pessoas nos bastidores podem facilitar o serviço de entrega. Contanto que o time esteja unido e saiba o que se espera de cada um, o serviço pode ser excelente e sem atritos.

Em 2014, o Economist Intelligence Unit fez uma pesquisa com quase 500 executivos seniores, a maioria trabalhando para empresas com vendas anuais de mais de US$ 500 milhões anuais (EIU, 2014). Uma gama abrangente de setores foi representada na pesquisa. Mais de um terço dos executivos (36%) afirmou que os silos de suas organizações eram os maiores obstáculos ao oferecimento de um atendimento melhor ao cliente. Cerca de um quarto (24%) disse que uma ausência de visão dos gerentes seniores era o problema principal para a iniciativa de atendimento ao cliente. Três quartos dos executivos seniores que participaram da pesquisa afirmaram que uma prioridade em suas empresas é oferecer uma melhor experiência do cliente em todas as suas plataformas diferentes. Enquanto a Amazon tem apenas uma plataforma da perspectiva do cliente (seu site), empresas B2B têm pedidos por telefone via serviços de atendimento ao cliente, sites, e-mails e executivos de contas entrando em contato para pegar pessoalmente os pedidos. Essas plataformas diferentes podem surtir um efeito e tanto na experiência dos clientes. Silos dentro de organizações e a falta de integração entre sistemas de informação podem ser um grande obstáculo enfrentado atualmente por empresas *business-to-business*.

Um de nossos colaboradores é executivo sênior de marketing de uma empresa internacional, e concorda com as conclusões da pesquisa feita pelo *Economist*:

"Em uma empresa grande, é possível ter pessoas que são conduzidas por processos. Não se toma uma decisão a menos que um pedaço de papel diga que é a decisão correta a se tomar. Precisamos ter pessoas dentro da organização que não nos permitam fazer nada que impacte negativamente o que o cliente recebe. Precisamos de pessoas intuitivas sobre o que é o correto em termos de atendimento ao cliente. Isso confere mais energia ao negócio.

Meu dilema é 'como passar do médio para o grande onde é preciso colocar processos e não se supera o processamento e, portanto, isso afeta o cliente?'.

Entendo o motivo da existência dos processos, mas quando é que eles começam a prejudicar o cliente, e como se descobre isso? Quando se adiciona todos esses itens, fica mais fácil de lidar.

Se o serviço ao cliente é realmente importante para nós como empresa, ele deveria ser uma função central e não isolado em uma divisão?

Recentemente adquirimos uma empresa, e essa empresa tem um cliente que gasta cerca de US$ 1 milhão conosco. Ele tem o mesmo gerente de contas e o mesmo executivo de atendimento ao cliente que tinha antes da aquisição. Para ele, nada mudou de fato. No entanto, ele vem falando em nos deixar, e disse que mudamos as coisas. Perguntei o que estava diferente para ele, e então ele disse que havíamos ficado maiores e que isso não é a mesma coisa. Ele não conseguia definir nada com precisão, porque

> ainda estava conseguindo tudo o que queria e lidando com as mesmas pessoas. Mas sentia que tínhamos crescido e que não era a mesma coisa.
>
> Se eu pudesse fazer quaisquer mudanças, seria que cada pessoa em nossa empresa soubesse o que a experiência do cliente significa para nós, de cima a baixo. Quero que todos sejamos consistentes em relação aos pontos de contato. Queria que nossa varinha mágica fizesse todo mundo saber o que significa a experiência do cliente, e treinaríamos todo o time novo para reforçar o significado dela. A segunda coisa que eu faria é nos tornarmos pessoas mais fáceis de lidar e nos livrarmos da burocracia, para que o pessoal tenha mais autonomia para tomar decisões com o cliente.
>
> Meu conselho a outras pessoas seria: 'Não deixem os processos tomarem conta. Pense no cliente em qualquer processo que fizer'."

◢ Responsividade

Apenas 40% das empresas dizem que se saem bem nesse fator (Cupman, 2016).

Em capítulos anteriores, destacamos que a velocidade de resposta é um componente crucial para uma excelente experiência do cliente. Uma resposta rápida faz o cliente saber que está sendo atendido. A resposta também deve definir expectativas. Mais tarde, essas expectativas devem ser atendidas e, se possível, superadas. O tempo dos clientes é valioso, e eles têm mais o que fazer.

Quando o público é questionado sobre o que acham que significa uma experiência ideal do cliente, tipicamente eles dizem que é uma resposta rápida a perguntas ou reclamações. Eles também procuram processos simples de compra. Clientes *business-to-business* não são diferentes. Eles procuram respostas rápidas, embora também se desapontem com muita frequência.

Empresas B2B acham difícil harmonizar os meios diferentes pelos quais elas respondem aos clientes. Elas possuem sites da companhia, com funções variadas para fazer negócios e responder a perguntas. É bastante normal ao enviar um e-mail a alguém em uma empresa B2B receber uma resposta "ausência do escritório", informando que o destinatário não se comunicará em um ou dois dias. Da mesma forma, uma ligação direta para o telefone da mesa de um executivo raramente é atendida. A ligação vai para o correio de voz antes que o executivo decida se está com tempo ou vontade de atendê-la.

◢ Proatividade

Só 25% das empresas B2B afirmam que seu desempenho nesse fator é bom (Cupman, 2016).

Com muita frequência os clientes têm de ir atrás de um fornecedor para descobrir o que está acontecendo com seu pedido. O motivo do silêncio sepulcral pode ser porque o fornecedor está se esforçando para processar o pedido. Talvez tenham a esperança de que, se demorarem para entrar em contato, de alguma forma milagrosa o pedido será atendido e eles irão se safar. Pode ser ainda pior se o fornecedor diz meias-verdades sobre o pedido, afirmando que estão cuidando dele e criando expectativas, mas gerando um problema maior para ser resolvido posteriormente.

Os clientes gostam que seus fornecedores prevejam o que é necessário. Eles querem um fornecedor que sugira produtos diferentes que poderiam se adequar melhor a suas necessidades. Querem saber se há maneiras melhores e mais eficientes de usar o produto e, assim, baixar o custo no uso. Querem produtos e serviços que deem vantagem sobre a concorrência.

A proatividade exige que os fornecedores compreendam as necessidades dos clientes a ponto de adivinharem o que querem sem que sejam questionados. Não existe substituto para o ato de se aproximar dos clientes em todos os sentidos. Visitas ao escritório do cliente e sua fábrica podem atiçar ideias. Isso acontece todos os dias com representantes de vendas *business-to-business*.

> "Temos um vendedor de gás industrial chamado Joe. Nossos representantes visitam clientes para lidar com problemas e deixá-los felizes. No entanto, Joe passa uma boa parte do tempo durante as visitas garantindo que eles tenham gás suficiente para uso próprio. Isso é realmente importante porque, se um cliente fica sem gás, sua produção é interrompida. Joe busca oportunidades para instalar um dispositivo de telemetria, que

nos envia automaticamente um alerta quando o gás do tanque está baixo e, então, faz um pedido automático. Quando Joe faz isso os clientes o acham maravilhoso, porque assim eles nunca são ameaçados pela falta de gás. Joe é proativo em resolver os problemas dos clientes, e tem clientes devotos e leais."

"Sean é gerente de vendas de uma empresa que fabrica caixas de papelão. Um dia, caminhando pela fábrica de uma grande usina cerealista, viu a enorme quantidade de espaço ocupado pelo depósito de embalagens de papelão para as linhas de envase. Ele sugeriu entregas *just-in-time*, que liberaram o espaço posteriormente usado para uma nova linha de envase."

Tanto Joe quanto Sean proporcionaram uma excelente experiência do cliente imergindo nos negócios dos clientes, a fim de poderem sugerir soluções. Eles não esperaram os clientes perguntarem, foram proativos.

◢ Evolução

Somente 39% das empresas B2B dizem que seu desempenho é bom nesse fator (Cupman, 2016).

Os clientes estão desesperados por qualquer coisa que lhes dê vantagem sobre a concorrência. Se um fornecedor consegue pensar em maneiras de ajudar o cliente a atingir seus objetivos, ganhará a lealdade desse cliente e uma parte maior no lucro. Novos produtos, entregas mais rápidas e processos mais baratos serão todos bem-vindos.

É natural que clientes queiram produtos e serviços melhores, mais baratos e mais rápidos. A novidade de hoje, com o tempo, se tornará a nova norma. Clientes se habituam a novas ideias, a concorrência as copia e, por fim, deixam de ser vantagem. O mesmo vale para mimos inesperados. Tigelas de frutas na mesa de recepção de um hotel não são mais novidade, e mal conseguem um levantar de sobrancelhas em agradecimento. Quem quer outro cartão de memória com o logo da empresa?

As necessidades dos clientes estão em constante mudança. Ouvir os clientes e o time da linha de frente que os atende ajudará a entender como essas necessidades estão mudando. Nem sempre os clientes conseguem dizer o que querem. Talvez não saibam o que precisam ou o que é possível. Considere o walkman da Sony. Akio Morita, da Sony, teve a ideia de um aparelho que permitiria ouvir música em movimento, com fones de ouvido de alta resolução acoplados à cabeça. O público em geral não tinha a menor ideia de que isso era possível e jamais teria dado essa sugestão. As pessoas alimentam as ideias, o inventor desenvolve a solução.

"A Singapore Airlines tem uma tarefa difícil nas mãos (Wirtz e Johnson, 2003). Ela adquiriu a reputação de oferecer um dos melhores atendimentos do setor, o que significa que seus clientes têm expectativas altas. O atendimento se tornou parte integrante da cultura da Singapore Airlines, mas mesmo assim a empresa reconhece a necessidade de encontrar maneiras para manter a excelência nesse quesito. Ela consegue isso usando sua regra do 40/30/30. Para obter inovação para os clientes, gasta 40% em treinamento, 30% em procedimentos de melhoria e 30% na criação de novos produtos todos os anos. Escuta feedbacks de todos os cantos. É uma abordagem holística para a excelência no atendimento. São capazes de fazer isso porque a experiência do cliente é parte central de sua cultura.

Essa cultura, como consequência, fez com que a empresa lançasse todo tipo de inovações na experiência do cliente – reservar o serviço de cozinha para clientes da primeira classe e da classe executiva, permitindo que peçam suas refeições favoritas antes de embarcar, assentos largos, Dolby sound e assim por diante (Heracleous e Wirtz, 2010). No entanto, é o atendimento personalizado que torna a empresa especial. O sistema de CRM [Customer Relationship Management system, ou seja, sistema de gestão de relacionamento com o cliente] da empresa comunica aniversários, nomes de passageiros frequentes e bebidas favoritas aos membros da tripulação da cabine. Um dos autores deste livro testemunhou em primeira mão o comprometimento com um serviço personalizado em um dos voos da Singapore Airlines. Ele ouviu, por alto, um passageiro perguntando se havia a bordo revistas sobre carros. O comissário desapareceu e, em menos de cinco minutos, voltou com exemplares das revistas *Autocar* e *Car*. Onde diabos ele as conseguiu, só Deus sabe. Foi bem impressionante." ∎

 PARA REFLETIR

- Você tem um plano para aprimorar a experiência do cliente? Seria possível usar a estrutura SOSTAC® de P. R. Smith para levar o plano adiante?

- Até que ponto o comprometimento com a experiência do cliente é forte dentro de sua organização? O que você pode fazer para garantir um comprometimento inabalável entre o time de liderança?

- Até que ponto sua organização é boa em proporcionar experiências do cliente consistentes? Essa é uma questão de treinamento ou de cultura?

- Até que ponto a mentalidade de silo dentro de sua organização atrasa a experiência do cliente?

- O que você pode fazer para romper com os silos?

- Que senso de urgência há em sua organização ao lidar com solicitações de clientes?

- O que você pode fazer para melhorar a responsividade?

- Até que ponto você é proativo com seus clientes? Quanto você compreende bem suas necessidades a fim de poder sugerir maneiras melhores de cumpri-las?

- Qual é a diferença de seu programa de experiência do cliente hoje em dia, comparado ao último ano ou no ano retrasado? O que você pode fazer para mantê-lo atualizado?

- Quais dos pilares você vai priorizar em seu programa de experiência do cliente?

REFERÊNCIAS

Cupman, J. (2016) The Six Pillars of B2B Customer Experience Excellence, *MarketingProfs*, 26 de abril de 2016. Disponível em: http://www.marketingprofs.com/articles/2016/29806/the-six-pillars-of-b2b-customer-experience-excellence [último acesso em 16 de fevereiro de 2018].

EIU (2014). Creating a seamless customer experience – a report from the Economist Intelligence Unit]. Disponível em: www.eiuperspectives.economist.com/ [último acesso em 3 de outubro de 2017].

Heracleous, L. e Wirtz, J. (2010) The Globe: Singapore Airlines' balancing act, *Harvard Business Review*, julho/agosto.

Satmetrix (2017) *The ROI of NPS: How the focus on customer loyalty delivers financial gains*. Disponível em: http://info.satmetrix.com/ebook-roi-ofnps [último acesso em 3 de outubro de 2017].

Smith, P. R. (2017) *SOSTAC®: The guide to your perfect digital marketing plan*, V3. Disponível em: www.PRSmith.org/books [último acesso em 3 de outubro de 2017] (SOSTAC® é marca registrada de P. R. Smith. Para mais informações sobre o Plano SOSTAC® e para se tornar um planejador certificado SOSTAC®, visite www.SOSTAC.org)

Stone, B. (2014) *A loja de tudo: Jeff Bezos e a era da Amazon*, Intrínseca, Rio de Janeiro.

Wirtz, J. e Johnson, R. (2003) Singapore Airlines: What it takes to sustain service excellence – a senior management perspective, *Journal of Service Theory and Practice*, 13 (1), p. 10-19.

10

Assegurando o comprometimento em todos os níveis da experiência do cliente

COMPROMETIMENTO EM TODOS OS NÍVEIS

SERIA MARAVILHOSO se todo programa de experiência do cliente fosse aprovado por alguém do topo da organização. Ou melhor, não aprovado, mas que a liderança dessa organização se comprometesse totalmente com o programa. Quem não aprovaria o princípio da experiência do cliente? Entretanto, o comprometimento é muito mais forte que o apoio. Comprometimento significa que uma prioridade real é dada ao programa de experiência do cliente, o que quer dizer que ele será favorecido se for necessário fazer escolhas entre isso e outros projetos da empresa.

O comprometimento do alto escalão de uma empresa com um programa de experiência do cliente envia sinais a todo mundo da companhia sobre sua importância. É o *driver* central de uma iniciativa bem-sucedida de experiência do cliente. Conforme vimos no Capítulo 4, somente cerca de metade das empresas *business-to-business* acredita que há um comprometimento real com a experiência do cliente em suas organizações. Talvez as pessoas digam que estão comprometidas até as coisas se complicarem, os orçamentos serem revistos e a iniciativa de experiência do cliente ser cortada. Em geral, os obstáculos que atravancam esse comprometimento da parte do time de liderança estão relacionados a dinheiro. Se os líderes se convencem das vantagens financeiras da experiência do cliente, é provável que invistam recursos no programa. No Capítulo 3, especulamos que há céticos em empresas *business-to-business* que prefeririam uma máquina nova ou uma extensão para um depósito a investir em outro representante de atendimento ao cliente.

Espalhadas por uma organização, haverá pessoas apaixonadas pela experiência do cliente e comprometidas com ela. Por sua própria natureza, pessoas envolvidas com vendas são prováveis devotos de experiências do cliente. Isso não contribui com um programa de experiência do cliente. Um bom vendedor é capaz de compensar as falhas em qualquer lugar dentro da organização. Ele pode estimular a produção e a logística para garantir que o produto seja entregue a tempo. Pode acalmar o cliente após uma carta com excesso de entusiasmo do departamento de controle de crédito. Tudo isso é responsabilidade de vital importância de um vendedor, mas não constitui um programa de experiência do cliente. Programas como esse exigem que todo mundo dentro da organização se dedique a proporcionar os mais altos níveis de satisfação aos clientes-alvo.

MUDANÇA NA PRÁTICA

A maioria das pessoas fica empolgada com mudanças. Na verdade, elas podem ser muito críticas em relação a coisas que não mudam. Elas dirão "esta empresa está parada no tempo. Ela não mudou nada em anos". Resmungarão que "é tudo a mesma coisa, nenhuma melhoria é feita", que "outras empresas estão nos passando para trás". As pessoas sabem que mudar é necessário. Sabem que, sem mudanças, uma empresa se tornará jurássica.

Agora, peça às pessoas que mudem e elas se sentirão bastante desconfortáveis. Suas rotinas, que deixam suas vidas confortáveis, estão ameaçadas. Elas fornecem caminhos fáceis a seguir dia após dia. A ideia de mudar é para outras pessoas, mas não para mim.

Essa é a natureza humana, e devemos compreendê-la e respeitá-la em nossa busca por um programa de experiência do cliente. Mudanças serão necessárias em um programa eficaz de experiência do cliente, e as pessoas têm de acreditar que mudar vale a pena, senão a mudança forçada será abandonada ou proporcionada sem paixão ou convicção.

As pessoas vão mudar se acreditarem que vão tirar vantagem disso e que há algo dentro da mudança para elas. Persuadir que há vantagens em abordar clientes de um jeito diferente não será fácil se houver comportamentos arraigados. Um incentivo forte para a mudança pode ser o exemplo alheio. John administra um clube de vinhos em Marple, e nos contou a história a seguir:

CAPÍTULO 10

> "Eu me aposentei cedo do cargo de gerente sênior na antiga HM Customs & Excise. Éramos as pessoas que tentavam impedir o contrabando em aeroportos e portos. Hoje, administro de casa um clube de vinhos. Se você telefonar para fazer um pedido ou me enviar um e-mail, vou bater na sua porta em algumas horas (ou em qualquer horário adequado para você) com o seu vinho. Gosto de fazer as pessoas felizes, e isso não é tão difícil. Todo mundo merece sorrisos, histórias agradáveis e uma breve explicação pelos preços altos enquanto assinam o cheque. As pessoas têm uma escolha. Hoje em dia, elas podem comprar bons vinhos na maioria dos supermercados, portanto, deve haver um motivo para comprarem comigo. Preciso dar a elas esse motivo.
>
> Alguém me perguntou se foi difícil gerenciar a transição de trabalhar na HM Customs & Excise para administrar meu próprio pequeno negócio. A HM Customs & Excise é um órgão público de autoridade, responsável por lidar com pessoas tentando importar bebidas e cigarros ilegais. Muitos anos atrás, quando entrei na HM Customs & Excise, eu tinha colegas durões. Eles não entendiam a noção de simpatia. Não enxergavam a relevância disso para seu trabalho. Viam nosso trabalho como gato e rato – eles e nós. Esse pessoal teve um problema e tanto quando O Serviço começou a se referir a nossos alvos como 'clientes'.
>
> Meu ponto de vista era diferente. É claro que eu sabia que estávamos lidando com pessoas tentando burlar a lei e esconder coisas. No entanto, descobri que ser cortês, justo e, muitas vezes, simpático, obtinha ótimos resultados. As pessoas ficam mais propensas a se abrir e confessar. Ficam mais propensas a nos contar o que estava acontecendo. Conseguimos muito mais com meu método do que sendo agressivos.
>
> Proporcionar uma boa experiência do cliente não é exclusividade de uma loja de departamentos de luxo, é algo que todos nós devemos ter em mente."

Quem pensaria que a HM Customs & Excise acredita em proporcionar ótimas experiências do cliente? Foi preciso alguém como John para dar o exemplo e mostrar aos colegas o que poderia ser obtido. John não foi solicitado ou forçado a tratar seus "clientes" desse jeito cortês. Isso aconteceu naturalmente. John e seu time não enfiaram goela abaixo dos colegas sua forma de trabalhar, eles simplesmente conduziram o trabalho de outra forma e, com o tempo, os colegas conseguiram ver que a maneira de John era melhor.

Dale Carnegie, em seu livro *Como Fazer Amigos e Influenciar Pessoas* (Carnegie, 1964) disse que "Aprender é um processo ativo. Aprendemos fazendo". Ele está afirmando que adultos aprendem melhor quando colocam as coisas em prática, quando veem as coisas acontecendo e quando são convencidos pelos resultados. Quando as pessoas veem que alguma coisa funciona, e que funciona melhor do que da maneira como em geral a executam – e quando veem que podem tirar vantagem disso –, elas ficam mais propensas a mudar de comportamento.

MUDANÇAS EM TODA A EMPRESA

Nas empresas *business-to-business*, pode haver várias pessoas em cargos diferentes que precisam mudar a maneira como trabalham a fim de aprimorar a experiência do cliente. É quase certo que representantes de vendas e times de atendimento ao cliente precisarão mudar. O programa de experiência do cliente pode indicar que alguns clientes necessitam de ligações mais frequentes que outros, porque são clientes com grande potencial. Reajustar a frequência das ligações com base no porte do cliente e na oportunidade talvez incomode alguns representantes de vendas, cuja programação de ligações tinha como base empresas que gostavam de visitar.

Igualmente importantes serão as mudanças exigidas por outras pessoas dentro da organização. Um time de produção que prefira fabricar longas linhas de produtos numa sequência planejada pode ter que demonstrar flexibilidade para acomodar uma linha de produção para um cliente novo ou importante. Um departamento de controle de crédito que tenha políticas estritas sobre limites de crédito pode ter de usar de discrição e, vez ou outra, mostrar complacência a um cliente valioso. Times de suporte técnico talvez precisem adotar um toque de leveza vez ou outra, caso as pessoas reclamem de materiais em falta ou não queiram pagar por orientações. Um programa de experiência do cliente exige comprometimento de todas as pessoas da organização trabalhando com o objetivo de satisfazer os clientes.

CRIANDO UMA CULTURA INTERNA DE SERVIÇOS

Romper os silos dentro de uma empresa é crucial. Muitas vezes, a mentalidade de silos existe porque há uma ausência de compreensão do panorama mais geral, sobretudo dentro de uma grande organização. As pessoas sabem que os clientes pagam seus salários, mas sua primeira fronteira de lealdade é com o departamento em que elas trabalham. Isso significa criar uma "cultura de serviço interno", já que a maioria das pessoas em uma organização lida apenas com clientes internos.

Uma grande empresa de logística descreveu o problema que enfrenta para romper os silos.

> "Estamos tentando alinhar todo mundo para facilitar aos clientes que façam negócios conosco. Imagine que você vai a um hotel de primeira categoria. O porteiro o leva até seu quarto e lhe diz como tudo funciona – onde é a academia, o horário em que o café da manhã é servido, onde há lojas locais e facilidades. Isso é definir as necessidades do cliente e cuidar dele corretamente desde o início. É exatamente o que estamos tentando fazer com clientes novos. É claro que temos silos, mas estamos tentando mostrar aos clientes como todos eles se encaixam."

Fazer as pessoas de uma empresa verem outro departamento como um cliente e servi-lo da mesma maneira como fariam a um cliente pagante exige mudança na cultura. Não há dinheiro passando de mão em mão. Nenhuma demonstração de resultado depende das transações entre departamentos. Workshops envolvendo grupos diferentes na empresa proporcionam uma oportunidade para explicar os objetivos de um programa de experiência do cliente e as funções e responsabilidades de departamentos distintos. Liderada por um moderador experiente, o time do workshop pode elaborar ideias para o processo de mudança e romper as barreiras. Evidentemente, isso será muito mais fácil se a atividade do grupo tiver amplo apoio do time de liderança.

Workshops e *briefings* do time ajudarão na compreensão mútua entre os departamentos, mas com toda certeza medidas adicionais de desempenho serão necessárias. Os níveis de serviço entre departamentos devem ser acordados e monitorados.

PARE DE SE PREOCUPAR COM O 1% DOS CLIENTES QUE LEVAM VANTAGEM

Empresas podem ficar na defensiva em relação a clientes que reclamam que seus produtos estragaram. Elas podem ter razão. Um cliente pode ter comprado o produto errado. Pode ter usado o produto do jeito errado. Considere por um instante quais implicações haveriam se as empresas adotassem uma política de devoluções semelhante à da Nordstrom. Como referência, a política de devoluções da Nordstrom é extremamente flexível. Não há limite de tempo para devoluções ou trocas. Não há exigência de que o produto devolvido tenha nota fiscal.[1] O time da Nordstrom tem a discrição de aceitar peças de roupas que foram usadas. A Nordstrom acredita que essa generosidade vale a pena. Alguns clientes talvez tenham uma vantagem injusta, mas a maioria paga a empresa com sua lealdade.

É provável que o custo de uma política de devoluções para uma empresa *business-to-business* seja significativamente menor que para um varejista. Varejistas de moda têm muitas devoluções, quando as pessoas descobrem que a peça que compraram não serve ou a cor não é a mesma quando a experimentam no conforto do próprio lar. É improvável que uma empresa que compre um produto comercial seja inconstante dessa forma. Vale a pena pesar o investimento de tempo e esforço defendendo reclamações sobre produtos versus adotando a visão da Nordstrom de que o cliente tem sempre razão.

ACALMANDO O JURÍDICO

Empresas ficaram paranoicas com processos litigiosos. Transações que costumavam ser fechadas com um aperto de mãos hoje são acompanhadas por longos acordos de nível de serviço. Conversas entre empresas só podem chegar ao essencial após a assinatura de documentos de confidencialidade. E-mails são concluídos com 100 palavras antipáticas ameaçando sanções da lei se eles forem encaminhados para outras pessoas. Só nos EUA, há 67.000 advogados corporativos em atividade (Domhoff, 2009).

Pedindo desculpas a esses advogados, provavelmente eles verão potenciais campos minados com um programa generoso de experiência do cliente. Eles são pagos para cuidar das empresas à custa de terceiros, e não para ficar do lado dos clientes. Uma empresa com uma cultura de ótimas experiências do cliente significa ter fé neles. A ampla maioria deles será leal e justa. Precisamos envolver o jurídico e fazê-lo apoiar a iniciativa da experiência do cliente.

FAÇA O MÁXIMO POSSÍVEL DE BENCHMARKING

As pessoas são competitivas. É extremamente desafiador um departamento saber que o outro está se saindo melhor. *Benchmarks* podem ser uma boa forma de incentivar a mudança. Pontuações de satisfação do cliente e Net Promoter Scores® podem ser comparados entre departamentos ou entre unidades empresariais. Um departamento com desempenho alto vai estimular os outros a fazer melhor.

Anteriormente neste capítulo citamos Dale Carnegie, que ficou famoso por seus conselhos de autoaprimoramento. Em seu livro *Como Fazer Amigos e Influenciar Pessoas*, ele conta como Charles Schwab, um magnata do aço, usou competição saudável e *benchmarking* com grandes vantagens.

> No fim do expediente, logo antes do turno da noite começar, Schwab perguntou quantos aquecedores o turno do dia havia feito. Responderam que haviam feito seis. Schwab nada disse, só rabiscou com giz um número seis no chão.
>
> Quando o turno da noite chegou, o pessoal perguntou o que significava aquele 6. Disseram que o chefão havia estado lá durante o dia, perguntando quantos aquecedores foram feitos. Responderam 6, e ele desenhou com giz o número no chão.
>
> Na manhã seguinte, o número 6 havia sido apagado e havia um 7 em seu lugar. O time diurno entendeu o desafio e deixou o número 10 no chão

> quando seu turno acabou. A usina que estava se saindo mal em termos de produção agora estava produzindo mais que qualquer outra usina da fábrica. Tudo isso graças ao *benchmarking* e à competição.

Quando conduzimos pesquisas sobre experiências do cliente e apresentamos as descobertas, cortamos os dados para mostrar os resultados comparativos de departamentos ou unidades empresariais diferentes. Onde é possível, mostramos os resultados das empresas em um cenário competitivo. Sabemos que o comichão competitivo reconhecido por Dale Carnegie ajudará a elevar a barra continuamente.

Como sempre nos lembramos, as comparações não acontecem só dentro de uma empresa ou com a concorrência; cada vez mais nossos negócios são comparados com os melhores de qualquer categoria de gêneros bem diferentes. Essas comparações interempresariais são totalmente razoáveis. Se outra companhia, ainda que numa linha diferente de negócios, pode ser inovadora, fácil de fazer negócios e altamente ágil, quem compra dela se pergunta por que é que nem todas as empresas podem ser assim.

O Quadro 10.1 dá uma indicação de comparações Net Promoter Scores® entre empresas B2B. No topo do ranking estão empresas como a Apple e a Amazon, com Net Promoter Scores® de 60 ou mais. Essas organizações são B2C e também B2B, e mostram o que pode ser alcançado entre milhões de clientes. O *Net Promoter Score*® médio de empresas B2B fica entre 25 e 30. Aqui é onde se encontram muitas empresas manufatureiras. Empresas de serviço, incluindo comércio e distribuição, fizeram enormes esforços para conquistar clientes leais e alcançar com regularidade Net Promoter Scores® entre 30 e 50. Empresas *business-to-business* com marcas sólidas podem desfrutar de pontuações similares, e o motivo disso discutimos no Capítulo 14.

Organizações com *Net Promoter Scores*® abaixo da média incluem oligopólios e monopólios. Sua forte posição em seus setores endurece as atitudes dispensadas aos clientes, que muitas vezes são explorados, ignorados ou maltratados.

QUADRO 10.1 Comparações típicas de *Net Promoter Score*® para empresas B2B

Net Promoter Score®	Desempenho	Tipo de empresa
Mais de 50	Excelente	Empresas de tecnologia, empresas com serviços exclusivos
30 a 50	Bom	Empresas de comércio, profissionais, empresas B2B com marcas fortes
20 a 30	Médio	Empresas manufatureiras, a maioria das empresas B2B
10 a 20	Abaixo da média	Serviços públicos, monopólios
0 a 10	Baixo	Serviços públicos, monopólios
–20 a 0	Muito baixo	Serviços públicos, monopólios

Há um bom número de prêmios famosos por atendimento ao cliente, inclusive serviço interno. No afã por um desempenho melhor, isso pode motivar um time a participar de um desses esquemas de premiações. O propósito dessa participação é incentivar a mudança a favor do atendimento aprimorado ao cliente, e o prêmio é, simplesmente, a cereja do bolo. Se a participação no esquema resulta em um aprimoramento do serviço ao cliente, ela deve ser vista como um enorme sucesso, e não como um fracasso – quer ofereça prêmios ou não. ∎

PARA REFLETIR

- Até que ponto o time de liderança de sua empresa está comprometido com a experiência do cliente?

- Até que ponto sua empresa é dividida em silos? Quais deles são as maiores barreiras a uma melhor experiência do cliente?

- Que lugar dentro de sua empresa é um bom ponto de partida para uma cultura de serviço interno?

- O que poderia deixar a liderança entusiasmada por uma cultura de serviço interno?

- Quais iniciativas poderiam romper as barreiras entre silos e construir uma cultura de serviço entre departamentos?

NOTA

[1] A política de devoluções da Nordstrom, conforme indicado no site deles:

Gerenciamos as devoluções caso a caso, com o objetivo final de fazer nossos clientes felizes. Apoiamos nossos bens e serviços, e queremos que os clientes fiquem satisfeitos com eles. Sempre faremos o melhor para cuidar dos clientes – nossa filosofia é lidar com eles de forma justa e razoável. Acreditamos há muito tempo que, quando tratamos nossos clientes de maneira justa, eles, por sua vez, são justos conosco. Realizamos devoluções com o mesmo carinho com que vendemos. Se optarmos por fornecer um reembolso e nenhum registro de venda estiver disponível, será fornecida uma devolução por um preço atual em forma de vale-presente da Nordstrom.

REFERÊNCIAS

Carnegie, D. (2012) *Como fazer amigos e influenciar pessoas*, Companhia Editora Nacional, São Paulo.

Domhoff, G. W. (2009) *Who Rules America? Challenges to corporate and class dominance*, McGraw-Hill Higher Education, Nova York.

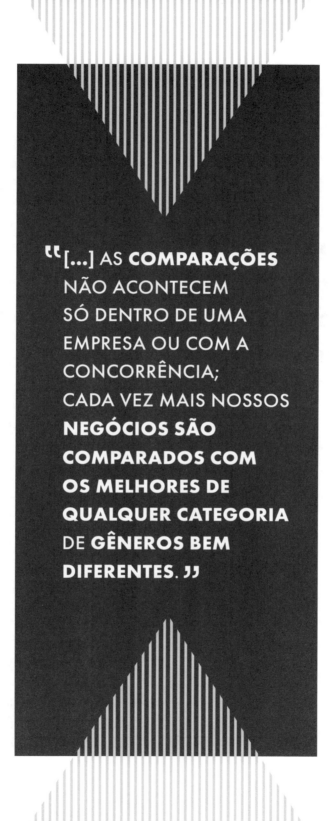

"[...] AS **COMPARAÇÕES** NÃO ACONTECEM SÓ DENTRO DE UMA EMPRESA OU COM A CONCORRÊNCIA; CADA VEZ MAIS NOSSOS **NEGÓCIOS SÃO COMPARADOS COM OS MELHORES DE QUALQUER CATEGORIA** DE **GÊNEROS BEM DIFERENTES.**"

11

Trabalhando com times de vendas e marketing para melhorar a experiência do cliente

O DESAFIO PARA AS GRANDES EMPRESAS

MOTIVOS NÃO FALTAM para clientes entrarem em contato com uma empresa. Eles querem um atendimento rápido e eficiente. Não estão preocupados com quem conversam, contanto que a pessoa consiga responder às perguntas ou lidar com o problema. Eles não se preocupam com títulos, departamentos ou processos da empresa. Eles têm seus próprios objetivos.

Em uma empresa pequena, todo mundo conhece as metas da organização. As pessoas se sentam próximas. Elas sabem o que está acontecendo em cada canto da empresa. Conforme a companhia cresce e instala mais processos, há o risco de as necessidades dos clientes serem esquecidas. Uma empresa grande e de destaque pode ter a arrogância de acreditar que conhece os interesses do cliente – "é do nosso jeito ou de nenhum jeito". É por isso que comprometimento, *fulfilment*, sem atritos, responsividade, proatividade e evolução são pilares importantes da experiência do cliente. No Capítulo 4, vimos que apenas 40% das empresas *business-to-business* acreditam que estão se saindo bem nesses itens.

QUEM É O "DONO" DA EXPERIÊNCIA DO CLIENTE?

Na teoria, a experiência do cliente deve pertencer a todas as pessoas de uma organização. Seria o ideal. Independentemente de com quem o cliente conversasse na organização, ele ficaria maravilhado pelo atendimento que recebeu. Poucas organizações conseguem isso, especialmente empresas *business-to-business*. Pessoas são contratadas por serem técnicas especialistas, *nerds* ou por terem o conhecimento especializado exigido pela empresa. Elas podem ter ou não disposição para experiências do cliente. Essas pessoas deveriam ser contratadas se não tivessem essa disposição? É claro que sim. Empresas *business-to-business* precisam de especialistas de vários campos e, ainda que fosse maravilhoso que todos fossem excelentes em atendimento ao cliente, isso é querer demais.

Se você quiser avaliar a cultura de uma escola, analise o(a) diretor(a). A influência dele(a) é imensa. Na maioria das empresas também é assim. Se o chefe é um devoto da experiência do cliente, isso se espalhará para todos, inclusive os *nerds*, introvertidos e solitários.

Entretanto, existe um limite para o que o chefe pode fazer. Ele pode definir o tom e liderar pelo exemplo. Não pode estar presente em cada ponto de contato. Em uma grande organização corporativa, sua influência será diluída conforme suas funções sejam distribuídas por um amplo leque de atividades. Em todo caso, há múltiplos participantes em uma organização que podem ajudar ou prejudicar a experiência do cliente – atendimento ao cliente, representantes de vendas, orientações técnicas, controle de crédito, marketing, design de produtos etc. Alguém precisa juntar esses grupos. Se o chefe tem um comprometimento genuíno com a experiência do cliente, ele indicará um gerente de experiências do cliente para defender a causa.

OBJETIVOS DESALINHADOS ENTRE OS DEPARTAMENTOS

Departamentos de uma empresa têm objetivos diferentes. O departamento de vendas terá suas próprias metas. Essas metas podem ser rendimentos e lucros mensais ou, mesmo, semanais. A pressão para conseguir vendas e atingir metas pode sobrepor planos de longo prazo dos departamentos de marketing ou de atendimento ao cliente. Na maioria das empresas *business-to-business*, times de vendas são fundamentalmente importantes. As pessoas sabem que, se não houver um livro de encomendas, a lucratividade e, por fim, seus próprios empregos, estão em risco.

Times de vendas fazem um ótimo trabalho em empresas *business-to-business*. Vendedores estão na rua executando a solitária tarefa de conseguir clientes e deixá-los satisfeitos. É um trabalho individual, local e não necessariamente consistente em toda a empresa. Times de vendas podem ser muito queridos pelos clientes. Vendedores que empregam boa parte do tempo e esforços conquistando clientes se tornam seus protetores ferozes, e odeiam que qualquer um de seus colegas interfira nesse relacionamento.

Muitos times de vendas B2B estão focados na persuasão. Eles buscam persuadir um potencial cliente a comprar os produtos de sua empresa, e, para isso, descrevem as características e benefícios variados. Boa parte disso é redundante no mundo atual. Clientes são capazes de chegar por conta própria a essa análise; eles sabem o que querem e podem descobrir se uma empresa consegue ou não suprir esses desejos com base em sites e avaliações na internet dessa empresa. Compradores de hoje precisam de vendedores que compreendam por inteiro suas necessidades e possam ajudar seus clientes a atingirem seus objetivos. O vendedor atual é parceiro do cliente, e pode entender suas necessidades e ajudá-lo a crescer.

Tradicionalmente, times de marketing têm visão de longo prazo. Eles não focam em um, dois ou mesmo 20 clientes, como um vendedor faria. Eles se interessam por todos os clientes e potenciais clientes que podem ser divididos em grupos, dependendo de suas necessidades e oportunidades. É uma generalização conhecida, mas times de vendas tendem a ter metas de curto prazo e pontuais, e times de marketing trabalham em longo prazo e perspectivas mais amplas.

Times de marketing ficam frustrados se sentem que seus esforços para gerar *leads* são ignorados pelos colegas vendedores. Por sua vez, os times de vendas se incomodam se sentem que os profissionais do marketing ficam sentados o dia todo desenhando esquemas de torres de marfim que não funcionam. Técnicos se chateiam se não são chamados para resolver um problema porque um cliente comprou um produto com uma promessa que nunca se realizou. O atendimento ao cliente fica irritado se deu duro para explicar a um cliente que um produto está em falta, enquanto um vendedor, desesperado para fechar o negócio, afirma que o item está disponível. É fácil ver como às vezes os departamentos podem se atrapalhar.

ALINHANDO OS DEPARTAMENTOS

Proporcionar excelência e consistência à experiência do cliente depende do trabalho conjunto dos silos. Essa é a função do gerente de experiências do cliente. Há oito maneiras de incentivar isso:

❶ Encontre um chefe que assuma a responsabilidade pelo alinhamento

Não é incomum uma empresa B2B ter quatro ou cinco departamentos chefiando vendas e marketing. Eles podem incluir as áreas de vendas, atendimento ao cliente, marketing, promoção e gerenciamento de produtos. Algumas empresas possuem departamentos separados de experiência do cliente. Uma companhia em busca de aprimorar a experiência do cliente precisa unir as metas díspares dessas unidades.

Em algumas empresas, isso é obtido por meio de um vice-presidente de vendas e marketing, cujo trabalho é garantir que os times de marketing e vendas estejam alinhados.

❷ Envolva os chefões

Onde for possível, reúna os times e faça com que uma pessoa de cargo sênior da empresa fale sobre a experiência do cliente. A mensagem deve comunicar como a experiência do cliente é muito importante para a missão da empresa. O chefão precisa falar sobre o comprometimento da empresa com os seis pilares na estratégia da experiência do cliente. O detalhamento da tática pode ser deixado para os times de venda e marketing.

❸ Incentive a comunicação

A comunicação é a resposta para a maioria dos problemas. Times de marketing e vendas nem sempre conversam o suficiente entre si. Comunicações diárias não fazem mal. O time de vendas tem as últimas atualizações das atividades do cliente? Os *leads* de vendas estão funcionando? Que objeções estão impedindo as vendas? Há tendências que devem ser observadas? Profissionais de marketing também precisam explicar ao setor de vendas o que eles fazem. O marketing tem de explicar como se obtém os *leads* de vendas e por que eles não são perfeitos. Eles precisam alimentar os times de vendas com tendências de negócios, para que os vendedores se tornem consultores empresariais e *thought leaders* (líderes de pensamento) para os clientes.

❹ Desenvolva *personas*

Quando Jeff Bezos, da Amazon, tem uma reunião, ele deixa uma cadeira vaga. Essa cadeira é do cliente. A Molson Coors faz uma coisa parecida. Eles levam para a sala uma cópia de papelão em tamanho real do cliente. Seguindo a pesquisa do cliente e seu desejo de melhorar o *Net Promoter Score*®, a Molson Coors quis que o cliente fosse como na vida real, portanto, desenvolveu *personas* em tamanho real – uma para representar "promotores", outra para representar "passivos" e outra para representar "detratores". Não é incomum em reuniões alguém se virar para uma das *personas* e perguntar "O que acha, Promotora Pat?". Ter o cliente na sala, ainda que metaforicamente, faz todo mundo se voltar para ele.

❺ Projete escritórios como centros comunitários

Em sua sede em Allentown, a Air Products abriu uma cafeteria. A cafeteria está localizada estrategicamente como um ponto de encontro para pessoas de todo o complexo. Assim como cafeterias comerciais fazem de seu ambiente um lugar agradável para se sentar, beber e conversar, a Air Products também proporciona um cenário que incentiva as pessoas a ficarem e se misturarem. Uma cafeteria como essa ou um restaurante com ambiente legal pode se tornar um ponto de encontro informal para pessoas de diferentes partes da empresa.

A Pixar usa o layout de seu escritório para gerenciar sua cultura. Quando o falecido Steve Jobs projetou a sede da Pixar, ele colocou o prédio em torno do pátio central para que os times se encontrassem com frequência (Egolf e Chester, 2013). As salas de reunião, a cafeteria, o bar e a loja de presentes foram transferidos para o *hall* de entrada. Na verdade, os banheiros também foram transferidos para lá. Ele garantiu que tudo fosse planejado para as pessoas se esbarrarem.

❻ Leve os times a workshops

Sabemos que mencionamos muitas vezes os workshops como uma ferramenta para obter ações. Isso porque eles realmente funcionam. Estamos falando de workshops em que uma mistura de pessoas de departamentos diferentes conseguem passar duas ou três horas trabalhando em um tópico. Dessa forma, elas compartilham pontos de vista e desenvolvem planos de ação, o que significa que há uma boa chance de as coisas acontecerem.

Talvez seja necessário uma série de workshops para se chegar a uma solução, monitorando-se cada uma delas para garantir que os próximos passos sejam seguidos e as ações sejam implementadas e acompanhadas.

❼ Foco nos líderes de opinião

Em todos os grupos de pessoas haverá alguém cujas opiniões são respeitadas. Consequentemente, seus conselhos e ações serão seguidos. Identificar esses líderes de opinião pode unir os departamentos. Líderes de opinião se alimentam de respeito e valorização, e reagem ao serem incluídos no programa de experiência do cliente de alto nível.

❽ Incentive eventos entre times

Para garantir uma excelente experiência do cliente é preciso que todos compreendam o processo e as próprias responsabilidades, e que fiquem empolgados com sua realização. Não se trata apenas de treinamento entre times em workshops, mas também de times diferentes desejarem ajudar porque se gostam e se respeitam. Questionários entre empresas, arrumar um jeito de escapar das salas de fuga ou simplesmente passar um tempo juntos é importante para estimular relacionamentos sólidos entre times.

ACHANDO QUE O CLIENTE ESTÁ "GARANTIDO" COM O PASSAR DO TEMPO

Infelizmente, as maneiras idiossincráticas e diferentes com que se lidam com os clientes podem não se alinhar com a marca de uma empresa, sua missão ou seu objetivo de proporcionar uma experiência do cliente. Times de vendas podem se tornar apáticos. Após a busca por conseguir um cliente e atendê-lo por muitos anos, o time de vendas pode achar que ele está garantido. O diálogo com o cliente se torna um bate-papo regular sobre o futebol, em vez de ser uma conversa sobre como o fornecedor pode ajudar o cliente a atingir seus objetivos. O vendedor pode deixar de fazer perguntas investigativas que revelem novas oportunidades, acreditando que já sabe tudo o que precisa saber sobre um cliente. ■

PARA REFLETIR

▶ Até que ponto os times de vendas e marketing trabalham de forma estreita em sua empresa?

▶ Como os times de vendas e marketing podem se alinhar mais para aprimorar a experiência do cliente?

▶ Qual foi o sucesso que sua empresa teve em desenvolver uma segmentação com base em necessidades? Quais critérios tornariam isso possível?

REFERÊNCIA

Egolf, D.; Chester, S. (2013) *Forming Storming Norming Performing: Successful communication in groups and teams*, iUniverse, Bloomington, IN.

12

Como criar uma cultura interna de serviços

O QUE É CULTURA?

UM PEQUENO TIME de pessoas ou um departamento pode iniciar o processo de desenvolver uma excelente experiência do cliente. Quando isso acontece, o sucesso será visado e a iniciativa deve ser divulgada. Em última instância, o objetivo é a empresa toda abraçar a cultura de orientar atendimentos e oferecer a experiência do cliente.

A cultura é nosso ponto de partida. Uma seita é um grupo de pessoas com uma crença muito forte; muitas vezes, uma crença religiosa. Membros de uma seita podem não ser considerados lá muito normais – talvez esquisitões rejeitados pela sociedade. Precisamos de algo parecido com uma seita para a cultura do atendimento "colar" de verdade. Precisamos de pessoas que compartilhem crença e paixão fortes em proporcionar uma ótima experiência do cliente. Essas crenças devem estar no centro da filosofia de uma empresa. Se for esse o caso, esperaremos que ele tenha forte influência sobre todas as decisões gerenciais e todas as funções empresariais.

Nosso interesse reside na cultura do atendimento, já que ela é crucial para proporcionar uma excelente experiência do cliente. Culturas de atendimento são diferentes de uma organização para outra. No caso da Amazon, há engajamento pessoal limitado entre funcionários e clientes da empresa. Porém, ela é apaixonada por deixar os clientes felizes, de um jeito quase fanático. Na maioria das empresas *business-to-business* há um envolvimento pessoal considerável com os clientes e uma cultura sólida de atendimento nos times de vendas – mas não necessariamente no restante da organização.

Desenvolver uma cultura de atendimento por uma empresa exige que os funcionários vejam que todas as pessoas a quem eles atendem, com quem trabalham e a quem apoiam são clientes. O time de compras deve ver o departamento de produção como um cliente porque, para que ele funcione, a produção precisa do produto certo na hora certa. O time de produção deve considerar o de logística um cliente, porque o pessoal da logística precisa do produto nos depósitos e nos caminhões para cumprir as entregas prometidas. O departamento de contabilidade cuida do pagamento dos salários, paga os fornecedores e gerencia o controle de crédito dos clientes.

Uma empresa com uma cultura sólida de atendimento alinhou todos os seus funcionários com o valor de um comportamento comum: o de prestar um bom serviço a todas as pessoas, internas ou externas.

O CLIENTE VEM EM SEGUNDO LUGAR

A Rosenbluth International foi fundada há mais de 100 anos na Filadélfia. A família Rosenbluth transformou a empresa na terceira maior organização de gestão de viagens do mundo, e foi comprada pela American Express in 2003. Em meados de 1970, a empresa foi entregue aos irmãos Hal e Lee Rosenbluth, que reconheceram as oportunidades das viagens corporativas. Em 1998, 95% de seus rendimentos de US$ 3,7 bilhões eram de clientes corporativos (Grant, 1996).

O sucesso da empresa foi contado por Hal Rosenbluth em seu livro *O Cliente em Segundo Lugar* (Rosenbluth e McFerrin Peters, 1992). O título é uma provocação, pois a experiência fantástica que eles proporcionavam a seus clientes foi o motivo de seu crescimento. A questão defendida no livro é que essa experiência veio da criação de uma cultura especial em que os funcionários se tratavam como clientes. O serviço e o profissionalismo que começaram no escritório se espalharam para os clientes.

Foi tomado muito cuidado para encontrar as pessoas certas para entrar na empresa. Eles olhavam além das habilidades de seus potenciais recrutas, e buscavam pessoas com a atitude correta. Em particular, evitavam gente arrogante, egoísta e oportunista. Acima de tudo, buscavam "pessoas legais que se importam" com a crença de que todas as coisas podem ser ensinadas. Isso segue quase ao pé da letra os princípios ensinados por Heskett em *The Service Profit Chain* (Heskett *et al*, 1997).

APOIO DA ALTA DIREÇÃO

Uma cultura de atendimento não pode ser imposta com um mero toque de botão. Exige um esforço constante e consistente durante um longo período. Há muitos fatores necessários para a cultura de atendimento se desenvolver e crescer.

Temos constantemente nos referido à importância do apoio da gerência sênior para que a cultura da experiência do cliente floresça. Ordens da gerência não funcionam; isso requer um comprometimento genuíno em fornecer atendimento ao cliente. Uma das várias histórias marcantes sobre Jack Welch, líder da GE durante 20 anos até 2001, era a dificuldade de achá-lo na primavera e no outono todos os anos, já que ele passava boa parte do tempo com clientes importantes (Welch e Welch, 2015) Embora a GE fosse uma organização complexa com fortes crenças sobre produção e finanças, sob o comando de Welch era imprescindível fazer o cliente feliz e compreender suas necessidades. Ele liderava pelo exemplo.

CONTRATANDO AS PESSOAS CERTAS

Não é possível enfatizar o suficiente a importância de recrutar pessoas ávidas para atender. Atente aos sinais reveladores durante a entrevista de recrutamento. O candidato sorri com frequência e facilidade? Ele já atendeu em um restaurante? Já trabalhou atendendo ao telefone? Já fez trabalho voluntário? Invista seu tempo para conseguir as pessoas certas. Sem dúvida é um processo caro, mas muito mais barato que contratar, treinar e despedir muitas vezes.

Em seu livro *Empresas Feitas para Vencer* (Collins, 2001), Jim Collins afirmou que um dos requisitos mais importantes de uma empresa bem-sucedida é colocar as pessoas certas num ônibus e, então, fazê-las se sentar nos lugares certos. Recrutar as pessoas certas é o ponto de partida. Isso tem tudo a ver com desenvolver uma forte cultura de atendimento.

Em uma conversa com Chris Daffy, um guru da experiência do cliente (Daffy, 2011), fizemos a ele a pergunta de US$ 64.000, "o que torna uma pessoa excelente em atendimento ao cliente?". Ele não hesitou.

> "Eu costumava dizer que era possível treinar qualquer pessoa para atender clientes. Sem dúvida o treinamento faz uma diferença e tanto. Porém, se você quer que as pessoas ofereçam um bom atendimento ao cliente, precisa contratar gente que tenha a atitude correta. Certas pessoas simplesmente adoram atender os outros, enquanto outras acham difícil. Você sempre terá problemas com uma cultura de atendimento se existirem pessoas que não a compreendem."

Era isso que Jim Collins estava insinuando ao dizer: "Eles começam fazendo as pessoas certas entrarem no ônibus, tirando as erradas, e fazendo as certas se sentarem nos lugares certos" (Collins, 2001). Isso nos faz retomar a importância da necessidade de as pessoas da organização acreditarem na cultura para que ela seja eficaz.

Hal Rosenbluth tem muito a dizer sobre contratar as pessoas certas (Rosenbluth e McFerrin Peters, 1992). Ele argumenta que, em seu processo de seleção, busca gentileza, cuidado, compaixão e altruísmo, não um histórico de salários impressionantes e vários diplomas. Ele afirma:

> "Não se pode ensinar as pessoas a serem gentis. Não se pode dizer, simplesmente, 'A partir de quinta-feira, comece a se importar!'. O cuidado precisa ser inerente à sua natureza – é preciso senti-lo no coração. E, se as pessoas sentem isso, os clientes também sentirão."

Os colaboradores deste livro enfatizaram repetidas vezes a importância de empregar as pessoas certas e inculcar nelas a cultura adequada.

> "Se tivesse uma varinha mágica, eu mudaria as pessoas. Quero que elas tenham empatia, quero pessoas que escutem, que se importem, que ajudem os clientes e que acreditem no que estamos fazendo. Quero pessoas que desejem atingir o sucesso pelo qual estamos trabalhando. Isso é construir uma cultura. Precisamos esclarecer essa cultura e deixar todo

> mundo alinhado. Precisamos garantir que o cliente tenha alta prioridade na agenda. Nossos gerentes não devem conversar com o time somente sobre habilidades, mas sobre suas interações com os clientes."

TREINANDO

De posse da argila certa, você conseguirá dar forma a ela. O treinamento é essencial, pois é importante para obter consistência na maneira com que a experiência do cliente é oferecida. A argila precisa ser moldada da mesma forma, sempre. Funcionários precisam entender como a cultura do atendimento é vital para os objetivos, a missão e a visão de uma empresa. O treinamento garante o alinhamento. É um processo contínuo.

O treinamento constante é o que faz a Singapore Airlines um exemplo em oferecer excelentes experiências do cliente (Wirtz, 2003). A empresa considera isso necessário para todos, do auxiliar de escritório e do carregador de bagagens até o diretor executivo. Todos são mandados com regularidade para treinamentos. Isso inclui treinamento em habilidades funcionais e também em habilidades mais suaves.

Na Singapore Airlines, todos recebem treinamento sobre os valores centrais da companhia. Dessa forma, a filosofia da experiência do cliente é compartilhada em toda a organização. Como esperado, é a tripulação o ponto de contato crítico entre a companhia e os passageiros. Seu programa básico de treinamento dura meses. Assim como habilidades funcionais, ele cobre habilidades mais suaves, como comunicação com pessoas de culturas diferentes, postura pessoal e como lidar com passageiros exigentes. A fim de se qualificar para esse treinamento, a tripulação terá passado por uma rigorosa entrevista de três etapas, que descarta candidatos cujos valores pessoais não se alinham com os da companhia (Chong, 2007).

Os membros da tripulação aprendem a cumprimentar os passageiros, a importância de fazer contato visual com todos que encontram e, é claro, a importância de sorrir.

O treinamento não acaba após o processo imersivo de quatro meses. Ele envolve uma simulação que faz pilotos agirem como o pessoal de terra, o pessoal de terra agir como engenheiros, os engenheiros agirem como a tripulação, e a tripulação agir como pilotos. Todos aprendem a arte do atendimento e a linguagem comum de como ele é oferecido – não apenas aos clientes, mas também aos colegas.

EMPODERE AS PESSOAS

Todos nós já sofremos com o "não é minha função". Você liga para uma empresa relatando um problema e é transferido de um departamento para outro. Ninguém aceita assumir a responsabilidade pelo problema. Nas palavras deles, "não é minha função".

Pessoas que lidam com clientes muitas vezes ocupam uma hierarquia baixa do organograma de uma organização. Elas são mal remuneradas, e é provável que haja alta rotatividade conforme vão mudando de emprego. O comprometimento com a empresa em que trabalham é frequentemente frágil. Se isso é verdade para a linha de frente, seria difícil acreditar que eles usam o próprio discernimento ao lidar com problemas de clientes.

Empresas que se dedicam mais a recrutar as pessoas certas, treiná-las e dar a elas orientações sobre oferecer excelência à experiência do cliente não sentirão o mesmo. A Nordstrom, que já mencionamos, dá a seus funcionários o poder de atender os clientes da melhor forma que puderem. A empresa não possui uma política burocrática de devoluções, o que significa que os funcionários podem ter poder de decisão para proporcionar ao cliente o melhor atendimento possível.

COMUNICAÇÃO

A experiência oferecida ao cliente pode seguir uma cadeia complexa. Chamar o cliente pelo nome quando ele está sentado na classe executiva da companhia aérea exige que os detalhes da reserva tenham sido registrados com precisão no sistema e chegado às mãos da tripulação. Se o computador tem um *bug* ou o cliente decide trocar de assento, é muito fácil cometer um erro nessa simples tarefa. A comunicação está no centro do processo. Os dados certos precisam ser inseridos no sistema, e o sistema precisa ser capaz de produzir os dados certos e as instruções no ponto em que são necessárias. A comunicação precisa chegar à pessoa certa, e isso não é fácil. Um de nossos colaboradores enfatizou a importância de sistematizar as comunicações com o time de atendimento ao cliente, garantindo que ela receba os e-mails certos na hora certa.

> "Uma das coisas que você precisa acertar é como obter consistência e de que modo comunicá-la por toda a organização. Temos três pessoas no centro que controlam as comunicações por toda a organização. Elas gerenciam as comunicações diárias, semanais e mensais que chegam à linha de frente. Isso impede que a linha de frente receba os milhões de e-mails que costumava receber. Agora, ela os recebe de maneira controlada. Recebem e-mails semanalmente, que dizem como a semana deve ser estruturada e o que se deve fazer em certos dias. Então, há uma comunicação mensal que os mantém atualizados com as últimas notícias. Tentamos manter consistente a mensagem que chega à linha de frente. O desafio é manter essa consistência. Dizer às pessoas o que fazemos e o que fazer é fácil. Garantir que isso seja consistente são outros quinhentos."

RECOMPENSAS E PREMIAÇÕES

O oferecimento de uma excelente experiência do cliente deve ser recompensado. No mínimo dos mínimos, a gerência devia agradecer aos times que proporcionam experiências do cliente. Um agradecimento não custa nada e faz toda a diferença.

Há maneiras mais formais de reconhecer um atendimento excelente. Muitas empresas têm esquemas que nomeiam um funcionário do mês ou uma recompensa que pode acompanhar um certificado e um prêmio. Em vez de recompensar as pessoas individualmente, pode ser mais apropriado incentivar o trabalho em grupo, destacando todos os membros que ajudaram a atingir o sucesso. Os prêmios podem estar dentro da empresa ou em uma competição com outras por todo o país, como o Customer Experience Awards do Reino Unido, do qual participam 200 empresas diferentes.

Há cada vez mais bônus conectados à experiência do cliente. Métricas de satisfação do cliente e o *Net Promoter Score*® são usados com frequência como um componente no pagamento de bônus. Nem sempre isso é tranquilo, já que o processo de mensuração precisa ser robusto, senão as pessoas podem sentir que foram tratadas injustamente e o tiro sai pela culatra. ■

> **PARA REFLETIR**
>
> ▸ A cultura supera a estratégia. Qual é a cultura de sua empresa? Ela é apropriada para proporcionar uma excelente experiência do cliente? Até que ponto ela é consistente em toda a empresa?
>
> ▸ Até que ponto sua política de RH é voltada para o atendimento ao cliente? Você está recrutando o tipo certo de pessoas para proporcionar excelentes experiências do cliente?
>
> ▸ Qual treinamento as pessoas recebem para oferecer uma excelente experiência do cliente? Até que ponto o treinamento se estende ao longo da organização?
>
> ▸ Até que ponto seus sistemas de comunicação são bons para fornecer às pessoas os dados necessários para proporcionar uma excelente experiência do cliente?
>
> ▸ Você dispõe de incentivos para recompensar uma excelente experiência do cliente? Quais incentivos poderiam funcionar em sua organização?

REFERÊNCIAS

Chong, M. (2007) The role of internal communication and training in infusing corporate values and delivering brand promise: Singapore Airlines' experience, *Corporate Reputation Review*, 10 (3), p. 201-12.

Collins, J. (2001) *Good to Great*, Random House, London.

Daffy, C. (2011) *Once a Customer, Always a Customer: How to deliver customer service that creates customers for life*, Oak Tree Press, Cork, Irlanda.

Grant, T. (1996) *International Directory of Company Histories*, vol. 14, St James Press, Londres.

Heskett, J. L., Sasser, E. e Schlesinger L. A. (1997) *The Service Profit Chain: How leading companies link profit and growth to loyalty, satisfaction, and value*, The Free Press, Nova York.

Rosenbluth, H. F. e McFerrin Peters, D. (1992) *The Customer Comes Second*, William Morrow & Co, Nova York.

Welch, J. e Welch, S. (2015) *The Real-Life MBA: Your no-BS guide to winning the game, building a team, and growing your career*, Harper Business, Nova York.

Wirtz, J. e Johnston, R. (2003) Singapore Airlines: What it takes to sustain service excellence – a senior management perspective, *Journal of Service Theory and Practice*, 13 (1), p. 10-19.

13

Usando a segmentação para entregar uma experiência do cliente melhor

PESSOAS E EMPRESAS NÃO SÃO TODAS IGUAIS

EMPRESAS NÃO SÃO TODAS IGUAIS, e as pessoas que trabalham nelas também não. Essa é uma questão muito óbvia. No entanto, muitas empresas tratam seus clientes como se fossem todos iguais. É claro que nossa tendência é reagir um pouco mais rápido e dar um pulo um pouco mais alto quando se trata de clientes mais importantes. Mas quantos de nós agrupamos nossos clientes de acordo com quem quer uma parceria mais próxima, quem quer inovação, quem quer vários serviços e quem deseja preços baixos e nada mais? Empresas *business-to-business* não são muito boas em reconhecer as necessidades diferentes dos clientes. Mesmo assim, o reconhecimento das necessidades dos clientes está no centro do marketing. Toda a filosofia do marketing tem como base atender às diferentes necessidades do cliente para garantir que ele fique cem por cento satisfeito.

A maioria das organizações *business-to-business* segmenta os clientes de acordo com porte e setor vertical. Faz total sentido. Empresas grandes fornecem grandes oportunidades, porque compram muitos produtos. Portanto, não é ilógico que recebam muita atenção. Empresas de diferentes setores verticais podem comprar produtos diferentes. O time de vendas acha fácil reconhecer empresas de portes diferentes e de diferentes setores verticais. Eles só precisam procurar a empresa em um diretório ou dirigir até seus escritórios para descobrir que tipo de empresa é e se ela se encaixa em uma segmentação simples com base em porte ou setor vertical.

O problema com uma segmentação baseada em porte e setor vertical é que ela não leva em conta as necessidades dos clientes. É como disparar uma saraivada de flechas em um único alvo. Cada uma das flechas é uma oferta da empresa. Algumas atingirão o alvo, mas não acertarão na mosca.

É provável que uma pesquisa sobre necessidades dos clientes revele que há certos clientes que querem muito de uma coisa e nada de outra. Alguns podem querer atendimento, outros, uma oferta comercial reduzida. Outros, ainda, podem ter necessidades mais específicas. Uma análise dos tipos de empresas desses grupos diferentes incluiria, mais provavelmente, uma seção transversal de empresas de portes diferentes e em diferentes verticalidades. Quatro segmentações comuns com base em necessidades em mercados *business-to-business* são mostradas na Figura 13.1. Aqui, nós as mostramos de acordo com o fator principal que impulsiona a escolha delas. Talvez terminem com rótulos totalmente diferentes. Por exemplo, o segmento focado em preços pode receber um título como "transacionadores", "caçadores de preços", "muquiranas" etc.

Agora, imagine que cada um desses grupos de empresas representando necessidades diferentes seja um alvo. Flechas serão selecionadas para cada alvo e, portanto, terão uma chance muito maior de acertar o centro do alvo (Figura 13.2).

SEGMENTAÇÃO E EXPERIÊNCIA DO CLIENTE

Em nossa experiência como pesquisadores de mercados *business-to-business*, calculamos que, dentro de qualquer grupo de clientes, cerca de um quinto a um terço são bem conscientes dos preços. É claro que eles também querem produtos que funcionam. No entanto, eles não exigem os serviços muitas vezes associados a ofertas *business-to-business*. Querem transações diretas que tenham bom custo-benefício. Esses são os caçadores de preços.

Na outra extremidade do espectro estão as empresas que querem bastante suporte dos fornecedores. Elas querem orientações técnicas, comunicação frequente, entregas especiais e assim por diante. Valorizam esses "extras" e estão dispostas a pagar por eles.

No meio-termo estão as companhias que talvez estejam migrando de uma posição transacional para uma que exige mais suporte.

Uma empresa que trata todos os clientes da mesma forma com certeza não vai conseguir satisfazer alguns deles. De fato, algumas

FIGURA 13.1 Segmentos com base em necessidades comuns no *business-to-business*

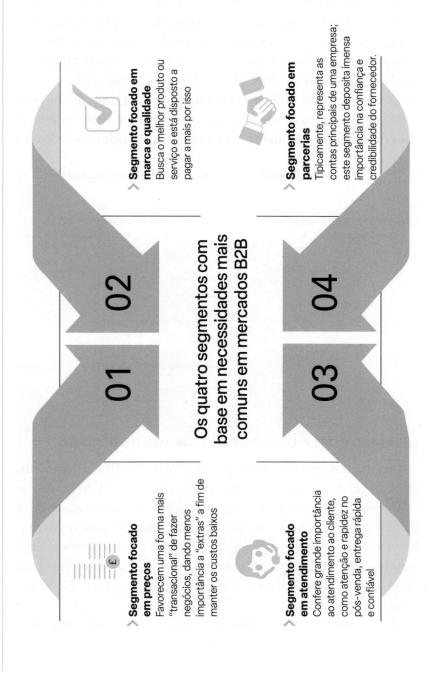

Os quatro segmentos com base em necessidades mais comuns em mercados B2B

01
› **Segmento focado em preços**
Favorecem uma forma mais "transacional" de fazer negócios, dando menos importância a "extras" a fim de manter os custos baixos

02
› **Segmento focado em marca e qualidade**
Busca o melhor produto ou serviço e está disposto a pagar a mais por isso

03
› **Segmento focado em atendimento**
Confere grande importância ao atendimento ao cliente, como atenção e rapidez no pós-venda, entrega rápida e confiável

04
› **Segmento focado em parcerias**
Tipicamente, representa as contas principais de uma empresa; este segmento deposita imensa importância na confiança e credibilidade do fornecedor.

Fonte: Usado com permissão da B2B International.

empresas podem não estar organizadas para lidar com certos tipos de clientes e não deverão ir atrás deles. Reconhecer que alguns clientes não se adaptam à sua oferta pode ser duro para uma empresa orientada para vendas que está ávida para vender para todo mundo. Uma abordagem do tipo "atirar pra todo lado" em marketing certamente vai gerar pontuações mais baixas de satisfação do cliente, reduzidas por esses clientes perdidos. Da mesma forma, ter como alvo certos tipos de clientes que você sabe serem mais apropriados à sua oferta vai gerar níveis mais altos de satisfação por meio de uma experiência aprimorada do cliente.

FIGURA 13.2 **Acertando alvos ao separar os mercados em segmentos**

LIDANDO COM A UNIDADE DE TOMADA DE DECISÃO

Segmentar clientes de empresas é mais difícil que segmentar o público geral. A unidade de tomada de decisões nas empresas é mais complicada. Enquanto em uma casa haverá uma quantidade limitada de pessoas escolhendo os móveis ou a comida, em uma empresa pode haver várias pessoas envolvidas na decisão. O time que toma decisões no *business-to-business* pode envolver membros da diretoria, gerentes de produção, o pessoal da saúde e segurança, um time de compras e especialistas técnicos.

Essa complicação no time de tomada de decisões muitas vezes pode ser resolvida analisando-se a jornada do cliente (veja o Capítulo 8). Em certos pontos da jornada do cliente, pessoas diferentes estarão envolvidas. Um técnico pode ter um envolvimento alto logo no início do processo da tomada de decisões, quando a especificação de um produto está sendo aprovada. O pessoal de compras se envolve quando ocorrem negociações sobre preços de dois ou três fornecedores. O da logística passa a se interessar quando os fornecedores estão a caminho. Em geral, há um ou dois tomadores de decisões importantes, e essas pessoas são centrais para a segmentação. Descobrir quem tem influência em partes diferentes da jornada do cliente ajudará a direcionar as mensagens certas para as pessoas certas quando elas precisarem.

O teste de uma boa segmentação é o nível em que as necessidades dos clientes são realmente diferentes. Estamos em busca da diferenciação que separa um grupo de clientes de outro. Só assim os clientes e potenciais clientes podem ser alocados em segmentos específicos. Quando os clientes estão seguros em seus segmentos, eles podem receber os produtos e serviços que querem – e, consequentemente, ficarão mais felizes.

SEGMENTAÇÃO E PROLIFERAÇÃO DE PRODUTOS

Reconhecer as diferentes necessidades dos clientes pode gerar um problema de proliferação de produtos. Antes de pensarmos nos mercados B2B, vamos fechar os olhos por um minuto e caminhar pelos corredores de um supermercado. Estamos na seção que vende creme dental. Quantos tipos de cremes diferentes há nas gôndolas? Uma visita ao site www.colgate.com revela que a empresa possui 47 tipos diferentes de cremes dentais. Procure creme dental na Amazon e ela listará mais de 4.000 produtos, embora a lista inclua explicitamente pastas de dentes para cães. No supermercado, há creme dental com flúor. Alguns são voltados para minimizar a placa e outros controlam o tártaro. Há creme dental para dentes sensíveis e cremes dentais que deixarão seus dentes mais brancos que a brancura. Há cremes dentais especiais para fumantes. Eles vêm em tubos de diferentes tamanhos, embalagens com bombeamento e frascos. Será que realmente precisamos de tantas opções? A explosão de produtos é resultado de gerentes de produção com sangue nos olhos, que sentem que precisam deixar sua marca e preencher o nicho com algo novo.

O mesmo vale para produtos industriais. Um cliente pode pedir que seu produto seja modificado e uma nova versão seja adicionada ao portfólio de produtos da empresa. Com o passar dos anos, a lista de produtos de uma empresa B2B fica mais extensa e, mais cedo ou mais tarde, pode atingir centenas de variações. Todas elas foram relevantes para alguém em algum momento. Muitas desorganizam o portfólio de produtos e poderiam ser cortadas sem que o cliente sofra nenhum prejuízo. Na verdade, uma linha de produtos mais direcionada pode facilitar a localização do que está sendo pedido e aprimorar a experiência do cliente. O que piora é que muitos desses produtos diferentes recebem nomes de marcas. Não temos apenas proliferação de produtos, temos proliferação de marcas.

A Henkel se tornou líder mundial de mercado em adesivos industriais. Com o tempo, ela adquiriu e construiu um grande portfólio de centenas de nomes de produtos e marcas, que se tornaram complexos demais para muitos clientes percorrerem. Uma boa quantidade das marcas, por assim dizer, não eram marcas de fato, mas códigos pelos quais o produto poderia ser pedido. A empresa descobriu que muitas das marcas antigas poderiam ser simplificadas e consolidadas sob os nomes Henkel e Loctite. A nova abordagem, que se concentra em poucas marcas apenas, tem mais impacto e reduz a confusão entre clientes e potenciais clientes (Henkel, 2017).

Temos de encarar o fato de que clientes exigem versões diferentes de produtos e que a experiência do cliente é aprimorada quando se cumprem essas várias necessidades. A habilidade consiste em segmentar clientes em grupos gerenciáveis, a fim de que eles tenham produtos que cumpram suas necessidades e que façam sentido em termos de economia para o fornecedor. Algumas possibilidades óbvias de segmentação de produtos são:

- Empresas que gostam de uma vasta gama de produtos *versus* empresas que optam por um leque mais estreito.

- Empresas que gostam de produtos que são agrupados como parte de um pacote *versus* empresas que gostam de selecionar e escolher o que e de quem estão comprando.

- Empresas que gostam de comprar produtos respaldados por vários serviços técnicos *versus* as que querem produtos sem serviço algum.

- Empresas que gostam de produtos criativos *versus* empresas que preferem produtos que foram experimentados e testados por outras pessoas.

- Empresas que gostam de produtos com um nome sólido de marca *versus* as que não se preocupam com o nome da marca.

- Empresas que julgam o valor dos produtos em relação ao custo *versus* as que compram somente pelo preço.

- Empresas que permanecem leais a um produto *versus* empresas que gostam de trocar e testar produtos de novos fornecedores.

Temos certeza de que há muito mais possibilidades de segmentação de produtos. Vale a pena refletir sobre como nossos clientes podem ser segmentados em termos de exigência de produtos. Uma vez que uma segmentação desse tipo ocorre, será possível servir melhor suas necessidades com a experiência do cliente adequada. É difícil acertar a segmentação – ela deve estar sempre sob análise, como afirma um de nossos correspondentes:

> "Costumávamos pressupor que todos os nossos clientes eram iguais, sem levar em conta se tinham uma entrega por ano ou uma por dia. Agora, em relação a nossos clientes maiores, temos recursos dedicados a eles. No entanto, eles ainda passam pelo mesmo call center. Todos são tratados exatamente da mesma maneira. Ainda estamos lutando em relação a como lidar com os portes diferentes das empresas que passam pelo call center. Qual é a experiência de um dono de um único hotel em relação ao dono de uma rede hoteleira? Qual é a persona dessas diferentes interações? O que as impulsiona, e quais são suas necessidades? Sabemos isso da parte interna, onde temos 30.000 clientes, mas não da parte do B2B, onde temos uma base de 3.000 clientes. Um pequeno hoteleiro, um pub ou um restaurante têm necessidades similares? Ainda não sabemos."

FAZENDO UMA SEGMENTAÇÃO *BUSINESS-TO-BUSINESS*

Falamos sobre a importância da segmentação e dos benefícios de oferecer uma melhor experiência do cliente reconhecendo as diferentes necessidades dos clientes. Agora, vamos voltar a atenção para como chegar a uma segmentação apropriada.

À maneira darwiniana, é provável que as empresas com que você negocia atualmente sejam aptas para responder às necessidades dos clientes e às suas ofertas. Estender a segmentação para o mercado mais amplo e incluir potenciais clientes seria uma complicação a mais. Comece segmentando seus clientes, e não o mercado inteiro.

Vamos supor que você tem uma lista abrangente e atualizada de clientes com quem pode trabalhar. A meta será preencher essa lista com o maior número possível de informações. Algumas coisas serão óbvias e fáceis de conseguir, como o endereço do cliente, nome e título do contato, os produtos adquiridos, a frequência das compras, quantidades etc. Esses dados precisam ser convertidos em códigos numéricos para que possam ser analisados. Os endereços podem ser codificados com um número para identificar sua localização no norte, sul, leste ou oeste – ou então, por estado ou município; o que for relevante. Os títulos dos contatos podem receber um código numérico de acordo com a situação do participante – compras, produção, técnica, administrativo etc. Nessa etapa, pode ser apropriado codificar o gênero dos participantes e, possivelmente, a idade. Nunca se sabe: uma característica demográfica pode revelar atitudes e necessidades distintas; às vezes, *millennials* agem e pensam de maneira diferente dos *baby boomers*.

O volume de negócios feitos com os clientes deve ser codificado de alguma forma, como pequeno, médio ou grande. Nessa etapa inicial, recomendamos excluir os clientes muito grandes – os que são mais importantes e cruciais para a empresa. A importância desses "peixes grandes" é tamanha que eles precisam ser tratados de forma individualizada. Agora, o processo de segmentação será aplicado às demais empresas. A maioria das informações no banco de dados de clientes será de dados firmográficos factuais. Para ter mais insights sobre cada cliente, o que você precisa é de informações adicionais que contém algo sobre o comportamento, atitudes e necessidades deles. Alguns insights sobre clientes são mais fáceis de obter que outros:

- **Fáceis:** dados comportamentais mostrando o número de anos em que a empresa é cliente.

- **Fáceis:** dados comportamentais mostrando o leque de produtos e serviços que o cliente compra.

- **Mais difíceis:** dados comportamentais mostrando a proporção de negócios feitos com sua empresa *versus* os que eles fazem com a concorrência.

- **Mais difíceis:** dados das atitudes dispensados a fornecedores, pressões ambientais etc.

- **Mais difíceis:** dados com base em necessidades indicando a importância atribuída a custo-benefício, termos de crédito, qualidade de produtos/serviços, opções de entrega, visitas e atendimento de vendedores, inovação etc.

Obter dados e atitudes não é uma coisa tão direta quanto pode parecer. É aqui que segmentações com base em dados se complicam. Evidentemente, não há problema em perguntar a alguém por que ele(a) escolheu uma empresa como fornecedora ou quais são as atitudes dessa empresa diante de fatores ambientais e coisas do tipo. No entanto, geralmente as pessoas darão uma explicação racional e corriqueira, como "procuramos o melhor preço, e queremos ótima qualidade e entrega rápida". Já abordamos a influência de fatores emocionais sobre a decisão de compra, e sabemos que é difícil para os clientes reconhecerem a importância deles. Além disso, o que importa hoje pode não ser importante amanhã. Se os produtos estão em falta no estoque neste instante, esse pode ser o fator número um que influencia a escolha do fornecedor. Quando a situação do fornecedor regularizar, sua importância provavelmente se tornará outra. E como nos damos conta do fato de que a "unidade que toma as decisões" é constituída de compradores, do pessoal do técnico e da produção, todos com necessidades diferentes?

Por mais que isso seja difícil, vale a pena codificar e classificar clientes usando a maior quantidade possível de dados. Quando os clientes são agrupados e reunidos, pode haver alguns segmentos óbvios que se destacam. Algumas empresas podem ser obstinadas por preço. Outras talvez sejam ávidas por uma vasta gama de produtos e serviços. Reconhecer esses grupos-chave de clientes começará a mostrar as possibilidades de uma segmentação com base em necessidades. Quase sempre há um conjunto de empresas que transita entre um grupo de segmentos polarizado e quer um pouco de tudo.

Quando um segmento começa a tomar forma, ele deve incluir um grupo de clientes com forte disposição para uma oferta em particular. Isso significa que um plano de marketing separado será necessário para cada segmento. Portanto, faz sentido não ter tantos segmentos, já que cada um acarretará um custo com marketing para apoiar suas necessidades especiais.

DEFININDO A MELHOR SEGMENTAÇÃO PARA VOCÊ

Os segmentos que surgirem deverão passar pelo que chamamos de teste dos 3 Ds. Cada segmento deve ser medido em termos de serem:

- **Distintos:** se não houver atributos distintos no segmento, será difícil reconhecer e introduzir clientes novos nele. Diferenças marginais em termos de necessidades não são o bastante para justificar um segmento diferente.

- **Desejáveis:** cada segmento deve ter uma necessidade sólida pelos produtos e serviços que você oferece. Se um segmento não tem forte apetite por aquilo que você está vendendo, não é um segmento que você vai querer atender.

- **Duráveis:** os segmentos precisam resistir ao teste do tempo. Empresas são colocadas dentro de segmentos e espera-se que fiquem neles durante um ou dois anos. Se você coloca uma empresa em um segmento que tem necessidades inconstantes, seu plano de marketing ficará desatualizado antes que você se dê conta e as mensagens usadas para mirar as empresas vão gerar dissonância.

Um segmento que falha em qualquer um desses três fatores deve ser reconsiderado e, possivelmente, deixado de lado como se não servisse para você ou misturado a um dos outros.

Codificar atributos diferentes de empresas em uma tabela do Excel lhe permitirá classificar e agrupar empresas para verificar qual possível segmentação existe. Será fácil reconhecer segmentos firmográficos diferentes, como empresas de portes diferentes ou em regiões geográficas distintas. Porém, como isso é fácil de fazer, você não tem nenhuma vantagem competitiva. É provável que a concorrência esteja fazendo o mesmo. São as possibilidades de segmentação com base em comportamentos e necessidades que são mais difíceis de derivar e copiar e possuem o potencial para lhe dar uma forte vantagem competitiva, sobretudo em oferecer níveis altos de satisfação e experiência do cliente.

Quando buscamos grupos de pessoas com necessidades diferentes, não haverá só um fator importante; haverá uma série de fatores que incentivam a escolha. Em nossa busca por essa combinação de fatores, precisamos de ajuda da estatística e nos voltamos para análises de fatores e de agrupamento de dados. A análise de fatores foca atributos de atitudes e os reduz a um pequeno número de fatores componentes; agrupamentos de atitudes que podem ser vinculados empiricamente. A análise de *cluster* se concentra nos próprios participantes, colocando-os em grupos relativamente homogêneos com base em suas atitudes em relação ao que há em oferta. Um *cluster* pode preferir produtos simples, diretos e de baixo preço, e podem ser caracterizados por um rótulo como "transacionadores", indicando que desejam poucas coisas além do produto em si. Outro *cluster* pode ser constituído de empresas de portes diferentes e de setores verticais diferentes, todas desejando uma parceria e preparadas para pagar por ela. Elas podem ser rotuladas como "buscadores de soluções" (ou algo do tipo), a fim de que todos possam compreender rápida e prontamente sua característica-chave.

PROBLEMAS COM AS SEGMENTAÇÕES BASEADAS EM NECESSIDADES

Com sorte, essa discussão sobre segmentação terá indicado que a estatística ou uma simples inserção de dados em uma tabela pode sugerir agrupamentos diferentes. A escolha da segmentação precisa ser a que a empresa vai usar. Segmentações firmográficas talvez sejam as mais populares em mercados *business-to-business*, porque são fáceis de reconhecer e de implementar. Além disso, faz muita lógica formar grupos de clientes grandes, médios e pequenos, para que eles recebam a atenção e os recursos apropriados.

Segmentações comportamentais são ótimas, porque a maneira como as empresas se comportam é uma boa pista daquilo de que elas precisam. A forma como as empresas agem e se comportam é muito patente, e contribui para uma segmentação fácil de implementar.

Segmentações com base em necessidades são difíceis de obter, mas são o Santo Graal, já que é compreendendo as necessidades dos clientes e abordando-as que a experiência do cliente pode ser aprimorada (veja a Figura 13.3).

Segmentações com base em necessidades têm lá seus problemas. Enquanto é fácil um vendedor colocar um cliente num segmento de acordo com seu porte e mercado vertical, é muito mais difícil alocar um cliente em um segmento com base em necessidades. Em teoria, o vendedor pode perguntar o que o cliente está procurando e identificar necessidades por meio de questões simples. No entanto, um cliente sagaz talvez tenda a dizer ao vendedor que está em busca de um preço bem atrativo só porque sabe que essa é a chance de fechar um bom negócio. Na verdade, a mesma empresa pode estar interessada em custos por toda a vida, altos níveis de atendimento e estar preparada para pagar um valor diferenciado, embora não vá admitir isso para um pesquisador ou um vendedor.

TRAÇANDO O PERFIL DOS SEGMENTOS

Depois de se chegar a um acordo quanto à segmentação, deve-se criar um perfil detalhado para mostrar características-chave. Elas podem incluir o seguinte:

> ➤ Os fatores mais importantes que impulsionam a seleção de um fornecedor.

FIGURA 13.3 O caminho para uma segmentação com base em necessidades

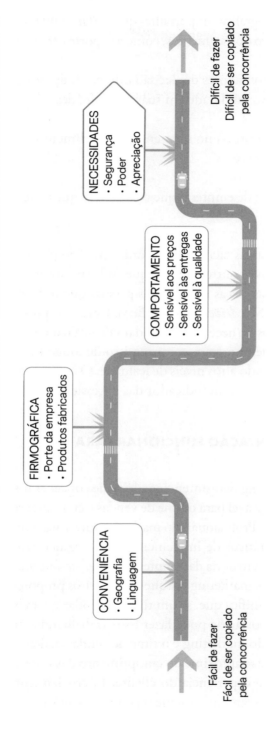

Fonte: Usado sob permissão da B2B International.

- Características firmográficas importantes que podem ajudar a identificar empresas dentro dos segmentos, como seu porte e setor vertical.

- A importância de tomadores de decisão diferentes dentro do segmento e qualquer variabilidade em suas necessidades.

- A quantidade de empresas no segmento, os rendimentos e lucros gerados por essas empresas.

- Exemplos nomeados de empresas que tipificam os que estão dentro do segmento.

Além das características facilmente reconhecíveis do porte da empresa vertical, pode haver outros fatores que influenciam as necessidades dos clientes. Essas são as atitudes das pessoas que trabalham na empresa e sua cultura. São *drivers* psicográficos. Certas empresas estão sempre buscando novos fornecedores e mudam de um para outro com regularidade. Outras demonstram compromisso de longo prazo com os fornecedores, indicando altos níveis de lealdade. O comportamento das empresas pode ser um bom indicador das necessidades.

FAZENDO A SEGMENTAÇÃO FUNCIONAR PARA O TIME DE VENDAS

Um time de marketing bem-intencionado pode conceber uma segmentação de clientes inviável para o time de vendas e criar uma ruptura entre os departamentos. Profissionais do marketing talvez não consigam enxergar os aspectos práticos de implementar uma segmentação com base em necessidades. Na maioria das empresas *business-to-business*, times de vendas superam os de marketing porque os primeiros proporcionam os rendimentos. Isso significa que, se um time de vendas quer eliminar uma segmentação proposta, ele pode fazer isso. Trabalhando em conjunto, os profissionais do marketing e o time de vendas podem chegar a uma segmentação que se aproxime do cumprimento das necessidades e, portanto, aprimore a experiência do cliente. E, crucialmente, eles precisam chegar a uma segmentação que seja implementável.

Um fornecedor de combustível para aviões fez uma pesquisa com seus clientes pela Europa. Dados da pesquisa sugeriram que havia quatro segmentos com necessidades bem diferentes. Um grupo de aeroportos procurava combustíveis de alta qualidade e facilidade de fazer pedidos. Outro priorizava a capacidade de rearranjar depressa os pedidos, em resposta a exigências que mudam. Um terceiro segmento enfatizava o atendimento ao cliente e um quarto era bastante guiado por preços. O fornecedor de combustíveis adotou uma segmentação com base em necessidades e ela se revelou um enorme sucesso, conforme relatado pelo diretor de marketing da empresa:

> "Quando comecei neste cargo de diretor de marketing, víamos os aeroportos apenas em termos de tamanho. Todo mundo achava que essa era uma forma simples e fácil de olhar para nossos clientes. No entanto, quando analisamos as pontuações de satisfação, percebemos que elas eram muito mais baixas entre os clientes maiores. Precisávamos fazer algo diferente. Decidimos agrupar nossos clientes de acordo com suas diferentes necessidades. O que tornou a nova segmentação bem-sucedida para nós foi a mudança de atitude do time de vendas. Os vendedores não visitavam mais os clientes perguntando 'como estamos hoje com o fornecimento de combustível? Será que podemos vender mais?' Em cada visita, eles faziam perguntas elaboradas para descobrir o que o cliente realmente precisava, como estávamos nos saindo em relação a essas necessidades, quais empresas estavam fazendo um trabalho melhor que nós, e o que teríamos de fazer para deixar o cliente mais satisfeito. Nossos representantes gostaram disso, porque as visitas que faziam eram mais estimulantes e eles descobriram muito mais sobre os clientes. Estes, por sua vez, gostaram disso porque viram que estávamos interessados em compreendê-los melhor e resolver suas necessidades. Dois anos depois, fizemos um leve ajuste nos segmentos, à medida que aprofundamos nossa compreensão em relação aos clientes. O resultado foi um aumento dramático em nossas pontuações de satisfação e uma melhoria nos rendimentos das vendas e lucros." ∎

PARA REFLETIR

- Até que ponto sua base de dados de clientes está atualizada? Até que ponto os detalhes sobre seus clientes são abrangentes?

- Como você segmenta seus clientes atualmente? Quais você considera os pontos fortes e os pontos fracos dessa segmentação? Como ela o ajuda a desenvolver uma experiência melhor para seus clientes?

- Quais as possibilidades de segmentar seus clientes com base no comportamento ou nas necessidades deles?

- De quais dados adicionais de seus clientes você precisa para conseguir elaborar essa análise?

- De que maneira você pensa que a segmentação comportamental ou com base em necessidades o ajudará a atender melhor seus clientes?

- Quais barreiras, se houver, existem na sua empresa que poderiam impedi-lo de introduzir uma segmentação com base em necessidades?

- Com que facilidade o time de vendas de sua empresa aceitará uma segmentação com base em necessidades e quem a induzirá a aceitar?

REFERÊNCIAS

Hague, P., Cupman, J., Harrison, M. e Truman, O. (2016) *Market Research in Practice*, 3ª ed., Kogan Page, Londres.

Henkel (2013) Henkel Adhesive Technologies New Branding, 2012-2014. Disponível em: http://henkeladhesivesna.com/iframes/ae_brands/AE_2012-2014_Branding_Customer_Presentation_Sept_2013.pdf [último acesso em 15 de novembro de 2017]

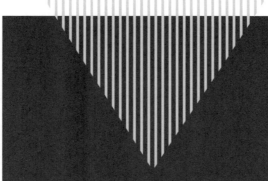

> "ALÉM DAS CARACTERÍSTICAS FACILMENTE RECONHECÍVEIS DO PORTE DA EMPRESA VERTICAL, PODE HAVER OUTROS FATORES QUE INFLUENCIAM AS NECESSIDADES DOS CLIENTES. ESSAS SÃO **AS ATITUDES DAS PESSOAS QUE TRABALHAM NA EMPRESA E SUA CULTURA**. SÃO *DRIVERS* **PSICOGRÁFICOS**."

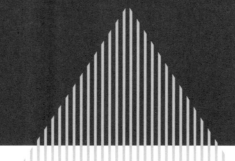

PARTE QUATRO

Implementando um programa de experiência do cliente

14

O papel das marcas na criação de uma experiência do cliente melhor

O PAPEL DA MARCA

EXISTE UMA SUPOSIÇÃO GENERALIZADA de que a tomada de decisões de compradores e especificadores *business-to-business* é cem por cento racional. É raro compradores *business-to-business* admitirem que escolheram um fornecedor porque "gostam dele". Quando foi que um engenheiro disse que especifica um fornecedor porque ele "me faz sentir importante"? É bem mais provável que ele diga que sua escolha foi impulsionada pela qualidade do produto, pelo preço, pela velocidade da entrega e assim por diante. E, não obstante, muitas empresas possuem fornecedores atuantes por anos e anos. Será que existe algo mais que está influenciando as decisões de compra?

Então, o que está acontecendo? Talvez estejamos errados em acreditar que a decisão de compras é amplamente racional. Sabemos que as emoções desempenham um papel importante nos mercados consumidores, e sabemos que as pessoas não as deixam em casa quando vão trabalhar. Quanto da decisão de compra é influenciada pelas emoções? É difícil afirmar, mas certas pessoas dizem que elas constituem até metade da decisão – mesmo nos tradicionais mercados *business-to-business* (Newman, 2014).

Se presumimos por um momento que as emoções de fato desempenham um papel em influenciar a decisão de compra, talvez um papel mais importante do que admitimos anteriormente, precisamos encontrar algum meio de mensurar isso. A marca de uma empresa é onde provavelmente encontraremos a maioria do repositório emocional, já que marcas criam expectativas e expectativas trazem consigo muita esperança e promessa. É disso que as emoções são feitas.

Quando adquirimos um produto ou um serviço, quase sempre há algum meio pelo qual podemos identificá-los. Há o nome da fábrica ou do fornecedor, há um logo e, com muita frequência, sabemos uma coisa ou outra sobre a empresa. E isso resulta na percepção do produto e da empresa. A percepção se transforma em expectativa. Se nosso conhecimento do produto ou da empresa é escasso, nossa expectativa será limitada. Se sabemos bastante sobre a empresa, teremos um nível elevado de expectativas. Essa expectativa é a promessa feita pela empresa. É a marca dela. Há um antigo ditado que diz: "uma marca é uma promessa cumprida".

O nome e o logo da empresa são símbolos importantes de reconhecimento. Quando falamos de reconhecimento, pensamos em todos os valores, bons e ruins, vinculados à marca. Esses valores são frequentemente chamados de patrimônio, já que são um ativo da marca. Criar uma marca forte constrói o patrimônio de várias maneiras:

- **Atrai as pessoas para o produto:** uma marca famosa claramente tem mais chance de ser escolhida que uma desconhecida.

- **Dá às pessoas um motivo para comprar:** a promessa de certos valores torna um produto diferenciado e atrai as pessoas para ele.

- **Gera lealdade:** uma marca bem-sucedida em cumprir o que promete gera credibilidade, que permite às pessoas terem confiança em comprar repetidas vezes, porque elas sabem o que obterão.

MARCAS DESPERTAM EMOÇÕES

Emoções são o que sentimos em relação a uma marca. As emoções podem ser negativas, e nesse caso destroem o valor da marca, ou positivas, construindo seu patrimônio. Colin Shaw escreveu exaustivamente sobre o tema da experiência do cliente e como as emoções despertam valores. Ele identifica emoções que destroem a lealdade da marca (Shaw, 2007) e as lista como:

- irritadas;

- apressadas;

- negligenciadas;

- infelizes;
- insatisfeitas;
- estressadas;
- decepcionadas;
- frustradas.

De acordo com ele, as principais emoções positivas são:

- confiante;
- focada;
- valorizada;
- segura;
- bem cuidada;

Ele considera que outras emoções chamam a atenção em uma marca:

- interessante;
- exploratória;
- enérgica;
- indulgente;
- estimulada.

A lista não é exaustiva, e deve haver emoções específicas relevantes para marcas diferentes. Uma vez que se identificam as emoções vinculadas a uma marca, o nível de associação da emoção com essa marca e a concorrência pode gerar, por assim dizer, um DNA. Algumas marcas serão mais associadas a emoções que outras, a ponto de terem DNAs diferentes. Compreender as emoções de uma marca e as da concorrência é importante para a estratégia de aprimoramento da experiência do cliente. Experiências e emoções estão fundamentalmente vinculadas. Se soubermos quais emoções nossa marca tem, poderemos estimulá-las para intensificar a experiência do cliente.

A associação de uma marca com certas palavras e imagens pode ser usada para definir onde ela é forte e onde é fraca. É isso que Colin Shaw chama de "assinatura emocional". Assim como nossas assinaturas são únicas, as assinaturas emocionais também são distintas, e podem ser comparadas com as de outras empresas.

USANDO MARCAS PARA SE DIFERENCIAR

Muitos produtos e serviços *business-to-business* são considerados bem semelhantes. Eles são feitos conforme especificações e, em muitos casos, vistos como *commodities*. Porém, não são *commodities*, já que a "oferta" nunca é exatamente a mesma, ainda que o produto corresponda a uma especificação. Cada empresa terá formas diferentes para organizar os pedidos. Terá cronogramas diferentes, atitudes diferentes para lidar com problemas, condições de pagamento diferentes, pessoas diferentes vão falar com o cliente etc. Essas características do atendimento são tão parte da oferta quanto o produto físico, e elas o diferenciam.

Os componentes de uma oferta, muitos dos quais oferecem promessas de um tipo ou de outro, constituem a promessa da marca. Uma marca é um meio importante, pelo qual a diferenciação é alcançada. Sabemos que é esse o caso nos mercados consumidores. Embora as pessoas se afirmem especialistas em refrigerantes de cola, em testes cegos de degustação a maioria delas sofre. Em estudos em que se pede às pessoas que provem Coca-Cola e Pepsi, ressonâncias cerebrais determinaram que o gosto pelas bebidas aumenta muito quando se sabe de qual marca se trata (McClure *et al*, 2004). É por isso que a Coca-Cola e a Pepsi conseguem atingir excelência significativa sobre "marcas próprias" e marcas locais. O mesmo vale para o vinho. Se sabemos a marca (e o preço) do vinho que estamos bebendo, há uma boa chance de que isso influencie nossa experiência ao degustá-lo.

As pessoas que tomam decisões nos negócios são as mesmas que bebem refrigerante e vinho. Elas têm percepções como quaisquer outras e podem ser influenciadas. Por exemplo, um saco de 25kg de macadame de betume preto para consertar buracos na estrada pode variar mais de 300% no preço. Em cada caso, o produto é asfalto preto com um polímero que permite que seja prensado a frio. A marca é o fator diferencial chave. As variedades mais caras têm sites específicos, orientações sobre assentamento de asfalto e implicam grande potência técnica para justificar seu preço especial. E o que as diferencia é o marketing.

AGREGANDO VALOR

A diferenciação dá às pessoas um motivo para comprar e à empresa, um motivo para cobrar mais. Explorar percepções cobrando mais pode parecer jogada de marketing. Não é. As pessoas sentem prazer em usar roupas de marca, gostam de dirigir certas marcas de carro, procuram comer em restaurantes "que tenham nome". Se o prazer tem mais a ver com a força da marca, então o valor foi criado. Boa parte da vida é um jogo mental, portanto, condicionar a mente para apreciar produtos é perfeitamente válido. O marketing também é caro, e o custo de se construir a marca deve ser compensado de alguma forma pelo preço.

O *BRANDING* NO MERCADO *BUSINESS-TO-BUSINESS*

Com algumas exceções, muitas empresas *business-to-business* negligenciaram suas marcas. É como se tais empresas sentissem que o *branding* serve apenas para produtos de consumo. Sua crença na excelência de seus produtos e sua relação com os clientes pode ser tudo o que elas acreditam que importa. Entretanto, o relacionamento com os clientes *é* sua marca. O problema é que tal relacionamento nem sempre é cultivado como uma marca. Talvez a empresa não se importe com a aparência de seu site, contanto que tecnicamente ele seja impecável. Talvez ninguém se preocupe se cada vendedor promover a empresa de uma forma diferente, contanto que atinjam as metas de vendas. Talvez não haja visão alguma para a marca da empresa e, portanto, nenhuma tentativa de alinhar tudo dentro da empresa rumo a essa visão.

Há uma série de coisas em que empresas *business-to-business* deveriam pensar a fim de desenvolver suas marcas e, dessa forma, aprimorar as experiências dos clientes.

◢ Tenha valores muito claros para a empresa

Valores definem uma empresa. Eles indicam quais serão as prováveis atitudes dessa empresa sob pressão. Esses valores precisam ser verdadeiros, e não exagerados demais. Se forem verdadeiros, serão faróis para todos da empresa e, quando necessário, defendidos com unhas e dentes.

Declarações de visão e missão podem sair do controle, mas elas têm seu propósito. Valores são um tipo de essência. São o que resta se tudo em uma empresa é submetido a apenas uma ou duas coisas. Com muita frequência as empresas elaboram declarações de missão longas e complicadas, e ninguém consegue se lembrar delas. A essência da marca é captada por uma ou duas palavras, ou uma frase simples que descreve o coração da companhia. Não estamos falando, aqui, que o objetivo da empresa é fazer dinheiro. Esse é um subproduto do motivo da existência de uma companhia. Também não estamos falando sobre os produtos que uma empresa produz. O que estamos procurando é o motivo da existência de uma empresa. É o que Simon Sinek chama de "começar pelo porquê" (Sinek, 2011).

Sinek faz perguntas do tipo: "Por que a Apple é tão inovadora? Por que ela tem um quê de diferente se possui acesso a todas as mesmas coisas que a concorrência? Por que os irmãos Wright conseguiram realizar um voo motorizado se houve outras pessoas com mais recursos capazes de fazer isso?". Ele explica o motivo para o sucesso de grandes empresas e grandes líderes com o que ele chama de círculo de ouro. "Por quê?" está no centro do círculo, "como?" forma o anel concêntrico seguinte a partir do centro, e "o quê?" é o último anel concêntrico na parte externa do círculo. (Para "por quê?", pense em "Por que minha empresa existe?"; para "como?", pense "Como minha empresa faz negócios?"; para "o quê?", pense em "O que minha empresa oferece?".)

Sinek argumenta que todas as organizações sabem o que fazem. Algumas sabem como o fazem, mas muito poucas sabem por que elas fazem o que fazem. As organizações inspiradas se comunicam de dentro para fora – do porquê ao o quê. Por exemplo, a Apple parece nos dizer "tudo o que fazemos desafia o *status quo*, acreditamos num jeito diferente de fazer as coisas, desafiamos o *status quo* tornando nossos produtos bonitos de se ver e eles funcionam realmente bem – você quer comprar um?".

O sistema límbico, que fica bem no meio do cérebro, é a parte responsável pelos sentimentos e pela confiança. O cérebro límbico é o responsável pelo comportamento humano e pela tomada de decisões. Quando nos comunicamos de dentro para fora, estamos nos comunicando diretamente com o sistema límbico. Podemos dar às pessoas todas as especificações sobre um produto, mas elas ainda fazem algo diferente porque, em sua opinião, não parece certo. Uma empresa bem-sucedida acredita em si mesma e, portanto, seus funcionários vão trabalhar mais duro pelo lugar, porque também acreditam nele. Os clientes permanecerão leais porque também acreditam. Como diz Sinek, "as pessoas não compram o que você faz; elas compram por que você faz". O "porquê" é a essência da marca.

◢ Alinhe o time com os valores da empresa

Depois de estabelecidos os valores de sua empresa, tudo dentro dela deve estar alinhado para cumpri-los.

Por muitos anos, a Domino's Pizza fez da "entrega em 30 minutos" um princípio-guia fundamental. A afirmação se tornou tão forte que garantia atender à solicitação em 30 minutos ou o cliente receberia o dinheiro de volta (Hart, 1988). Por fim, a garantia de 30 minutos teve que ser encerrada, pois a companhia foi processada por conta de acidentes causados, já que alguns de seus funcionários entraram tão de cabeça na oferta que conduziam perigosamente para tentar fazer a entrega a tempo (Janofsky, 1993).

A Virgin Atlantic tem como missão "Abraçar o espírito humano e deixá-lo voar". Aqui, há um claro objetivo de liberar emoções dos clientes e do time. O objetivo reverbera com liberdade e se afasta das coisas. É uma grande promessa de uma linha aérea que leva pessoas a novas experiências e destinos.

A declaração de missão da Quickbooks é ligeiramente mais extensa, mas faz sentido: "Melhorar a vida financeira de nossos clientes tão profundamente a ponto de eles não conseguirem imaginar uma volta à antiga forma". É bem clara. Ela nos afirma que a Quickbooks está aqui para fazer uma grande diferença na vida financeira e tudo o que faz apontará nessa direção.

A ADM é uma empresa *business-to-business* que processa sementes oleaginosas, milho e produtos semelhantes e desenvolve produtos alimentícios para gado. Sua declaração de missão é "Destravar o potencial da natureza para melhorar a qualidade de vida". Curto, direto e indicando a importância de seus produtos para melhorar nossas vidas.

Os valores da Microsoft são "Ajudar pessoas e empresas em todo o mundo a perceber seu potencial total".

É muito provável que todas as pessoas dentro dessas empresas conheçam a declaração da missão e o que ela significa. Elas compreenderão que tudo o que a empresa faz deve ser oferecido levando em conta esses valores da marca. Se uma empresa pode alinhar seu time em relação ao "porquê", vai acreditar que o dito por Simon Sinek é muito importante, porque as pessoas não compram *o que* você faz; elas compram *por que* você o faz.

◢ Consistência em tudo o que a empresa faz

Uma boa marca sempre deve cumprir o que promete. Se a promessa não muda, o cumprimento da promessa não deve mudar. A marca precisa ser consistente.

O calcanhar-de-aquiles está no detalhamento do *branding*. É preciso que seja assim para alcançar consistência. A maneira como a marca é retratada geralmente está sujeita a diretrizes rigorosas. Essas diretrizes vão instruir como o logo é usado, quanto espaço branco é permitido ao redor dele, as cores exatas a se utilizar e assim por diante. E isso é só o logo.

Além disso, deve haver consistência em outros detalhes que representam a empresa. A maneira como se atende ao telefone, como os e-mails e papéis timbrados são disponibilizados e assinados, e a formatação de documentos de apresentação precisam seguir uma fórmula a fim de serem claramente reconhecidos como provenientes dessa empresa em particular. Antigamente, era possível reconhecer funcionários da IBM pelos ternos azul-marinho, camisas brancas abotoadas até embaixo, gravatas com listras e sapatos de bico fino. Embora hoje em dia o *dress code* seja um pouco mais casual, ele se adere rigorosamente a outros aspectos do *branding* nas empresas. Tal consistência de marca dá aos clientes a segurança de que, na próxima vez que eles comprarem da empresa, receberão o que sempre receberam no passado. ∎

PARA REFLETIR

- Qual influência você acredita que sua marca tenha sobre a decisão de se escolher sua empresa como fornecedora?

- Quais os valores de sua marca que mais influenciam as experiências desfrutadas pelos clientes?

- Em que sentido sua marca se distingue e se diferencia das marcas concorrentes?

- Qual é o "porquê" de sua marca? Clientes e potenciais clientes conhecem o motivo da existência de sua empresa?

- Até que ponto você está construindo e desenvolvendo sua marca para proporcionar uma experiência do cliente aprimorada?

- Até que ponto todas as pessoas de sua empresa estão alinhadas com os valores de sua marca?

- Quanto a administração de sua marca é consistente? Quais inconsistências precisam ser alinhadas para fortalecer a marca?

REFERÊNCIAS

Hart, C. W. (1988) The power of unconditional service guarantees, *Harvard Business Review*, julho/agosto.

Janofsky, M. (1993) Domino's Ends Fast-Pizza Pledge After Big Award to Crash Victim, *The New York Times*, 22 de dezembro de 1993.

McClure, S. M., Li, J., Tomlin, D., Cypert, K. S., Montague, L. M. e Montague, P. R. (2004) Neural correlates of behavioral preference for culturally familiar drinks, *Neuron*, 44 (2), p. 379-87.

Newman, D. (2014) How Personal Emotions Fuel B2B Purchases, *Forbes*. Disponível em: www.forbes.com/sites/danielnewman/2014/05/07/how-personal-emotions-fuel-b2b-purchases/#31b77a3053b0 [último acesso em 31 de outubro de 2017].

Shaw, C. (2007) *The DNA of Customer Experience: How emotions drive value*, Palgrave Macmillan, Basingstoke.

Sinek, S. (2011) *Start With Why: How great leaders inspire everyone to take action*, Portfolio Penguin, Londres.

15
O papel dos produtos na criação de uma experiência do cliente melhor

PRODUTO – O CORAÇÃO DA OFERTA

ESTAMOS CONSTANTEMENTE citando a importância do atendimento e dos relacionamentos para criar uma excelente experiência do cliente. Talvez você esteja se perguntando se descartamos a importância do "produto" em si. Pode apostar que não. O produto está no coração de qualquer oferta. É o que as pessoas se dispõem a comprar para satisfazer suas necessidades. Um ótimo produto oferece maravilhas à experiência do cliente, que dura por muito tempo. Para nós, "produto" significa tudo aquilo que as pessoas recebem quando compram algo, inclusive qualquer atendimento de apoio. Se por algum motivo o produto vem errado, a lembrança disso dura ainda mais!

Um dos motivos pelos quais a Apple obtém pontuações altas em experiência do cliente é a excelência de seus produtos. Quando você recebe um iPhone, ele vem numa caixa tão impressionante que muitas vezes as pessoas a guardam, simplesmente porque ela parece boa demais para ser jogada fora. O telefone em si vai além das expectativas. Pequenas coisas nele encantam as pessoas. Quando um usuário do iPhone descobriu que é possível deletar uma entrada feita na calculadora deslizando a tela para a esquerda ou para a direita, ele postou a descoberta no YouTube e, em algumas semanas, o vídeo se tornou um sucesso de visualizações. A expectativa das pessoas é que o telefone funcione, e isso acontece. Coisas como a calculadora com características bacaninhas que impressionam são um bônus que contribuem para o encanto. É outro lembrete, se é que precisamos de um, de que a experiência do cliente atinge o ápice quando inesperada.

SELECIONANDO O PRODUTO

As pessoas começam a experimentar o produto antes de fazer a compra. Quase sempre há um período de exploração no início da jornada do cliente. Uma porcentagem muito grande dos compradores B2B afirma que faz alguma forma de pesquisa na internet antes de adquirir um produto de empresas (Accenture, 2014). As pessoas estão ávidas por informações sobre um novo fornecedor ou produto. Se elas nunca compraram com a empresa, é quase certeza de que buscarão informações na internet. O site de uma empresa é um lugar óbvio para buscar informações nessa etapa inicial, e pode causar um efeito e tanto na decisão. A aparência do site, a facilidade de navegação e o acesso a dados específicos podem exercer enorme influência.

Blogs e avaliações são levados muito a sério. Se o produto está disponível na Amazon (e muitos produtos B2B estão), as pessoas se interessarão tanto pelas avaliações quanto pela foto, pela especificação e pelo preço do produto.

Recursos *on-line* não são o único meio pelo qual as pessoas coletam informações sobre empresas e produtos. Se o produto é vendido por distribuidoras, uma visita a um comerciante pode proporcionar uma oportunidade para examinar o item ao vivo. Se ele for complicado ou caro, o potencial cliente pode solicitar uma visita de referência – uma chance de ver o produto em ação em um ambiente real. O potencial cliente que chegou até aí está demonstrando interesse real pelo produto. Se o desempenho é bom e a referência é positiva, há todas as chances de se efetuar uma venda.

A audiência que vai em busca de informações pode variar de um designer ou técnico até um especialista em compras visando encontrar a melhor oferta. Nos mercados consumidores, a maioria dessa busca é feita por celulares dentro e ao redor do *marketplace*. Em mercados *business-to-business*, a maior parte dessa busca é realizada em computadores pessoais, embora celulares estejam ganhando terreno rapidamente. A velocidade é essencial para otimizar essa experiência. As pessoas vão cair fora depressa se um site leva tempo demais para carregar ou se não conseguem encontrar imediatamente o que querem (Google, 2015).

EMBALAGEM DO PRODUTO

A embalagem dos produtos tem importância óbvia em mercados consumidores. Ela protege o produto durante o transporte, destaca-o já nas prateleiras, e carrega instruções e informações que serão úteis a quem o compra. A função das embalagens não é diferente em mercados B2B, mas é de surpreender como seu potencial pode ser negligenciado. Caminhões que transportam o produto disponibilizam uma plataforma móvel para se comunicar com um público amplo, e ainda assim não é incomum esse outdoor gratuito apresentar o nome da empresa e nada mais. A oportunidade de construir experiências do cliente é desperdiçada.

As embalagens usadas para produtos industriais e B2B são, com frequência, utilitárias. Sacolas e embalagens de produtos são despachadas com muito pouca informação. Os enormes espaços em branco nos pacotes são oportunidades não exploradas para fornecer orientações de uso ou, no mínimo, algumas palavras que reforçam a decisão de compra.

Uma caminhada pelo depósito do cliente pode revelar que ele anda rabiscando as embalagens ou pregando bilhetes nelas. Essas são pistas óbvias para um fornecedor em relação a como aprimorar os rótulos das embalagens. Um fornecedor de produtos de papelaria para escritório colocou piadas dentro das embalagens, numa tentativa de conferir personalidade aos itens e deixar a marca mais humanizada.

A embalagem é importante para proteger, mas, cumprida sua função, ela pode ser um estorvo para o cliente. Caixas de papelão precisam ser achatadas e recicladas. Empresas compradoras, assim como o público geral, estão preocupadas com a questão da sustentabilidade, e o excesso de embalagens pode irritar. Paletes de madeira precisam ser empilhados, e ocupam espaço antes de serem removidos. Latas vazias devem ser removidas com segurança e por um custo mínimo. Um fornecedor que entende esses problemas e toma providências para o cliente pode estar proporcionando um serviço de imenso valor, que conquista a devoção dos clientes. Cada vez mais clientes B2B não compram apenas produtos, eles compram soluções.

A audiência exposta às embalagens pode ser diferente daquela questionando sobre o produto durante a etapa exploratória. Podem fazer parte o pessoal do depósito, da logística, operacional e funcionários da produção. O pessoal de compras e áreas técnicas, que teve interesse inicial pelo produto e fez o pedido, pode não ter envolvimento algum nesta etapa posterior. Pessoas que lidam com embalagens podem não ser as principais tomadoras de decisão, no sentido de que a escolha do fornecedor já foi feita. Porém, seu papel aumenta em importância conforme entregas regulares são recebidas. Elas podem endossar a escolha do fornecedor ou criticá-la a ponto de conseguirem pressionar os principais tomadores de decisão a mudar.

O USO DO PRODUTO

Estamos falando de produtos *business-to-business* como se fossem todos iguais, mas, é claro, eles não são. Uma forma útil de classificar produtos B2B é de acordo com serem estrategicamente importantes para o comprador e se as despesas sobre os produtos são altas ou baixas. A experiência do cliente terá uma função diferente dependendo do tipo da oferta.

No quadrante abaixo à esquerda da Figura 15.1 há produtos com que uma empresa gasta muito pouco em comparação a outras coisas que ela compra. Em termos estratégicos, eles também são pouco importantes. Entre os itens típicos estão artigos de papelaria, como clipes de papel e blocos de anotações. Por conta dos gastos reduzidos e da baixa importância estratégica dos produtos, a decisão de escolher um fornecedor é geralmente atribuída a uma única pessoa. Isso não quer dizer que os produtos sejam irrelevantes. Eles são componentes importantes nas operações cotidianas de qualquer empresa. Uma fabricante de fichários ou cavaletes pode descobrir uma série de oportunidades para proporcionar excelentes experiências do cliente. Compradores ficam impressionados com produtos inovadores e atendimento impecável. Também existe a chance de construir marcas sólidas que dão alívio ao comprador, que pode estar bem inseguro em relação a quais produtos escolher.

No canto acima à esquerda da matriz estão produtos de altos gastos, mas de baixa importância estratégica para o comprador. Serviços (energia elétrica, combustível, água etc.) ou a matéria-prima utilizada em fábricas são exemplos de produtos nesse quadrante. Oportunidades para melhorar a experiência do cliente podem estar na forma como os produtos são entregues, oferecendo flexibilidade em relação a horários de entrega,

FIGURA 15.1 Importância estratégica dos produtos versus matriz de despesas

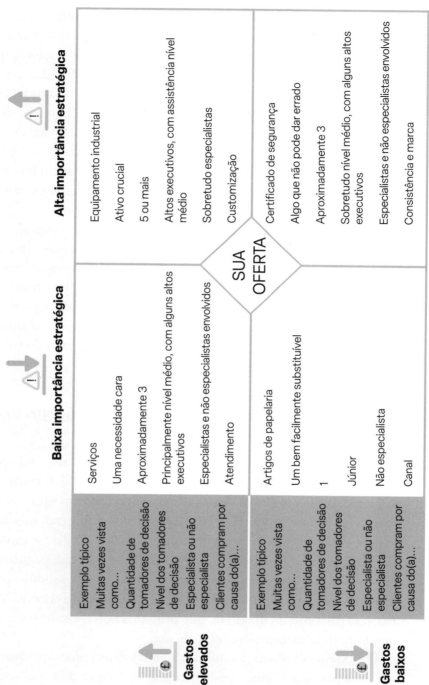

Fonte Usado sob permissão da B2B International.

melhorando as embalagens dos itens e focando características de atendimento que diferenciariam a condição de bem essencial dos produtos.

Passando para o canto acima à direita, encontramos produtos que são comprados por serem estrategicamente importantes e que geram despesas altas. O maquinário e o equipamento usados em uma fábrica são exemplos de produtos nesse quadrante. É quase certo que esses produtos possuam uma marca sólida e times multifuncionais de três ou mais pessoas geralmente estão envolvidas na decisão de compras. Cada pessoa na unidade de tomada de decisões pode estar em busca de algo diferente e, portanto, há muitas oportunidades de proporcionar uma excelente experiência do cliente.

Por fim, no canto abaixo à direita, há produtos estrategicamente importantes, mas com os quais uma empresa gasta pouco. Esse é o território de serviços como certificado de segurança, serviços legais e de contabilidade, e pesquisa de mercado. Dentro de uma organização, o grupo de pessoas que escolhe os fornecedores desses produtos ou serviços será de nível médio ou sênior. Mais uma vez, há muitas oportunidades para proporcionar uma excelente experiência do cliente a esses tomadores de decisão.

APRIMORANDO A EXPERIÊNCIA DO CLIENTE POR MEIO DO DESIGN DO PRODUTO

Independentemente de onde fica um produto na matriz, há oportunidades para melhorar a experiência do cliente. É fácil comparar características de produtos. Vemos isso o tempo todo em sites comparativos. Também é muito fácil comparar preços. Em geral, produtos são comparados dentro de uma faixa de preços. Como é de se esperar, as características e vantagens mais significativas serão comparadas. E, apesar disso, um aspecto aparentemente trivial de um produto pode ser o que atinge uma pontuação alta na experiência do cliente. Mais uma vez, voltamos ao ditado de que pequenas coisas são importantes quando se trata de experiência do cliente.

Talvez sequer saibamos o que nos agrada em um produto. Quando você olha para um iPhone, pode gostar da aparência dele sem sequer perceber por quê. Walter Isaacson, em sua biografia de Steve Jobs, conta a história de como ele era obcecado por cantos arredondados (Isaacson, 2011). Ele achava que cantos pontudos não ficavam bons. Diz a lenda que Jobs tinha longas discussões com Bill Atkinson, o engenheiro da Apple que desenvolveu um software que acomodaria seus retângulos com cantos arredondados. Atkinson mencionou as dificuldades do design, mas Jobs conseguiu o que queria e, sem dúvida, estava certo. O computador Lisa, depois o Macintosh e, por fim, o iPhone são ícones do design. Olhamos para esses produtos e eles parecem adequados, simples assim. Os cantos arredondados são um pequeno elemento do design que melhora a experiência do cliente, ainda que isso seja subliminar.

Uma empresa que compra um produto tem expectativas quanto ao desempenho dele. Os clientes presumem que os produtos que compram funcionarão de uma certa maneira, e que eles são feitos conforme padrões de qualidade específicos e consistentes, portanto, quando em uso, funcionarão conforme o imaginado. Haverá expectativas quanto a segurança, durabilidade e desempenho. Todas essas expectativas são variáveis, com alguns usuários aceitando mais que outros um maior nível de tolerância em padrões de qualidade.

É nesse ponto, durante o uso do produto, que seu valor real pode ser reconhecido. Uma matéria-prima que seja mais cara que alternativas pode ser mais fácil de processar e, portanto, tem custo mais baixo de fabricação. Um produto mais barato pode falhar com mais frequência e resultar em cada vez mais reclamações de garantia para a empresa, aumentando, assim, seu custo de uso. A menos que uma empresa leve em consideração essas eficiências de cálculo, o comprador talvez não saiba seu custo real para a companhia. Entender como os produtos são usados e seu custo de uso ajudará uma empresa *business-to-business* a posicionar seus produtos de forma competitiva. Essa informação pode ser obtida conversando-se com os times operacionais dos clientes ou realizando-se estudos etnográficos em que observadores veem e registram o que acontece em um ambiente de produção do cliente.

O PRODUTO EXPANDIDO

Estamos usando o termo "produto" de forma vaga. Para algumas pessoas, a palavra se refere simplesmente ao item físico que é adquirido.

Para outras, é muito mais que isso – é a oferta total. Isso pode incluir a garantia, serviços de backup, entrega rápida e até algumas características mais suaves, como solidez de marca. Essa oferta estendida além do produto físico é muitas vezes chamada de produto expandido (veja a Figura 15.2).

FIGURA 15.2 O produto expandido

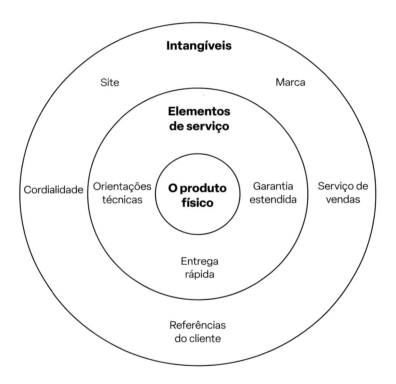

É em relação ao produto expandido, sobretudo dos elementos além do produto físico, que há uma série de oportunidades para aprimorar a experiência do cliente e atingir a diferenciação. Um de nossos colaboradores nos contou como expandiu seu produto.

> "Nosso produto não é diferente dos outros. Ele é feito conforme especificação industrial, portanto, tem que ser o mesmo. As entregas de

> todo mundo são as mesmas – precisam ser. Isso significa que a única coisa em que podemos competir é no preço. Pelo menos era. Isso significava o caminho para a ruína. Todos competiam nos preços, nossas margens estavam sendo constantemente espremidas. Contratamos uma empresa para realizar uma pesquisa etnográfica. Os pesquisadores alocaram pessoas nos departamentos de produção de nossos clientes, onde observaram o que estava acontecendo, tiraram fotos e conversaram com o pessoal no chão de fábrica. Achávamos que tínhamos o produto perfeito. Ele era entregue em paletes fortes de madeira. Não percebíamos que esses paletes de madeira eram um verdadeiro tormento para o cliente. Eles eram empilhados dentro e fora das fábricas. Ninguém os queria, já que não eram tamanho padrão e descartá-los custava muito caro. Demos uma olhada e encontramos uma pessoa que poderia nos fornecer paletes feitos de papelão. Eles são bem fortes e podem ser facilmente descartados em latas de lixo reciclável. Essa única mudança foi bem recebida por todos os nossos clientes. Ninguém nos copiou ainda, mas sem dúvida isso vai acontecer no futuro, e aí teremos de pensar em outra coisa."

As mudanças que fazem a diferença parecem óbvias quando explicadas. É por isso que pesquisar as necessidades dos clientes é tão importante. Quando perguntamos a um de nossos colaboradores quais conselhos ele daria a profissionais do marketing B2B que estão tentando obter diferenciação, ele disse:

> "O conselho que eu daria é: obtenha insights. Quando comecei a trabalhar, não valorizei o insight tanto quanto agora. Você precisa entrar nos detalhes do que o cliente precisa e em análises que podem ser feitas para obter uma compreensão. Pensávamos que éramos realmente bons, e quando analisamos com profundidade nossos clientes, descobrimos que havia coisas que precisávamos fazer que não percebíamos. Já estivemos em polos opostos no passado. Talvez você esteja indo para o lado errado antes de saber o que fez. E não são só os insights, é como eles são apresentados. É preciso fazer seu CEO e seu gerente de operações entenderem esses

insights, porque eles não veem esse tipo de informação todos os dias. Precisamos fazê-los comprar a ideia imediatamente. Precisamos fazer nosso time sênior comprá-la porque, se não comprarem, a mudança não vai acontecer. Não são só os insights, é como você os expõe e como os usa." ∎

PARA REFLETIR

- Onde os produtos de sua empresa se encaixam na matriz de importância estratégica *versus* gastos?

- Quais são as características da unidade de tomada de decisões e as necessidades de seu produto?

- Quais são os aspectos físicos de seu produto de que as pessoas gostam? Até que ponto esses aspectos físicos são únicos?

- Qual é a força de seu produto expandido? O que o deixa forte?

- Como os aspectos do atendimento e as características intangíveis de sua oferta deixam seu produto mais atraente?

- Como você pode segmentar seus clientes em termos de necessidades dos produtos? Como você poderia usar essa segmentação para melhorar a experiência do cliente?

REFERÊNCIAS

Accenture (2014) 2014 State of B2B Procurement Study, Accenture Interactive. Disponível em: https://www.accenture.com/t20150624T211502__w__/us-en/_acnmedia/Accenture/Conversion-Assets/DotCom/Documents/Global/PDF/Industries_15/Accenture-B2B-Procurement-Study.pdf [último acesso em 3 de outubro de 2017].

Google (2015) *Micro-Moments: Your Guide to Winning the Shift to Mobile*, Google. Disponível em: https://think.storage.googleapis.com/images/micromoments-guide-to-winning-shift-to-mobile-download.pdf [último acesso em 3 de outubro de 2017].

Isaacson, W. (2011) *Steve Jobs*, Simon & Schuster, Nova York.

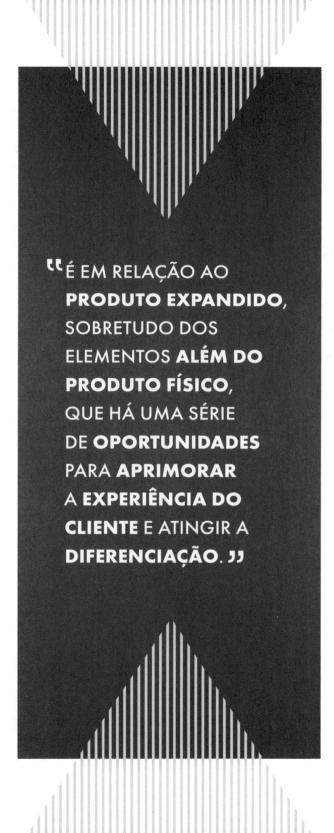

"É EM RELAÇÃO AO **PRODUTO EXPANDIDO**, SOBRETUDO DOS ELEMENTOS **ALÉM DO PRODUTO FÍSICO**, QUE HÁ UMA SÉRIE DE **OPORTUNIDADES** PARA **APRIMORAR** A **EXPERIÊNCIA DO CLIENTE** E ATINGIR A **DIFERENCIAÇÃO**."

16

O papel do preço na criação de uma experiência do cliente melhor

EXPECTATIVAS DE PREÇO

FALAMOS BASTANTE sobre a experiência do cliente ser baseada em expectativas. Nada define as expectativas como os preços. O preço de um produto nos faz pensar nele automaticamente. Se o produto tiver um preço alto, é razoável presumir que ele terá muitas vantagens. Preços mais baixos implicam menos benefícios. Quase todo mercado tem opções de produtos bons, melhores e ótimos, e terão preços associados. Se fôssemos inserir esses produtos em um gráfico em que os dois eixos são preço e vantagens, poderíamos esperar (teoricamente) ver esses produtos distribuídos por uma linha que divide os eixos em 45 graus. Essa é a linha de equivalência de valor (VEL). Se uma empresa ou a marca fica à esquerda da linha, seria possível esperar que perca *market share*; seu preço percebido não é compatível com as vantagens da oferta. Seria de se esperar que uma empresa posicionada do lado direito da linha de equivalência de valor ganhasse *market share*. Com o tempo, a maioria das empresas gravita em direção a essa linha. No mercado automotivo, o grupo Volkswagen Audi detém uma série de marcas e, em termos de diagrama, elas ficariam distribuídas conforme a Figura 16.1.

PREÇO, O DESTRUIDOR DO VALOR

Há um velho ditado que diz "você se lembra da qualidade muito tempo depois de ter esquecido o preço". Se o produto vale a pena, você paga o preço sorrindo. O problema é que muitas experiências do cliente são arruinadas pelos preços.

Nos mercados B2B e B2C, às vezes os fornecedores tentam nos confundir com pacotes de preço complicados. Isso pode resultar em um aumento temporário nos lucros, mas no longo prazo gera dissonância. Não leva muito tempo para os clientes perceberem que estão pagando os olhos da cara por um produto, e quando isso acontece eles se sentem roubados. Também não é possível enganá-los por muito tempo com cobranças extras por embalagem, certificado ou entrega, que não foram mencionados no momento em que o pedido foi feito. Muitos compradores de gás industrial não estão contentes com as taxas de aluguel que precisam pagar pelos cilindros. Clientes que compram concreto logo ficam irritados quando precisam pagar a mais para retirá-lo por conta própria. Alguns clientes precisam pagar uma taxa telefônica extra quando ligam para fazer um pedido. Bancos são capazes de cobrar taxas inesperadas quando você não está olhando. Empresas de telefonia móvel oferecem planos para empresas desnecessariamente complicados. A falta de transparência nos preços gera desconfiança, sobretudo quando o preço final é mais alto que o esperado. Esses são truques de precificação que os disruptores adoram. Proporcionam terreno fértil para que possam entrar no mercado com preços mais simples, que lhes permitem construir rapidamente a confiança e *market share*.

FIGURA 16.1 A linha de equivalência de valor das marcas Volkswagen Audi (esquematicamente)

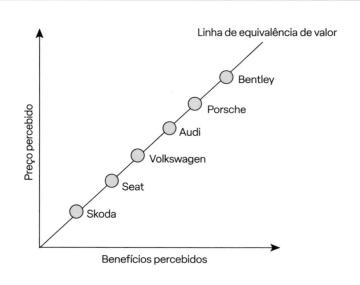

TENDÊNCIAS NA PRECIFICAÇÃO B2B

As coisas estão mudando, pelo menos em algumas áreas. Ainda há tentativas de confundir os clientes em relação a preços, mas, em geral, estes últimos ficaram mais simples e mais transparentes. Seus trajetos com a Uber não envolvem dinheiro algum, embora, evidentemente, haja um preço. Você paga, inclusive a gorjeta, diretamente à Uber, e sabe o preço do trajeto com antecedência. Sabe o que está acontecendo. Esse mecanismo simples e conveniente de precificação é considerado uma experiência melhor que uma corrida tradicional de táxi, em que às vezes você tem sorte se o motorista aceitar cartão de crédito.

Quando você compra na Amazon, é possível ver o preço dos produtos. Se os dados de seu cartão estão registrados na empresa, um único clique lhe permitirá fazer uma compra. Passe na Starbucks, peça seu café com bolo e pague com um cartão sem contato. Não é como antigamente, em que você calculava o valor dos itens comprados, separava as notas e contava o troco. O preço não ficou para trás, mas se tornou uma transação sem atritos.

Tal é a situação nos mercados de consumidores. O comprador *business-to-business* está perdendo muitas dessas mudanças. Empresas B2B com frequência são menos transparentes em relação a seus preços. Esse obscurecimento costumava ser uma fonte de lucro. Eletricistas que compravam cabos recebiam descontos enormes, e a lista de preços não significava nada. Cada empreiteiro pensava que estava se saindo muito bem com as fortes reduções, até que, ao conversar com outro, descobria que o desconto deles era ainda maior. Descontos ainda existem em muitos mercados *business-to-business*, e dependem de negociações. Essa falta de franqueza e as tentativas de negociar o melhor preço atrasaram ou impediram muitas empresas B2B de postar seus preços nos sites.

Não surpreende que compradores *business-to-business* queiram as mesmas transações sem atritos da qual desfrutam quando compram produtos de consumo. O abismo entre compras no mercado de consumo e no *business-to-business* está desaparecendo. Empresas B2B não estão mais isoladas. O comprador *business-to-business* vê o que é possível quando compra produtos de consumo e isso levanta a pergunta óbvia: "Por que nem todos podem ser assim?".

O mundo aconchegante e confortável da precificação B2B está chegando ao fim. Há disruptores por todo lado. Essas empresas escolhem mercados deliberadamente complicados e em que os clientes são roubados por estruturas de preços enroladas. A Tesla eliminou o revendedor de automóveis, e vende seus carros em lojas de varejo com uma lista de preços. A Amazon está trazendo sua plataforma simples de compras para compradores B2B com a Amazon Business. O Skype está se tornando um concorrente comum em mercados *business-to-business* com o Skype for Business. Concessionárias de carros, fornecedores de manutenção e consertos e companhias de telecomunicações precisam tomar cuidado.

TORNANDO-SE MAIS CENTRADO NO CLIENTE POR MEIO DOS PREÇOS

Na busca pela centralização do cliente, ajuda se o CEO estiver a bordo. E ele estará se for convencido de que quaisquer mudanças no modelo de preços vai melhorar o resultado final. Em termos mais simples, existem apenas três maneiras de melhorar a lucratividade – vender mais, cobrar mais ou reduzir custos. Vamos abordar uma de cada vez e ver como se relacionam com a experiência do cliente.

◢ Reduzindo custos

Uma empresa pode reduzir o custo de seu modelo de negócios e, com isso, aumentar a lucratividade. Se dividir parte dessa economia com os clientes e baixar os preços, ela pode usar sua vantagem de preço para ganhar *market share* e melhorar a lucratividade. Esse é o caminho de muitos disruptores. Vender direto para clientes permite eliminar distribuidores que historicamente ficaram com uma margem de 25% para estocar e distribuir o produto. Lidar direto com clientes tem um custo adicional, mas a economia da margem dos distribuidores contribui para a redução de preços.

Fornecedores já estabelecidos não acham fácil eliminar os distribuidores. A maioria desses fornecedores não tem experiência em lidar com uma infinidade de pequenos a médios clientes. Eles são lentos e inflexíveis com o público pagante. Distribuidores fornecem a interface do cliente e proporcionam o atendimento e a experiência do cliente. Sem os distribuidores, as empresas grandes ficam vulneráveis; com os distribuidores, ficam caras.

Os disruptores ainda não atingiram mercados *business-to-business* com a mesma ferocidade de seu impacto nas áreas de consumidores – mas eles virão, e começarão pelos serviços. A DocuSign está causando disrupção no sonolento universo jurídico com sua tecnologia de assinatura eletrônica baseada em nuvem. A SurveyMonkey está revolucionando o setor de pesquisa de mercado com seus questionários DIY gratuitos ou de baixo custo e software de análise. A Ezetap é uma empresa indiana em busca de facilitar os pagamentos, de grandes empresas a milhares de pequenos varejistas, usando tecnologia digital (CNBC, 2017).

Quase sem exceção, disruptores são recém-chegados em um mercado. É preciso um recém-chegado para fazer uma mudança drástica, porque os atuais não desistirão de suas galinhas de ovos de ouro. É por isso que a Kodak foi à falência, embora tenha sido a empresa que inventou a câmera digital em 1975 (McAlone, 2015). Lançar a câmera digital teria ameaçado a lucrativa venda de filmes da empresa.

Disruptores deixam sua marca roubando clientes que compram de fornecedores tradicionais e vendendo para novos clientes que nunca compraram esses produtos antes. Isso é possível se você está vendendo corridas de táxi de baixo custo ou telefones que se transformam em câmeras. É muito mais difícil persuadir alguém a comprar silicones se essa pessoa nunca os comprou, pois não precisa deles. Dessa forma, a Dow Corning, fabricante de silicones, reconheceu que uma proporção significativa do setor estava em busca de uma compra transacional. Eram empresas preocupadas com o preço e queriam silicones sem as orientações técnicas e o atendimento diferenciado da Dow Corning. Ela deu um passo corajoso fundando uma nova empresa chamada Xiameter, que atendia as necessidades dos compradores transacionais, contanto que comprassem pelo site da Xiameter. Dessa forma, atendeu às necessidades dos compradores diferenciados com sua tradicional oferta Dow Corning e também às necessidades dos compradores preocupados com preços, com sua nova oferta Xiameter (Gary, 2005).

É um passo raro dado por uma empresa *business-to-business*, e por esse motivo se tornou um estudo de caso em faculdades de administração (Kashani e Francis, 2006).

◢ Cobrar mais

O segredo da alta lucratividade muitas vezes é associado com preços altos. Preços altos só se sustentam quando se acredita que um produto é valioso. Preços altos que não passam de cobrança a mais serão considerados roubo e, mais cedo ou mais tarde, a empresa vai sair perdendo. É possível um produto conseguir preços mais altos por meio da diferenciação e do *branding*. Com frequência eles andam juntos. Na verdade, a Forbes relata que "86% dos compradores pagarão mais por uma melhor experiência do cliente" (Crandell, 2013).

Diferenciação é tornar sua oferta diferente. Mesmo a proposta mais básica difere quando oferecida por duas empresas distintas. Cada empresa emprega pessoas diversificadas, que têm sua própria maneira exclusiva de lidar com clientes. Cada empresa terá termos e condições especiais. O mais provável é que tenham níveis de serviço desiguais. Essas diferenças podem ser importantes e, para algumas pessoas, talvez justifiquem os preços diferentes. Esse exemplo serve somente para apontar que sempre há diferenças entre empresas, ainda que elas vendam os mesmos produtos. Destacar essas diferenças e torná-las especiais é a arte do bom marketing. O marketing deve criar uma apreciação maior para a marca e pode muito bem justificar um preço diferenciado.

Se há diferenças significativas em aspectos do atendimento, como garantias estendidas de preço, entregas mais rápidas e um programa de lealdade, podemos inferir que um preço diferenciado poderia ser facilmente justificado. Se a marca é fortemente promovida com uma mensagem clara e distinta, isso também poderia ser usado para justificar um preço maior. Contanto que os preços mais altos estejam vinculados a uma quantidade maior de vantagens percebidas, o produto permanecerá na linha de equivalência de valor. A companhia estará ameaçada de perder *market share* apenas se as vantagens forem consideradas insuficientes se confrontadas com o preço.

◢ Vender mais

Vender mais produtos não é fácil. Não é como se fosse possível abrir uma torneira para vender mais. Às vezes, é possível vender mais produtos baixando os preços. Porém, preços mais baixos significam margens menores e podem significar menos lucros, a não ser que compensados por um volume de vendas maior. Com frequência mercados B2B são rígidos, e uma queda nos preços nem sempre resulta em um aumento maior de vendas. As pessoas só precisam da quantidade "x" de *widgets* para inserir no produto que estão fazendo. Elas não compram e consomem *widgets* para uso próprio. Vender mais produtos em mercados B2B quase nunca tem a ver com mera redução de preços. Aprendemos que o sucesso em mercados *business-to-business* é obter a mistura de marketing em sintonia com os clientes, que é garantindo que eles tenham o produto certo, com o preço certo, no lugar certo, com a promoção certa.

Ou será que não? Em 2013, Richard Ettenson, Eduardo Conrado e Jonathan Knowles escreveram um artigo na *Harvard Business Review* intitulado "Repensando os 4Ps" (Ettenson *et al*, 2013). Eles argumentaram que o modelo 4P não é adequado para o mundo B2B, afirmando que a velha estrutura 4P enfatiza a tecnologia e a qualidade do produto. Esses fatores, dizem eles, são essenciais, e não se diferenciam. Numa tentativa de mudar o foco dos produtos para as soluções, eles sugeriram a estrutura SAVE. SAVE é acrônimo de solução, acesso, valor e educação:

- **Solução** (em vez de Produto): coloca a ênfase na resolução do problema, e não na venda do produto.

- **Acesso** (em vez de Lugar): é importante ter acesso aos clientes onde quer que eles estejam e o que quer que façam. Isso significa que lojas físicas de distribuição são bem menos relevantes hoje do que, por exemplo, a internet.

- **Valor** (em vez de Preço): as pessoas se importam bem menos com o preço do que com o que conseguem pelo que pagaram – é o valor que importa.

> **Educação** (em vez de Promoção): a promoção pode ser considerada manipuladora e, em muitos mercados B2B, a confiança e a reputação são mais importantes. A confiança é construída com o tempo e de forma educativa.

Esse foco em soluções é importante para mercados *business-to-business*. As pessoas não compram produtos para consumo e desfrute direto, como fazem em mercados de consumo. Produtos (e serviços) são comprados para se fundir a todas as outras aquisições e transformados em uma nova oferta, que é vendida na cadeia de valor. Mesmo que você baixe o preço as pessoas talvez não comprem mais, porque não conseguem – elas ficam limitadas pela quantidade de *widgets* necessários no que quer que estejam fazendo. Tudo que os preços mais baixos farão é desestabilizar o mercado e incentivar uma guerra de preços com a concorrência.

Mais do que qualquer outra coisa, clientes B2B querem fornecedores que possam ajudá-los a atingir seus objetivos. Querem fornecedores que sejam proativos com soluções. Querem lidar com uma empresa que seja transparente na maneira como faz negócios, sobretudo com esses fatores criticamente importantes. Isso contribui para uma ótima experiência do cliente na maioria das empresas *business-to-business*. Vinculado a uma ótima solução, preço significa valor. Um bom valor está associado a ótimas experiências do cliente e incentiva as vendas.

MONITORAMENTO DOS PREÇOS

Profissionais em experiências do cliente passam menos tempo pensando no efeito do preço do que em outros elementos do mix de marketing. Produtos, promoções e canais chamam muito mais a atenção. O preço é uma parte muito importante da oferta, e deve encabeçar a agenda de todo gerente de experiências do cliente. Os assuntos relacionados a preço que precisamos rastrear são:

> **Percepções do preço pelo cliente:** precisamos entender se os clientes veem o preço isoladamente ou se medem o custo em uso. O preço de um caminhão da Scania pode parecer mais alto que o de outras marcas, mas não quando mensurado em comparação com sua credibilidade, sua

baixa depreciação, menores despesas durante a vida útil etc. Porém, nem todo gerente de frota mensura o valor de vida útil do caminhão. Como frequentemente é o caso, a segmentação pode ser a resposta – encontrar pessoas que compreendam e busquem valor de vida útil. Entender como as empresas percebem o preço nos ajuda a descobrir oportunidades para vender mais valor e construir experiências do cliente mais sólidas.

- **Pacote versus preço do menu:** algumas pessoas gostam de um combo de férias com tudo incluso, outras preferem pagar separadamente pelo hotel, a empresa aérea, alimentação e bebidas. Nos negócios é a mesma coisa. Certas pessoas gostam de comprar um pacote de produtos e serviços de uma empresa e outras querem a flexibilidade de comprar de múltiplas fontes. Mais uma vez, precisamos entender as diferentes exigências dos clientes para que possamos satisfazer suas necessidades de preço.

- **Os preços da concorrência:** não há como negar, os clientes estão ficando mais cientes dos preços de um amplo leque de fornecedores. Não é raro um comprador B2B provocar seu fornecedor atual e dizer que um concorrente tem um preço significativamente mais baixo. Entretanto, a oferta desse concorrente pode não ser exatamente a mesma. Os produtos podem ser ligeiramente diferentes, as garantias podem ser diferentes, orientações técnicas talvez não estejam incluídas, a entrega pode demorar mais, o novo fornecedor pode não permanecer no mercado por muito tempo. Na tentativa de baixar os preços, o cliente pode não conseguir explicar totalmente as diferenças entre as ofertas. A fim de obter uma boa experiência do cliente, precisamos lembrá-los constantemente como e por que nossa oferta é melhor que a da concorrência, mesmo que nossos preços sejam mais altos. ■

PARA REFLETIR

- Onde sua empresa e produtos se encaixam na linha de equivalência de valor? Você está à esquerda da linha e precisa aumentar as vantagens percebidas de sua oferta? Ou está do lado direito da linha, em um ponto em que consegue continuar ganhando *market share* ou onde pode elevar os preços e aumentar a lucratividade?

- Até que ponto seus preços são transparentes? E os da concorrência? Até que ponto as margens do setor são altas?

- Até que ponto seus preços e margens o deixam vulnerável a um disruptor?

- Como seus clientes entendem o valor? O que eles estão procurando?

- Quais são as oportunidades para melhorar as percepções do valor de sua oferta?

REFERÊNCIAS

CNBC (2017) Meet the 2017 CNBC Disruptor 50 companies. Disponível em: www.cnbc.com/2017/05/16/the-2017-cnbc-disruptor-50-list-of-companies.html [último acesso em 3 de outubro de 2017].

Crandell, C. (2013) Customer experience: Is it the chicken or the egg? *Forbes*, 21 de janeiro de 2013. Disponível em: https://www.forbes.com/sites/christinecrandell/2013/01/21/customer-experience-is-it-the-chicken-or-egg/#7b50ab3a3557 [último acesso em 3 de outubro de 2017].

Ettenson, R., Conrado, E. e Knowles, J. (2013) Rethinking the 4P's, *Harvard Business Review*, janeiro/fevereiro.

Gary, L. (2005) Dow Corning's Big Pricing Gamble, *Harvard Business School Working Knowledge*, 3 de julho de 2005. Disponível em: https://hbswk.hbs.edu/archive/dow-corning-s-big-pricing-gamble [último acesso em 3 de outubro de 2107].

Kashani, K. e Francis, I. (2006) *Xiameter: The past and future of a "disruptive innovation"*, *Harvard Business Review* Case Studies, Harvard Business Publishing, Boston, MA.

McAlone, N. (2015) This man invented the digital camera in 1975 – and his bosses at Kodak never let it see the light of day, *Business Insider UK*. Disponível em: http://uk.businessinsider.com/ [último acesso em 3 de outubro de 2017].

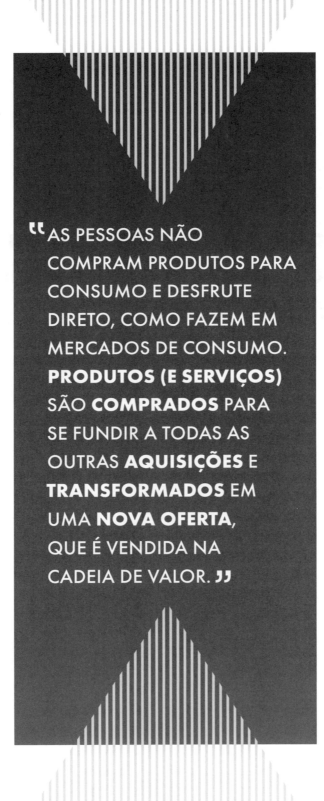

"AS PESSOAS NÃO COMPRAM PRODUTOS PARA CONSUMO E DESFRUTE DIRETO, COMO FAZEM EM MERCADOS DE CONSUMO. **PRODUTOS (E SERVIÇOS)** SÃO **COMPRADOS** PARA SE FUNDIR A TODAS AS OUTRAS **AQUISIÇÕES** E **TRANSFORMADOS** EM UMA **NOVA OFERTA**, QUE É VENDIDA NA CADEIA DE VALOR."

17

O papel da distribuição na criação de uma experiência do cliente melhor

A EXPERIÊNCIA DO CLIENTE NO CANAL DE MARKETING

MUITAS EMPRESAS *business-to-business* não estão adequadamente equipadas para atender a seus mercados. Em termos geográficos, podem estar distantes demais deles. Talvez não tenham os pontos de distribuição necessários para alcançar os clientes. Podem ser muito boas em produzir produtos corporativos, e preferem deixar o marketing e a distribuição para alguém que seja melhor nessas coisas.

O "local", ou, mais apropriadamente, a "distribuição", é o meio pelo qual produtos e serviços são movidos através da cadeia de valores. Em mercados *business-to-business*, não é incomum que um produto se mova por canais diferentes dentro dessa cadeia. Por exemplo, empresas *business-to-business* valorizam grandes contas, e desejam cuidar delas pessoalmente. Em geral, essas contas são alimentadas diretamente. Contas pequenas e médias podem ser atendidas por um misto de atacadistas e estoquistas. Cada vez mais empresas *business-to-business* estão oferecendo seus produtos pela internet.

Variações em cadeias de suprimento B2B estão ilustradas na Figura 17.1.

Gerenciar a experiência do cliente na distribuição pode ser um desafio. Quando um cliente é remoto, o fornecedor pode não ter controle dos pontos de contato desse cliente. A menos que o estoquista seja exclusivo de um só fabricante, é provável que ele ofereça uma gama de marcas diferentes, e não há nada que o impeça de optar por empurrar um produto competitivo. Com muita frequência os distribuidores são os "capitães" do canal, desfrutando da maior margem na cadeia de valores e definindo qual será a marca do produto apresentado ao cliente. Naturalmente, distribuidores são bastante variados. Alguns

FIGURA 17.1 Opções em cadeias de suprimento B2B

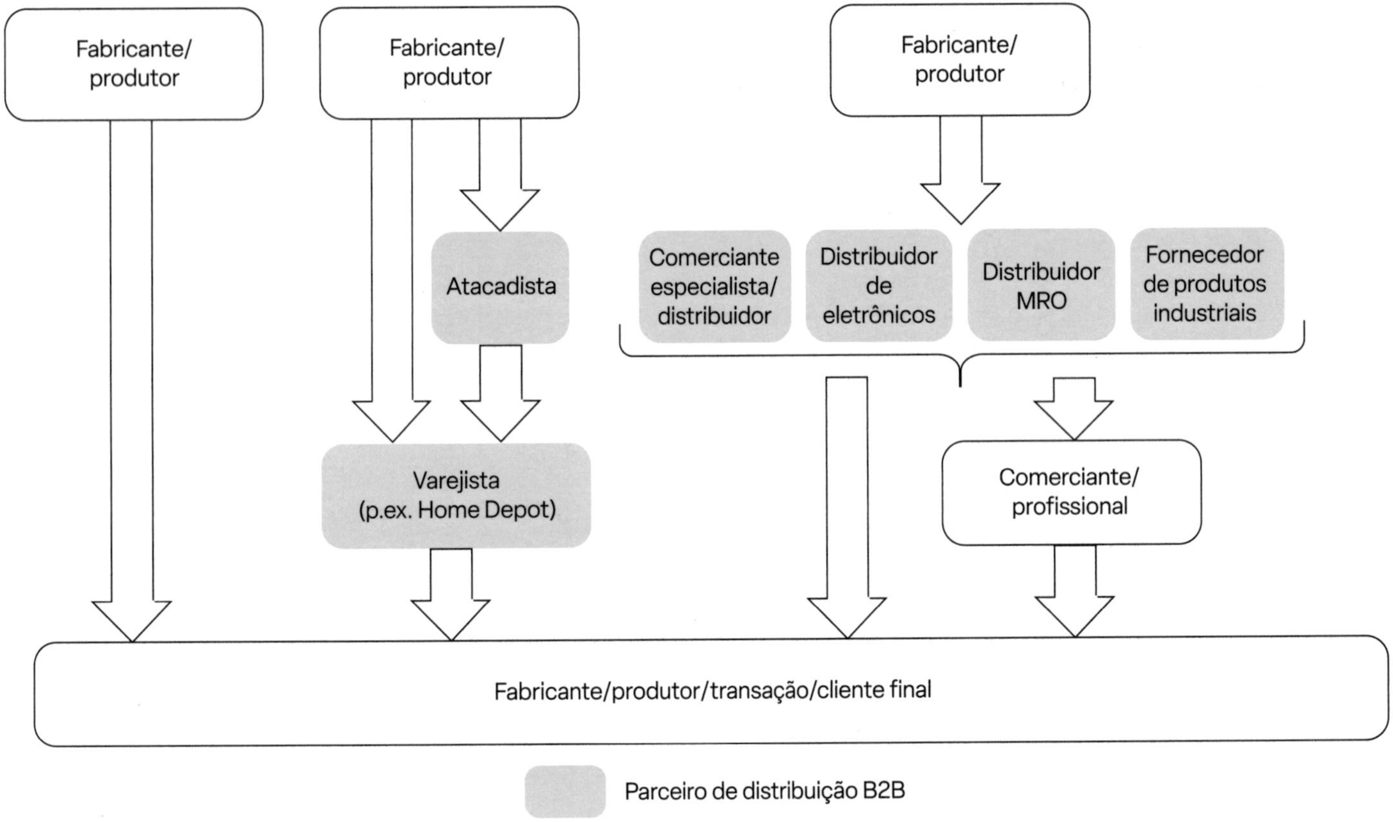

atuam impulsionando certas marcas, enquanto outros agem mais como depósitos de distribuição, deixando a especificação da marca para os clientes.

No capítulo anterior, vimos que distribuidores acrescentam uma quantia significativa ao preço dos produtos por conta dos serviços que oferecem. Isso os torna alvos de disruptores. No entanto, distribuidores não são uma despesa desnecessária, eles proporcionam serviços reais e valiosos. Vamos examinar os diferentes tipos de distribuidores *business-to-business* e suas funções.

A LOGÍSTICA DE DISTRIBUIÇÃO

◢ Direta

Para uma empresa *business-to-business*, a forma mais simples de distribuição é diretamente para o cliente. A indústria automotiva e outros setores de montagem compram direto e exigem entregas *just-in-time* (JIT). Linhas de montagem precisam dos componentes certos na quantidade e no tempo certos. As montadoras não têm espaço suficiente nos depósitos para manter estoque de todos os componentes, e necessitam que os fornecedores entreguem os produtos em um horário exato. Algumas empresas ficaram tão dependentes de entregas *just-in-time* que a experiência de uma entrega *on-time* se tornou o padrão essencial. Se algo conspirar para evitar que a entrega chegue a tempo, as consequências podem ser terríveis. Uma falha em receber componentes vitais pode resultar na parada de uma linha de produção e na estocagem de outros componentes que são entregues como parte de um complexo plano de montagem. Isso indica a importância de garantir que qualquer dependência existente entre o fornecedor e o cliente seja totalmente respeitada.

◢ Depósitos próprios

No passado, muitas empresas manufatureiras tinham seus próprios depósitos, que atuavam de maneira similar à das lojas de comércio que abasteciam clientes locais. Como seria de se esperar, essas lojas de propriedade da manufatureira não vendiam produtos competitivos. Elas enfrentavam duas desvantagens, que acabaram fazendo sua importância diminuir. Do ponto de vista do fabricante, muitas vezes era difícil para os depósitos serem viáveis financeiramente com as vendas de uma única marca. Do ponto de vista do cliente, as opções eram limitadas, pois os depósitos vendiam somente uma marca.

Esses pontos de venda de propriedade dos fabricantes ainda existem na distribuição de gás industrial e equipamentos de solda, mas estão se tornando mais raros conforme as economias de custo vão empurrando a distribuição nas mãos de comerciantes independentes.

◢ Distribuidores de manutenção, reparo e operações (MRO)

Distribuidores MRO são empresas que vendem para qualquer companhia (e também para o público geral), muitas vezes por meio de um catálogo ou pela internet. Nos EUA, exemplos de empresas como essas são a W. W. Grainger e a McMaster-Carr, e na Europa, a RS Components e a Premier Farnell. Essas empresas se transformaram em fornecedoras de produtos para manutenção, reparo e operações (MRO).

Fornecedores de peças eletrônicas também se apresentam como empresas MRO importantes. Alguns distribuidores se especializam somente em produtos eletrônicos. Eles incluem empresas com catálogos abrangentes, como a Avnet, Arrow e Future Electronics. Sua principal proposta de valor e crédito sobre a experiência do cliente é a opção de produtos. Algumas dessas empresas contêm centenas de milhares de produtos diferentes.

◢ Comerciantes e estoquistas

Muitos produtos *business-to-business* são encaminhados por meio de comerciantes. Essas empresas contêm um amplo leque de produtos, geralmente limitados aos exigidos por um ramo particular – eletricistas, encanadores, cabeleireiros, farmacêuticos e profissionais do tipo. Elas possuem *showrooms* locais e vans para entrega que levarão os pedidos, mesmo os que foram feitos no mesmo dia.

Comerciantes estocam e entregam quase tudo. Eles fornecem medicamentos para químicos, comida e bebida para restaurantes, produtos de saúde e segurança para fábricas, artigos de limpeza para escritórios, produtos químicos para elaboradores, papel para gráficas. Se um produto é consumido com regularidade na cadeia de valores, é quase certeza de que ele proporcione oportunidades para comerciantes. No setor de construção, por exemplo, eles fornecem materiais de construção e ferramentas para clientes que podem aparecer na loja ou receber entregas diárias.

Comerciantes disponibilizam pontos locais de estocagem para clientes. Gráficas possuem muito pouco espaço para depósito. Elas compram resmas e paletes de papel quase todos os dias, e preferem receber a entrega logo de manhã a fim de ter papel para a agenda de impressões do dia. Para distribuidores de papel, é fisicamente impossível entregar para todas as gráficas entre 8h e 9h todos os dias, como a maioria delas gostaria. Isso significa que eles precisam gerenciar com cuidado as expectativas dos clientes. Se a gráfica não vai usar o papel durante alguns dias, talvez seja possível agendar a entrega para um horário mais viável, e não naquela parte da manhã cobiçada pela maioria dos clientes. Talvez seja possível o distribuidor de papel gerenciar estoque em consignação, em que os suprimentos de papel são armazenados nas gráficas e cobrados apenas quando retirados do estoque. No caso das gráficas, a experiência do cliente com o distribuidor de papel é significativamente influenciada pela habilidade desse último em fazer entregas a tempo. Na verdade, são as entregas que influenciam a experiência do cliente, já que o papel vendido pelos comerciantes é o mesmo em praticamente todos os lugares. Em uma situação como essa, com entregas frequentes, o motorista da van das entregas se torna o rosto do distribuidor de papel. A atitude do motorista em termos de boa vontade para ajudar a descarregar e levar o papel para dentro das gráficas tem um peso e tanto em relação a experiências do cliente para o distribuidor.

Com muita frequência, os melhores distribuidores são as empresas familiares, de propriedade particular e dependente de clientes locais. Se um cliente fica sem estoque na véspera do Natal, o distribuidor nem pensa duas vezes em fazer hora extra para resolver o problema. Esses distribuidores familiares foram engolidos por grupos maiores, que têm a vantagem das escalas e capacidade de fornecer atendimento ao cliente em uma área muito maior. Isso tem lá seus problemas, conforme nos contou um dos colaboradores para este livro (um distribuidor):

> "Crescemos por meio de aquisições. Compramos uma série de distribuidores de porte pequeno a médio, todos com uma ética fantástica de atendimento. Por isso foram bem-sucedidos. Eles iriam até o fim do mundo pelos clientes. Porém, faziam isso de uma maneira própria, inimitável. Somos uma grande organização, e precisamos fazer as coisas de forma diferente. Temos mais planejamento e estrutura no que fazemos. Essas distribuidoras familiares acham bem difícil fazer as coisas do nosso jeito. Elas não acham que nossos níveis de atendimento são o que os clientes esperam. Nosso desafio é proporcionar uma excelente experiência do cliente de forma consistente, em vez de permitir uma anarquia no atendimento ao cliente – mesmo que essa anarquia possa incluir alguns exemplos fabulosos de serviço de entrega."

◢ Varejistas

Não devemos nos esquecer de que os limites entre empresas B2C e B2B estão ficando cada vez mais indistintos. No setor de construção civil, há muitas pequenas empresas que necessitam de ferramentas e equipamentos, e acham igualmente conveniente comprar de megalojas DIY (*Do It Yourself*, "Faça Você Mesmo", em inglês) como a B&Q (no Reino Unido) ou a Lowe's and Home Depot (nos EUA). Historicamente, os profissionais têm evitado esses *outlets*, acreditando que eles não são feitos para atender a profissionais da construção civil. Até esse ponto, a experiência do cliente do profissional na loja DIY era deficiente. Entretanto, como uma oportunidade de atender clientes profissionais, hoje as lojas DIY têm entradas separadas, estacionamento reservado e sistemas de pagamento dedicados para os profissionais. Essas lojas melhoraram e reagiram com uma experiência do cliente mais apropriada para um profissional.

A EXPERIÊNCIA DO CLIENTE NO CANAL B2B

Qualquer que seja sua especialidade, essas empresas comerciais e distribuidoras são uma forma de terceirização de logística. Elas oferecem serviços que os fabricantes acham difícil fornecer. Dependem totalmente de sua capacidade de cuidar dos clientes e de cada necessidade deles.

Embora parceiros de canais não estejam sob controle direto do fornecedor dos produtos, eles ainda são capazes de proporcionar uma excelente experiência do cliente. Em seu livro *The Intimate Supply Chain* (2008), David Ross descreve estes serviços:

- **Vendas e promoções:** a função de vendas pode ser difícil para fabricantes, sobretudo o gerenciamento de vendas para empresas relativamente pequenas espalhadas por uma ampla área geográfica. Atacadistas e distribuidores possuem conhecimento local. Eles usam esse conhecimento para elaborar campanhas promocionais, ofertas de produtos, entrega rápida e crédito para empresas dentro de seu raio de abastecimento. Isso pode fazer o comerciante extrair uma margem significativa de 25% a 33%, mas, comprando em volume com grandes descontos, essas margens o capacitam a oferecer um preço ao cliente dentro dos limites aceitáveis.

- **Leque de opções:** clientes adoram opções. Para o fabricante que faz uso de distribuidores, essa é uma faca de dois gumes, já que ele tem de lutar por espaço na prateleira contra marcas competitivas. É possível comprar a obtenção de uma posição diferenciada como distribuidor. Margens mais altas e esquemas de bônus podem empurrar os produtos para a frente. No entanto, tais estratégias não oferecem garantia nenhuma de uma excelente experiência do cliente. É bem melhor trabalhar com parceiros de canal, ajudando-os a disponibilizar promoções ou treinamento para as pessoas no balcão de vendas dos lojistas. Pode haver oportunidades para desenvolver mostras de pontos de venda que exibam produtos em outlets e ajudem o cliente a se aproximar deles.

- **Informações:** pessoas que fazem uso de comerciantes e estoquistas estão frequentemente em busca de conselhos. Elas querem informações sobre os produtos que estão comprando e sua adequação ao trabalho a ser feito. Clientes comerciantes se interessam por novos produtos. Eles querem saber sobre maneiras melhores de usar os produtos. O canal de distribuição é uma oportunidade perfeita para disponibilizá-las, com gráficos de parede, folhetos e vendedores treinados.

- **Orientações ao cliente:** por sua própria natureza, comerciantes são sintonizados com as necessidades dos clientes. Eles abrem suas lojas cedo e as fecham tarde. Têm pessoas disponíveis para atender o telefone, receber pedidos e lidar com problemas. Estão no negócio de vendas, não no de fabricação, e, portanto, entendem melhor de atendimento que os fabricantes. Não é incomum comerciantes disponibilizarem aos clientes uma área com cadeiras, onde eles podem ler jornais e tomar café. É improvável encontrar essa experiência em muitas empresas fabricantes.

- **Opções de pagamento:** fabricantes, sobretudo grandes corporações, desconfiam de clientes pequenos. Elas possuem exigências de crédito draconianas, que impõem assim que um cliente passa do limite. Um comerciante tende a ser mais empático. Ele possui conhecimento local. Talvez use de discrição ao flexibilizar as opções de pagamento, para que um cliente seja auxiliado durante uma dificuldade temporária e seja grato e leal para sempre.

- **Quantidades pequenas:** empresas e fabricantes grandes não gostam de pedidos pequenos. Elas se destacam em longas execuções de produção, volume de vendas e em lidar com clientes grandes. No entanto, clientes pequenos podem ser lucrativos, e comerciantes ficam contentes em dividir o montante em pequenas quantidades e fazer a cobrança apropriada. O cliente que deseja uma quantidade pequena (muitas vezes para um trabalho rápido) aprecia o serviço e fica feliz em pagar o preço diferenciado.

Apesar de deixarem o cliente no centro, distribuidores enfrentam desafios para proporcionar excelência à experiência do cliente. A maioria dos distribuidores abastece o mercado por meio de vários pontos de venda, cada um administrado por um time pequeno e um gerente. Tradicionalmente, sua performance vem sendo recompensada com lucros nas vendas. Distribuidores abriram o olho para a importância do *Net Promoter Score*® e, hoje em dia, a performance dos gerentes nessa métrica pode ser incorporada ao pacote de remuneração. O gerente é a pessoa que faz a diferença.

Colaboradores de nosso livro têm muito a dizer sobre esse tema.

> "Vemos filiais recebendo um novo gerente de filial. O antigo trouxe perdas e o novo foca a experiência do cliente, transformando-a em lucro. Ainda temos muito o que fazer em termos de recrutar as pessoas certas. Entender o perfil das pessoas que se adequam às experiências do cliente é difícil. Costumávamos recompensar pessoas por coisas que agora não queremos que elas façam. Se você está à frente das vendas, isso é tudo o que você terá. Pode ser que, para conseguir vendas, a filial reduza os preços. Então, da próxima vez que o cliente fizer um pedido por essa filial, ele ficará decepcionado porque o preço subiu."

> "O maior desafio será para o pessoal do comercial, porque eles possuem uma cultura de comprar e vender – sendo oportunistas com os clientes. Existe uma cultura de tentar extrair lucratividade, dependendo de como os preços estão indo. Quando um vendedor vê que um produto é escasso, ele vai arrancar tudo o que puder por esse produto em particular. Isso está em seu DNA, e é o que seu bônus o incentiva a fazer. Vendedores ganham um tapinha nas costas se são bem-sucedidos em vender mais. Se começarmos a falar 'espere um minuto e cuide do cliente, garantindo que cada um deles consiga o melhor acordo para termos uma lealdade a longo prazo', acredito que a maioria de nosso pessoal vai pular fora em pouco tempo.
>
> Começamos a incentivar o *Net Promoter Score*®. É um nível mais alto. O pessoal de vendas ainda é incentivado por lucros brutos e margem.

> Acabamos de começar a colocar o NPS como KPI, e é só um começo. Precisamos tentar incentivar comportamentos rumo a experiências e ver aonde isso vai dar."

TENDÊNCIAS NO COMÉRCIO

Comerciantes levam extremamente a sério a experiência do cliente. Cada grupo varejista grande mede com regularidade a satisfação do cliente e o *Net Promoter Score*®. Enquanto fabricantes em mercados B2B atingem NPS entre 20 e 30, varejos muitas vezes têm 50 ou mais pontos em NPS.[1] Nas lojas, eles têm as pessoas que podem oferecer o toque pessoal. Eles se tornaram o time da linha de frente das fabricantes. Não surpreende que a importância dos comerciantes esteja crescendo. A expectativa é que essa tendência continue.

No passado, comerciantes recompensavam seu time de acordo com a performance nas vendas. Isso gerava resultados, mas também criava problemas a longo prazo. Em geral, o impulso das vendas era associado a uma oferta temporária, como descontos. Inevitavelmente isso tem efeito sobre os lucros, e descontos não duram para sempre. Os comerciantes atuais recompensam times com métricas de experiência do cliente como o *Net Promoter Score*®. Um cliente que obtém uma excelente experiência hoje voltará inúmeras vezes para desfrutar da experiência no futuro – sem desconto.

Outras tendências estão dando as caras em canais de distribuição. A experiência sem atritos que os clientes tanto apreciam ao comprar de um comerciante se tornará ainda mais importante. Hoje, a expectativa dos clientes é comprar pela internet e pegar o produto na loja. Enquanto os fabricantes demoraram para desenvolver ofertas *on-line*, os comerciantes as abraçaram.

Aos olhos do cliente, a linha entre o comerciante e o fabricante está ficando indistinta. Clientes querem comprar o produto do comerciante e, se ele não serve ou é defeituoso, querem devolvê-lo a quem o vendeu. Produtos que costumavam ser enviados ao fabricante para manutenção provavelmente serão deixados com o comerciante no futuro.

Os comerciantes do futuro estarão oferecendo experiências do cliente sem atritos em todos os pontos de contato do cliente.

Comerciantes têm a vantagem de lidar com clientes no ponto de venda. Isso significa que eles podem pegar uma boa quantidade de dados granulares sobre os clientes. Os dados podem ser extraídos para garantir que os clientes recebam informações direcionadas, oportunas e relevantes. É improvável que esses dados de clientes sejam passados para o fabricante. Conhecimento é poder, e os comerciantes vão aprimorar esse poder nos anos futuros.

MARKETING DIGITAL E EXPERIÊNCIA DO CLIENTE B2B

Clientes buscam fazer negócios de forma sem atritos e sem esforço. Muitas empresas *business-to-business* ainda estão presas numa rotina que exige que os clientes comprem de apenas um canal. Elas têm um time de vendas que entretém os clientes e um atendimento ao cliente que recebe os pedidos. Antes de 1990, os comerciantes atendiam os clientes com um catálogo ou uma loja física, que o cliente podia visitar para ver os itens e fazer um pedido.

As coisas mudaram nos mercados B2C. Hoje, varejistas oferecem aos clientes uma variedade de opções para fazer negócios. Lojas físicas ainda são importantes. Agora, a maioria dos varejistas oferece mercadorias e serviços em seus sites. Clientes podem telefonar e fazer pedidos. Esse é um marketing *omnichannel*. Clientes querem e esperam essa opção. Faz parte da experiência sem atritos que capacita os clientes a comprarem produtos sem esforço.

Empresas *business-to-business* estão abrindo o olho para o marketing *omnichannel*. Varejistas que fornecem ferramentas e equipamentos abraçaram todos os canais, e seus clientes podem ir a uma loja, comprar pela internet ou telefonar fazendo um pedido. Outras empresas B2B estão achando esse marketing mais desafiador. Elas enfrentam situações complexas de compras. Alguns clientes são enormes e possuem vários tomadores de decisão, outros são pequenos e a unidade de tomada de decisões é muito mais simples. Clientes grandes recebem tratamento especial e são atendidos diretamente, enquanto os pequenos talvez tenham que comprar de estoquistas. Dependendo de quem está comprando, os preços de um fornecedor B2B podem variar imensamente.

De acordo com a Forrester Research em 2015, a previsão era de que apenas pouco mais de 10% de todas as vendas B2B nos EUA seriam feitas por *e-commerce* em 2017 (eMarketer, 2016). É uma proporção pequena do total de vendas B2B, mas que está crescendo de 6% a 8% ao ano. Comparado com varejistas B2C, o *e-commerce* B2B não é muito sofisticado. Muitas empresas B2B não têm o conhecimento de TI para atender ao complexo leque de clientes com um canal de *e-commerce*.

Tendo rompido e mudado com sucesso as atitudes em relação ao *e-commerce* entre varejistas B2C, a Amazon agora está voltando sua atenção aos mercados B2B. A Amazon Business disponibiliza uma plataforma para empresas que vendem computadores, equipamentos para escritório, ferramentas elétricas e produtos de limpeza. A plataforma oferece a possibilidade de variar descontos para o volume de transações e a flexibilidade de customizar ofertas às necessidades de diferentes clientes empresariais. A expectativa é que isso cause um efeito significativo sobre o marketing *omnichannel* B2B nos próximos anos. ∎

PARA REFLETIR

- Quais canais você usa para atingir o mercado atualmente? Quais são os canais favoritos de seus clientes?

- O que os clientes procuram nos canais que usam? Até que ponto conseguem o que estão procurando?

- Qual acesso você tem a esses canais de distribuição? Como você poderia mudar a ênfase neles, se precisasse fazer isso?

- O que você pode fazer por seus parceiros distribuidores que os ajudará a vender seus produtos e oferecer ao cliente uma experiência melhor?

- Como você segmenta seus clientes? Com base no porte ou no setor? Ou consegue reconhecer diferenças no comportamento e nas necessidades deles?

> Como uma abordagem diferente para segmentar seus clientes poderia melhorar a experiência do cliente?

> Quais são seus êxitos no marketing *omnichannel*? Como pode melhorar sua oferta digital?

NOTA

[1] Para padrões sobre NPS, consulte o site da B2B International (www.b2binternational.com).

REFERÊNCIAS

eMarketer (2016) B2B Ecommerce Market Is Still Maturing. Disponível em: https://www.emarketer.com/Article/B2B-Ecommerce-Market-Still-Maturing/1014311 [último acesso em 11 de novembro de 2017].

Ross, D. F. (2008) *The Intimate Supply Chain: Leveraging the supply chain to manage the customer experience*, CRC Press, Boca Raton, FL.

18

O papel da promoção na criação de uma experiência do cliente melhor

A MUDANÇA NO PAPEL DA PROMOÇÃO

O TERMO PROMOÇÃO tem uma série de significados. Para algumas pessoas, significa ofertas com "reembolso de dinheiro". Pode significar qualquer atividade que apoie uma causa. Neste capítulo, usamos o termo como um genérico para abarcar os diferentes meios de se comunicar com os clientes e potenciais clientes a fim de tornar pública a oferta de uma empresa. Uma proporção significativa da promoção é a propaganda, que pode ser impressa ou digital, em sites ou banners na internet. Promoções em mercados *business-to-business* provavelmente também incluem mala direta, relações públicas, exibições, seminários e coisas do tipo.

A finalidade das promoções é estimular interesse por uma oferta, gerando conscientização, criando curiosidade e, quem sabe, incentivando algum tipo de ação. Promoções bem-sucedidas movem a oferta para uma posição mais elevada ou mais importante na mente do cliente ou potencial cliente. Se feitas com êxito, promoções podem elevar a experiência do cliente.

O propósito das promoções sempre foi vender uma ideia ou produto. O trabalho das promoções mudou com o tempo, adaptando-se às condições do momento. As primeiras promoções eram objetivas. Elas mostravam o produto e o descreviam – "Beba Coca-Cola, deliciosa e refrescante". Hoje, as promoções tendem a jogar com as emoções – "Deguste a sensação", "Compartilhe uma Coca com...". Nessa função mais sofisticada, as promoções buscam encaixar os produtos em estilos de vida e aspirações. Elas deixaram de simplesmente dizer "Estou aqui, me compre!".

Somos bombardeados por promoções. Elas estão à beira do caminho enquanto vamos para o trabalho. Saltam sobre nós a partir de nossas pesquisas na internet. Enchem as revistas e interrompem programas de TV. Por estarem em todos os lugares, ficamos habituados a elas. Nunca temos 100% de certeza até que ponto elas atingem nosso consciente. Desativamos e filtramos promoções que não são relevantes? Se não pretendemos comprar um carro, nosso cérebro filtra os anúncios ou existe algum tipo de impacto subliminar do qual não estamos cientes?

Jay Walker-Smith, da agência de marketing Yankelovich, afirma que "passamos de ser expostos a cerca de 500 anúncios por dia nos anos 1970 para sermos expostos a uns 5.000 atualmente" (Johnson, 2006). A estimativa de 5.000 exposições por dia (alguns dizem que é ainda mais) inclui *qualquer* exposição que possamos ter a uma marca, seja caminhando pelo supermercado, observando uma etiqueta em uma peça de roupa ou olhando o que tem dentro da geladeira. Se focarmos somente os anúncios em vez das marcas, calcula-se que a quantidade que vemos a cada dia seja em torno de 300, e notamos menos da metade disso (Johnson, 2014). Sem ficarmos presos demais aos números, a mensagem é clara: somos atingidos por uma quantidade imensa de promoções todos os dias, e expostos a mais marcas do que nunca antes. Essa explosão é a prova cabal da eficácia das promoções. Elas não seriam uma aposta certa se não funcionassem.

Promoções realmente funcionam. Quanto mais falamos às pessoas sobre nossas mercadorias e serviços, maior a chance de que elas os comprem. Mesmo assim, ainda não temos certeza de como os anúncios funcionam, apesar de um bom montante de pesquisas. Na verdade, não progredimos tanto desde que John Wanamaker, o magnata das lojas de departamentos, comentou há mais de 100 anos que "metade do que gasto com publicidade é dinheiro jogado fora; o problema é que não sei qual metade" (Wikipedia, 2017).

A CONEXÃO EMOCIONAL COM OS FORNECEDORES B2B

O papel das emoções no marketing B2C é bem conhecido e bastante comentado. As marcas possuem um valor imenso. Elas refletem status. Implicam fazer parte de um certo grupo de pessoas que pensam da mesma forma. Sugerem que o comprador, de certa forma, está fazendo algum tipo de discriminação. Mesmo que pensemos que nossas emoções estão sob controle e somos pessoalmente imunes à influência das marcas, temos praticamente certeza de que elas são eficazes em influenciar outras pessoas.

Existe uma desconfiança natural de que as marcas sejam uma camada superficial sobre produtos que, no mais das vezes, são bem parecidos. Às vezes, a única diferença é a marca. Muitos dos produtos são feitos conforme as mesmas especificações na mesma fábrica. Isso não impede que as pessoas acreditem nas marcas.

Podemos pensar que compradores *business-to-business* têm uma mentalidade mais racional, afinal, eles não estão comprando para si, mas para suas empresas. Isso seria negar a ansiedade que compradores B2B têm sobre as decisões que tomam ao escolherem fornecedores. Marcas proporcionam conexão emocional, o que constrói a confiança. A promessa feita por uma marca leva as pessoas a escolhê-la. Um comprador *business-to-business* confia nessa promessa. Sua decisão de compra envolve um alto nível de risco. Se fizer uma escolha ruim, sua aquisição pode custar à empresa uma boa soma de dinheiro, e isso sem dúvida refletiria mal sobre o comprador. O cliente empresarial depende de uma forte conexão emocional para ajudar a superar o risco. Vale o velho ditado: "Ninguém nunca foi despedido por comprar da IBM". Quando a afirmação foi criada, no fim dos anos 1970, a IBM era líder de mercado em computadores e sempre considerada a "aposta segura".

Uma pesquisa financiada pelo Google analisou 3.000 compradores B2B e concluiu que eles estão significativamente mais conectados em termos emocionais a seus fornecedores do que pessoas que compram bens de consumo (Nathan e Schmidt, 2013). Descobriu-se que compradores B2B são "quase 50% mais propensos a adquirir um produto ou serviço se virem que existe valor pessoal ao fazer isso". A pesquisa que fizemos com mercados *business-to-business* respalda totalmente as descobertas do Google sobre a influência significativa das emoções entre compradores B2B. Em nossa análise, as emoções podem corresponder a quase metade dos motivos por escolher um certo fornecedor B2B, ainda que isso possa não ser compreendido ou reconhecido pelos próprios compradores. Dizemos isso porque sabemos que a maioria dos compradores de mercadorias e serviços *business-to-business* utilizam os mesmos fornecedores há anos. Ao longo desses anos, essas empresas devem ter sido tentadas a mudar para alguém que proporcionasse ofertas mais generosas e decidiram permanecer leais. Elas encararam as ofertas e disseram "vamos ficar com as marcas que conhecemos, muito obrigada".

PROMOÇÕES QUE EMPOLGAM

Hoje em dia, é necessário que as promoções se destaquem se quiserem ser bem-sucedidas. Em mercados consumidores, alguns anúncios conquistam um país inteiro. Voltando à Coca-Cola, seus anúncios no início da época do Natal se tornaram parte do ritual natalino, indicando o começo das comemorações. Ao mesmo tempo, a John Lewis, a famosa loja de departamentos do Reino Unido, lança seu anúncio televisivo de dois minutos em forma de um curta de Natal, geralmente piegas. Nos EUA, o Super Bowl oferece a oportunidade para comerciais de TV atingirem mais de 100 milhões de espectadores. Não são comerciais de 30 segundos – são curtas de alta qualidade, com humor surreal e efeitos especiais. Na maioria dessas ocasiões, os espaços que podem custar entre US$ 4 e 5 milhões são ocupados por marcas como Budweiser, Coca-Cola, Doritos e GoDaddy. As promoções oferecem uma promessa emocional. Elas empolgam tanto a ponto de os comerciais do Super Bowl no YouTube serem assistidos mais de 8 milhões de vezes e o anúncio da John Lewis, *Buster the Boxer*, ter sido visto mais de 25 milhões de vezes desde novembro de 2016.

Nos anos 1980 e 1990, a Benetton usou promoções para chocar e provocar as pessoas. Muitas de suas campanhas não tinham nada a ver com roupas. Falavam sobre temas desconfortáveis para muita gente – como HIV e fome. Continham anúncios com fotografias dramáticas, que incluíam três corações humanos e o presidente norte-americano Barack Obama beijando Hugo Chávez, ex-presidente da Venezuela. As campanhas dividiam o público, mas a Benetton não mirava todo mundo, estava de olho no mercado-alvo de pessoas entre 18 e 34 anos. Entre os que gostavam das promoções, ela visava comunicar o tema da "união" por cores diferentes, independentemente de etnia, cultura ou gênero. Como em todas as situações, uma campanha pode chegar ao fim, e a Benetton passou de temas polêmicos para uma abordagem mais tradicional, atualmente mostrando seus produtos em modelos mulheres de histórias de vida e idades variadas, sugerindo que a empresa de 52 anos atingiu a maturidade.

Promoções, conforme descrevemos, se tornam parte da experiência do cliente da marca. Elas são muito discutidas, frequentemente com as emoções à flor da pele entre aqueles que gostam e os que não gostam delas. Para marcas *business-to-business*, é irreal fazer promoções dessa forma. Poucas marcas B2B podem bancar comerciais de TV ou atingir grandes volumes de audiência. Empresas *business-to-business* miram compradores, técnicos, gerentes de produção e líderes empresariais. A maioria das promoções B2B está na fase Neanderthal das propagandas, "Estou aqui, me comprem". Empresas B2B se preocupariam com uma estratégia que gerasse polêmica. Elas podem sentir que uma promoção que mira emoções está longe demais da realidade.

Entretanto, a audiência B2B é composta pelas mesmas pessoas que choram ou riem alto em alguns desses anúncios para clientes. As emoções podem ser diferentes, mas, mesmo assim, elas estão presentes. Estão em busca de parceiros que possam ajudá-las a fazer seu negócio crescer. Querem segurança para a empresa em que trabalham, não apenas para si mesmas. Acolhem a inovação porque ela promete a chance de ganhar margem sobre a concorrência.

COLOCANDO AS PROMOÇÕES B2B PARA FUNCIONAR

Experiências do cliente são interações com uma empresa. A visualização de um anúncio é uma interação tanto quanto uma ligação de um representante. O anúncio cria percepções e expectativas da empresa.

Em capítulos anteriores, vimos que empresas *business-to-business* estão em busca de fornecedores que possam ajudá-los a fazer seu negócio crescer. Relacionamentos e agilidade são cruciais. Promoções que fracassam nesse aspecto não atenderão bem à empresa. Isso significa que sites lentos para carregar não conterão a mensagem de velocidade e eficiência. Um site por onde é difícil navegar não vai comunicar que é fácil fazer negócios com a empresa. Um site desprovido de pessoas não vai sugerir que uma empresa possui relacionamentos sólidos.

O design e o conteúdo das promoções devem ter em mente a missão da experiência do cliente. Que tipo de expectativas a empresa quer criar sobre seus produtos, serviços e atendimento? Deve-se fornecer um *briefing* aos profissionais do marketing e aos especialistas em comunicação, para que eles possam criar um tom e conteúdos nas promoções que prometam a experiência certa.

Foram testados seis anúncios *business-to-business* diferentes para uma companhia industrial. Cada um foi exposto de maneira semelhante. Colocaram um visual atraente na metade superior do anúncio, abaixo do qual havia um título e, sob o título, o corpo do texto. Era um leiaute clássico, com uma imagem chamativa para atrair o interesse do sistema límbico, e um título para atingir o lobo parietal. A isso, seguia-se um texto bem redigido, uma assinatura (o logo) e um *call-to-action* na base da página, à direita. A agência que criou esse anúncio dedicou bastante tempo para pensar na parte visual.

O surpreendente é que o anúncio significativamente favorito em todos os aspectos continha uma fotografia de um perito em pesquisa e desenvolvimento ao lado de sua invenção. O título dizia "Puro Gênio". O corpo do texto explicava como a invenção poderia beneficiar quem comprasse o produto. As abordagens mais criativas foram arrasadas por uma simples composição do produto e da pessoa que o havia criado. Ela atingiu o ponto da emoção – inspirou espectadores a acreditar que a invenção poderia ajudar sua empresa a ganhar mais vantagem competitiva.

Outros anúncios que passaram bem no teste de públicos *business-to-business* são depoimentos. Um cliente de carne e osso que esteja preparado para figurar em um anúncio e elogiar um fornecedor é algo verossímil. A Air Products, empresa de gases industriais, testou uma série de anúncios diferentes a fim de ver qual seria melhor para promover sua marca. Entre outras coisas, a Air Products vende gases para fins de criogenia (congelamento de produtos), e um dos anúncios apresentava um jovem parecido com um explorador do Ártico num cenário ártico. A foto dramática atraiu as pessoas. O título era ainda mais marcante. Ele dizia: "Após anos morando a -18ºC, Mark Williams sabe como criar seu sistema de congelamento ideal". O anúncio prosseguia afirmando que Mark Williams é um funcionário da Air Products que se dedica à linha criogênica empresarial e que está aqui para ajudar. O depoimento de um funcionário da Air Products que passa boa parte do tempo trabalhando em condições congelantes foi muito convincente.

RELAÇÕES PÚBLICAS

A expressão RP é usada para denominar tanto as relações públicas quanto as relações com a imprensa. Elas são parceiras próximas, e é sobre a parte da imprensa que queremos comentar primeiro. Se você está lendo uma revista, um periódico ou um jornal e vê algo num artigo sobre um de seus fornecedores, é provável que faça anotações. Isso chama sua atenção e talvez você fale a respeito para um colega. O impacto poderia ser tamanho a ponto de você tirar cópias do artigo e circulá-lo para as pessoas que ache que talvez estejam interessadas. Essa é uma atitude mais provável após ter visto algum editorial do que se você tivesse avistado um anúncio. Por não ter sido (diretamente) pago, ele comporta mais credibilidade. Michael Levine, autor de *Guerrilla P.R.*, sugere que um artigo numa revista vale de 10 a 100 vezes mais que uma propaganda (Levine, 2008).

Em seguida vem o lado relações-públicas das coisas. No mundo B2B, isso inclui organizar eventos patrocinados com palestrantes. Um tema interessante, palestrantes famosos e um bom local é uma receita e tanto para atrair um público B2B. É provável que as pessoas que frequentam tais eventos serão defensores da empresa. Isso significa que haverá muita discussão entre os representantes sobre o patrocinador, e boa parte dela será positiva. Assim como comentários da imprensa, depoimentos de terceiros são extremamente mais potentes. A boa vontade e os relacionamentos que podem ser construídos por eventos RP como esses contribuem para a experiência B2B. ■

PARA REFLETIR

▶ Quem são seus clientes-alvo e quais emoções incentivam a escolha de fornecedores que eles fazem? Como isso difere entre todos os seus clientes e as jornadas deles?

▶ Quais promoções você usa para se conectar com clientes-alvo? Quais mensagens e emoções são comunicadas nessas promoções?

> De que maneira você poderia modificar suas promoções para adquirir maior conexão emocional com clientes? O que empolgaria seus clientes e potenciais clientes?

> De que maneira você acha que essa conexão emocional aprimorada melhoraria a experiência do cliente?

REFERÊNCIAS

Johnson, C. (2006) Cutting Through Advertising Clutter. Disponível em: www.cbsnews.com/news/cutting-through-advertising-clutter/ [último acesso em 3 de outubro de 2017].

Johnson, S. (2014) New Research Sheds Light on Daily Ad Exposures. Disponível em: https://sjinsights.net/2014/09/29/new-research-sheds-lighton-daily-ad-exposures/ [último acesso em 3 de outubro de 2017].

Levine, M. (2008) *Guerrilla P.R. 2.0: Wage an effective publicity campaign without going broke*, Harper Business, Nova York.

Nathan, S. e Schmidt, K. (2013) From Promotion to Emotion: Connecting B2B Customers to Brands. Disponível em: https://www.thinkwithgoogle.com/marketing-resources/promotion-emotion-b2b/ [último acesso em 3 de outubro de 2017].

Wikipedia (2017) John Wanamaker. Disponível em: https://en.wikipedia.org/wiki/John_Wanamaker [último acesso em 3 de outubro de 2017].

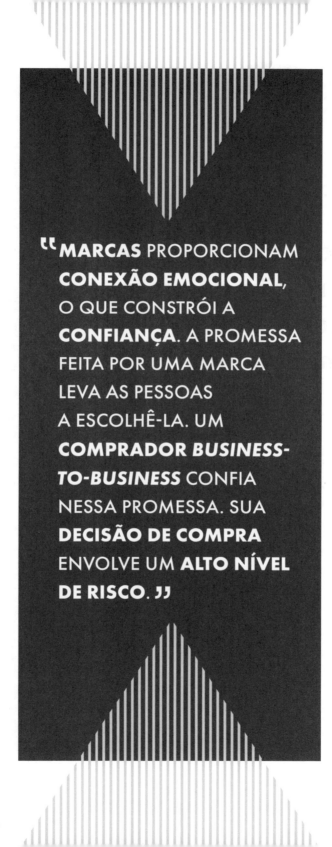

"**MARCAS** PROPORCIONAM **CONEXÃO EMOCIONAL**, O QUE CONSTRÓI A **CONFIANÇA**. A PROMESSA FEITA POR UMA MARCA LEVA AS PESSOAS A ESCOLHÊ-LA. UM **COMPRADOR *BUSINESS-TO-BUSINESS*** CONFIA NESSA PROMESSA. SUA **DECISÃO DE COMPRA** ENVOLVE UM **ALTO NÍVEL DE RISCO**."

19

O papel das pessoas na criação de uma experiência do cliente melhor

O QUE SÃO RELACIONAMENTOS?

PODE PARECER estranho começar o capítulo perguntando "o que são relacionamentos?". Estivemos discutindo relacionamentos ao longo do livro. Sabemos o que eles são: os vínculos entre um cliente e uma empresa.

Sem dúvida, a maioria dos relacionamentos entre clientes e empresas B2B envolve pessoas. É possível que um leque de diferentes pessoas estejam envolvidas. Na empresa do cliente, vendedores conversam com amplos grupos representativos de pessoal. O time de atendimento ao cliente fala com o de compras. Os de administração e finanças se conectam com times equivalentes nas empresas clientes. De vez em quando, gerentes seniores e diretores podem visitar clientes para encontrar colegas da mesma função e mostrar o quanto sua clientela é valorizada. O time técnico de um fornecedor conversa com o pessoal da produção e do departamento técnico na empresa cliente. Há muitas oportunidades para relacionamentos entre empresas B2B e seus clientes, e a maioria deles envolve pessoas.

Se o contato entre pessoas na empresa cliente e o fornecedor já existe há algum tempo, nascem amizades. Passa-se a conhecer os interesses dos times do cliente, e pode-se saber muito sobre as vidas particulares um do outro. Os relacionamentos são elaborados conforme as necessidades de pessoas diferentes. Em uma empresa cliente, certas pessoas preferem um relacionamento formal enquanto outras gostam de fazer brincadeiras sobre interesses pessoais. É importante obter o equilíbrio adequado.

Um relacionamento próximo não significa, necessariamente, passar o tempo fofocando ou conversando sobre esportes com os clientes. Por educação, o cliente talvez permita esses assuntos, mas a maioria prefere que eles sejam facilitadores para a conversa, e não o ponto principal. O elemento central deve ser a maneira como as duas empresas podem trabalhar juntas para ajudar o cliente a crescer.

Intuitivamente sabemos que relacionamentos sólidos são bons, mas qual o efeito que eles têm sobre uma empresa? Se relacionamentos sólidos são vinculados à lealdade, e parece que são, isso poderia ser mensurável. A quantidade de negócios recorrentes feitos com uma empresa seria um bom sinal de um relacionamento sólido. Um artigo da *Harvard Business Review* comparou o valor que podia ser atribuído à lealdade com o valor que podia ser atribuído a marcas (Binder e Hanssens, 2015), analisando 6.000 fusões e aquisições que aconteceram pelo mundo entre 2003 e 2013. As empresas adquiridas que foram analisadas tiveram que inserir em seus balancetes, entre outras medidas, o valor de suas marcas e o de negócios recorrentes gerados de clientes que elas conheceram pessoalmente. No início da década, o valor patrimonial dos clientes recorrentes (a medida da lealdade) era em média de 9%, e, no fim da década, o valor desses clientes aumentara para 18% dos ativos. No mesmo período, o valor patrimonial das marcas das empresas adquiridas caiu de 18% em 2003 para apenas 10% em 2013. O valor dos relacionamentos e o das marcas trocaram de lugar. Os dados implicam que relacionamentos com clientes (isto é, lealdade) estão crescendo em importância, enquanto o valor das marcas está diminuindo. (É claro que isso poderia indicar que quem comprou as empresas deixou de investir em companhias com marcas fortes e passou a investir nas que possuem relacionamentos sólidos com os clientes.) Os autores da *HBR* sugerem que o motivo para essa mudança de importância a favor dos relacionamentos com os clientes é que eles oferecem grandes oportunidades para vendas cruzadas.

CONSTRUINDO RELACIONAMENTOS PESSOAIS SÓLIDOS NAS EMPRESAS *BUSINESS-TO-BUSINESS*

Este capítulo é sobre pessoas e como elas podem promover ótimas experiências do cliente. Aqui vão algumas ideias sobre como utilizar pessoas para construir relacionamentos sólidos em empresas *business-to-business*.

◢ As pessoas são a chave

No site da mumsnet, há um post onde se discute "por que não consigo dispensar minha diarista?" (mumsnet, 2011). Boa parte da discussão está centrada na dificuldade de se dispensar alguém com quem se mantém um relacionamento próximo. Mesmo se o dinheiro estiver curto ou se a diarista faz um trabalho que deixa a desejar, é difícil despedi-la. Relacionamentos entre pessoas são íntimos e cheios de emoções. Não estamos sugerindo que seja permitido usar essas emoções para manter um cliente que, de certa forma, não está conseguindo cumprir suas expectativas, estamos apenas dizendo que relacionamentos pessoais sólidos são mais propensos a construir lealdade do que os que não envolvem pessoas. No fim das contas, fazemos negócios com quem gostamos.

◢ Ser prestativo

Alguma vez seu carro quebrou e você solicitou assistência móvel? Que alívio quando o mecânico aparece e o põe de volta na estrada! Seu cliente sentirá a mesma coisa a seu respeito se você conseguir resolver um de seus problemas na empresa ou der orientações. Ser prestativo constrói o "departamento de favores" com um cliente. Ele fica agradecido e em dívida com você. Sua dívida tem um valor, e o acúmulo desses valores constrói a lealdade do cliente.

◢ Soluções integradas

Uma empresa tem vários departamentos, e cada um pode ser incrível no que faz. No entanto, se esses departamentos não estiverem unidos, isso não ajuda o cliente. Um cliente com um problema é encaminhado para um departamento brilhante que não sabe resolver uma questão. Se o departamento transfere o cliente para outro departamento brilhante que também não é capaz de ajudar, o cliente ficará insatisfeito. Clientes não estão interessados em falar com departamentos magnificamente gerenciados; querem é soluções rápidas para seus problemas.

Alguns anos atrás, a Bain & Company fez uma pesquisa com 362 firmas e descobriu que 80% acreditavam que proporcionavam uma experiência superior aos clientes. Porém, quando perguntou aos *clientes*, apenas 8% disseram que estavam recebendo uma experiência superior (Allen *et al*, 2005). Muitas empresas acreditam que, por terem departamentos bem administrados, seu negócio é focado no cliente. É a integração sem atritos dos departamentos que constitui uma boa experiência do cliente.

◢ Empresas que usam pessoas, não robôs

Todos nós já fomos alvos de sistemas de atendimento telefônico automatizados. Certamente as próprias empresas que instalaram esses sistemas já ficaram frustradas com eles. Talvez elas escolham acreditar na conversa da companhia vendendo os sistemas automatizados que, sem dúvida, dirá que sua solução é boa para o cliente. Talvez elas mesmas se convençam de que a economia de despesas vale a pena.

Quando uma empresa pensa em reduzir o estoque, mudar padrões de entregas, diminuir a quantidade de pessoal no atendimento ao cliente ou inserir um sistema de respostas automáticas, ela precisa se perguntar "o que meus clientes vão achar disso?". Tirar seres humanos às vezes pode poupar dinheiro, mas, na maioria das situações *business-to-business*, isso destrói relacionamentos pessoais e resulta em uma experiência do cliente enfraquecida. No longo prazo, pode custar dinheiro.

Há ocasiões em que se pode trabalhar melhor sem o envolvimento de pessoas e, portanto, melhorar a experiência do cliente. Uma seção de FAQ (*frequently asked questions* – perguntas mais frequentes) em um site pode evitar que o cliente gaste um tempão telefonando para uma empresa atrás de uma resposta para um problema. Avaliações reais de clientes em um site podem poupar tempo e problema ao cliente em busca de referências e serem muito valorizadas. Mensagens automáticas de texto informando sobre o andamento da entrega podem ser preferíveis a um telefonema.

Antes de irmos com muita sede ao pote e vermos esses exemplos como ótimas oportunidades de economizar dinheiro e ao mesmo tempo melhorar a experiência do cliente, devemos nos lembrar de que a maioria das soluções automatizadas funciona como "complemento" e não como "substituto" das pessoas. Obviamente, as FAQs são um acréscimo fácil e útil em um site – mas nada como uma conversa com um engenheiro bem treinado quando se está sofrendo com um problema técnico. Um *pop-up* no site que diga "pessoas que compraram X também compraram Y" é bom – mas não substitui um representante treinado em atendimento ao cliente, que pode fazer a mesma tarefa perguntando coisas cuidadosamente elaboradas. Pessoas gostam de lidar com pessoas.

CONTRATANDO AS PESSOAS CERTAS

Ser simpático é sempre um ingrediente importante para construir relacionamentos sólidos. Hal Rosenbluth acredita que o fato de sua empresa ter se tornado uma das maiores companhias de viagens corporativas nos EUA se deveu em grande parte à descoberta das pessoas certas (Rosenbluth e McFerrin Peters, 1992). Ele afirma:

> "O princípio número um é procurar pessoas simpáticas. O resto se encaixará... Em nosso processo seletivo, gentileza, cuidado, compaixão e altruísmo pesam mais que anos de trabalho, um histórico salarial impressionante e pilhas de diplomas."

Como em relação a todas as coisas, estamos em busca do equilíbrio certo. Rosenbluth sabe do que está falando, sobretudo em seu ramo de negócios, que são as viagens corporativas. Em uma linha de negócios totalmente diferente, a de *factoring*, empresta-se dinheiro a empresas com dificuldades financeiras. Muitas vezes, o *factoring* é o último recurso. Aqui, será necessário ter compaixão com uma pitada de realismo, já que certamente haverá um ou outro cliente que, desesperado, não vai declarar tudo sobre suas faturas pendentes. Justo e firme podem ser qualidades adicionadas à lista de pessoas que atendem setores *business-to-business*.

Se você tem as pessoas certas na cultura errada, elas vão sair. Se tem as pessoas erradas na cultura certa, terá de pedir a elas que saiam.

Encontrar as pessoas certas com uma cultura de atendimento ao cliente e que se encaixam na cultura da empresa é a chave.

De posse das pessoas certas, passa a ser necessário garantir sistemas e processos que as capacitem a oferecer um atendimento adequado. Como afirma nosso amigo e guru da experiência do cliente Chris Daffy (Hague, 2017):

> "Não é bom ter pessoas supersimpáticas na linha de frente que são treinadas para oferecer um ótimo atendimento se, quando elas usam o sistema de TI, ele falha. Então, pergunte a si mesmo se você dispõe dos sistemas e processos e se eles estão adequadamente alinhados para garantir que está atendendo bem os clientes."

TREINANDO

É de se esperar que as pessoas na linha de frente tenham sido recrutadas por apresentarem a atitude correta. Elas também vão precisar de treinamento. O treinamento garante que as pessoas façam as coisas do seu jeito e da maneira certa – todas as vezes. Garante consistência e qualidade. Não é algo que só acontece uma vez. Não se trata de colocar as pessoas em um curso para treinamento e pensar "bom, o trabalho está finalizado".

A Zappos analisa com muito cuidado a compatibilidade cultural de seus novos contratados. A compatibilidade cultural corresponde a 50% do peso nos critérios de contratação (Heathfield, 2017). Uma vez empregados pela Zappos, as primeiras três a quatro semanas são passadas no call center, aprendendo a responder às necessidades do cliente. Quando terminam essas semanas, é oferecido ao novo contratado US$ 3.000 para ele deixar a empresa. Isso é para testar sua determinação como contratado e para verificar se ele está comprometido com os objetivos e a cultura da companhia. Também é preciso apontar que se espera que os executivos da empresa arregacem as mangas e voltem aos telefones sempre que o call center estiver ocupado. Ao longo do ano, os recrutados aprendem novas habilidades, e passa-se 10% a 20% do tempo de cada departamento em atividades de formação de time. Isso é para compartilhar e desenvolver os valores centrais da Zappos e garantir que todos estejam envolvidos na cultura. Na Zappos, treinamento não é só um dia em sala de aula.

Treinar times da linha de frente em experiências do cliente precisa abranger todas as coisas óbvias. Para descobrir o que de fato os clientes estão pensando, eles têm que aprender a importância de ouvi-los, demonstrar empatia e fazer perguntas abertas. Times da linha de frente precisam treinar habilidades para reconhecer e lidar com as emoções dos clientes. Com o treinamento certo, eles podem usar as palavras e linguagem corporal correta para mudar as emoções deles. Eu me lembro de um trabalho para uma grande fabricante de produtos alimentícios. Todo ano, a empresa fazia um novo contrato para os próximos 12 meses, e ele era discutido em uma mesa de negociações. Um cliente solicitou que trocassem um dos representantes de vendas da empresa de produtos alimentícios. O vendedor tinha quase dois metros de altura e a constituição de um boxeador profissional. Sua presença à mesa intimidava o cliente e não ajudava nas negociações (ao menos, do ponto de vista do cliente). Na verdade, ele era um gigante gentil, mas não aprendera a arte da linguagem corporal para amenizar sua aparência ameaçadora.

Com o auxílio de um excelente treinamento, o time na linha de frente de uma empresa precisa ser capacitada. Se ela compreendeu um problema e tem a confiança do cliente, deve ter autoridade para resolver esse problema. Para isso, é necessário apoio do alto escalão. Os líderes precisam acreditar que seu time tomará as decisões certas para a empresa. Em geral, o motivo por que o time da linha de frente não é empoderado é porque os seniores da empresa se preocupam com que a má capacidade de discernimento de um funcionário poderia colocar em risco a reputação da companhia. Funcionários bem treinados e capacitados quase sempre vão respeitar a autoridade atribuída a eles e trabalhar dentro de certos limites. Para uma empresa, a vantagem de um funcionário empoderado é a resolução rápida de um problema do cliente. Uma pequena concessão e uma rápida solução a um cliente descontente pode transformá-lo em um cliente leal para a vida toda.

A linha de frente é o lugar óbvio para começar com treinamentos, mas ele também é importante no restante da empresa. É dentro dela que a experiência do cliente pode ficar emperrada. Se o pessoal do departamento de contas, da linha de produção ou responsável pelo treinamento não compreende os princípios do atendimento ao cliente, eles podem fazer seu trabalho mas prejudicar a experiência do cliente. Departamentos de uma empresa atendem a outras partes da companhia. Esses outros departamentos são clientes, ainda que não haja dinheiro algum passando de mão em mão. A ética do atendimento tem que percorrer a empresa toda. É um processo de dentro para fora. Chris Daffy ilustra isso na Figura 19.1.

FIGURA 19.1 Treinamento e o processo de dentro para fora

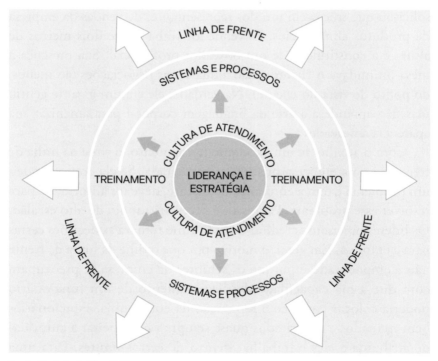

Fonte: Cortesia de Chris Daffy.

ESTUDO DE CASO:
A HISTÓRIA DE EDDIE STOBART

Em 1976, Eddie Stobart fundou uma empresa de transporte de mercadorias no Reino Unido, com 8 caminhões e 12 funcionários (Barford, 2011). Ao longo de quatro décadas, com ajuda do filho de Eddie (que também se chama Edward), a empresa se tornou uma das companhias de logística e transporte rodoviário mais conhecidas no Reino Unido, com mais de 2.200 caminhões.

Como eles fizeram isso?

Empresas de caminhões não são exatamente glamurosas. Pelo menos, não eram até a chegada da família Stobart. O jovem Edward, encarregado dos negócios, achava que o setor britânico de transporte rodoviário não parecia nada profissional (*The Telegraph*, 2011). A empresa investiu em caminhões novos, que estavam sempre limpos e polidos. Cada um deles foi personificado com um nome de mulher na parte de baixo das portas. Nos primeiros tempos do transporte rodoviário no Reino Unido, motoristas de caminhão pareciam brutos. Os motoristas da Eddie Stobart tinham a aparência de pessoas indo trabalhar num escritório. Usavam camisa e gravata, e eram instruídos a acenar e buzinar quando um cidadão os reconhecia.

Avistar os caminhões de Eddie Stobart se tornou um esporte, e logo nasceu um fã-clube. Hoje, o fã-clube tem 35.000 membros. Na maioria dos postos de gasolina do país, é possível comprar caminhões de brinquedo Eddie Stobart.

Eddie Stobart usou pessoas para trazer a experiência do cliente para empresas comuns de caminhões. O "produto" era o transporte da carga, mas o diferencial e a experiência do cliente vieram dos motoristas e da personificação dos caminhões. Através do uso de dispositivos pequenos, mas eficazes, que tornaram a empresa diferenciada, ele construiu um negócio que hoje tem rendimentos de £ 550 milhões (US$ 740 milhões) (*Logistics Manager*, 2017). ■

> **PARA REFLETIR**
>
> - Até que ponto os relacionamentos entre seu time e seus clientes são sólidos?
>
> - Qual é a contribuição do seu time para a lealdade dos clientes?
>
> - Até que ponto os departamentos de sua empresa estão integrados para proporcionar soluções sem atritos ao cliente?
>
> - Quando você contrata pessoas em sua empresa (para qualquer cargo), até que ponto leva em consideração a simpatia que elas dispensam aos clientes?
>
> - Que treinamento os times que lidam com os clientes recebem para proporcionar uma excelente experiência do cliente?
>
> - Que treinamento todas as pessoas de sua empresa recebem sobre excelência em atendimento?
>
> - Até que ponto seus funcionários são capacitados?

REFERÊNCIAS

Allen, J., Reichheld, F. F., Hamilton, B. e Markey, R. (2005) Closing the delivery gap: How to achieve true customer-led growth, *Bain & Company Insights*. Disponível em: http://www.bain.com/publications/articles/closing-thedelivery-gap-newsletter.aspx [último acesso em 3 de outubro de 2017].

Barford, V. (2011) How did Eddie Stobart become so famous?, *BBC News Magazine*. Disponível em: http://www.bbc.co.uk/news/magazine-12925163 [último acesso em 3 de outubro de 2017].

Binder, C. e Hanssens, D. M. (2015) Why strong customer relationships trump powerful brands, *Harvard Business Review*, 14 de abril de 2015. Disponível em: https://hbr.org/2015/04/why-strong-customer-relationships-trump-powerful-brands [último acesso em 3 de outubro de 2017].

Hague, N. (2017) Go Beyond In Customer Experience: A Conversation With Chris Daffy. Disponível em: www.b2binternational.com/publications/

go-beyond-in-customer-experience-a-conversation-with-chris-daffy/ [último acesso em 3 de outubro de 2017].

Heathfield, S. M. (2017) Find out the Ways Zappos Reinforces Its Company Culture. Disponível em: www.thebalance.com/zappos-company-culture-1918813 [último acesso em 3 de outubro de 2017].

Logistics Manager (2017) Eddie Stobart flotation to fund e-commerce growth, *Logistics Manager*, 23 de março de 2017. Disponível em: https://www.logisticsmanager.com/eddie-stobart-flotation-to-fund-e-commerce-growth/ [último acesso em 3 de outubro de 2017].

mumsnet (2011) Why can't I sack my cleaner?!. Disponível em: www.mumsnet.com/Talk/housekeeping/1218135-Why-cant-I-sack-my-cleaner [último acesso em 2 de novembro de 2017].

Rosenbluth, H. F. e McFerrin Peters, D. (1992) *The Customer Comes Second and Other Secrets of Exceptional Service*, William Morrow and Company, Nova York.

The Telegraph (2011) Edward Stobart Obituary. Disponível em: www.telegraph.co.uk/news/obituaries/finance-obituaries/8419820/Edward-Stobart.html [último acesso em 3 de outubro de 2017].

PARTE CINCO

Controles que garantem que o programa de experiência do cliente mantenha o rumo

20

Mensurando o desempenho das iniciativas de experiência do cliente

MONITORANDO RESULTADOS

O MUNDO ENLOUQUECEU com as mensurações. Sabemos que estamos num território complicado ao tentar mensurar a experiência do cliente, já que ela é muito influenciada pelas emoções. No entanto, mensurações são necessárias se é preciso fazer melhorias, devido ao fato de que "se não se pode mensurar, não se pode administrar". Precisamos de mensurações que nos digam se estamos melhorando e onde podemos melhorar.

Há uma forte analogia a ser feita aqui com a mensuração de nossa saúde. Todo mundo usa algum tipo de referência para manter o controle sobre a saúde, e com razão. Nossa saúde é importante, e seria irresponsabilidade se não a observássemos. As medidas que usamos como indicativo de saúde podem ser tão informais quanto avaliar como é difícil subir um lance de escadas ou notar a posição do furo ao apertarmos o cinto. Podemos checar a saúde de maneira mais formal, visitando o médico para testar nossas condições cardíacas, mensurar a pressão arterial e fazer alguns exames de sangue.

Ao medir a experiência do cliente, estamos analisando a saúde de nossa organização. Políticos sabem como isso é importante em âmbito nacional. Desde 2011, o Office for National Statistics (ONS; em português, Escritório de Estatísticas Nacionais) do Reino Unido ficou encarregado de medir a satisfação com a vida e a felicidade da nação. Os políticos querem saber se as pessoas que eles representam estão contentes. Em 2016, a pontuação de "satisfação com a vida" no Reino Unido era 7,7 de 10 (ONS, 2017). Como um aparte, vale a pena notar que, se essa pontuação fosse atingida por uma empresa em termos de satisfação do cliente, ela seria considerada média em vez de muito boa.

A nota deveria ficar em torno de 8, ou mais, de 10 antes de dizermos que as pessoas estão se sentindo satisfeitas de verdade.

Essa medida em um momento específico é valiosa. Ela informa onde estamos. O mais útil é saber se a pontuação está mudando de alguma forma. Uma pontuação de 7,7 em 10 que esteja subindo é muito diferente de uma que está caindo. Dois pontos de dados têm seu valor, mas precisamos de um pouco mais que isso para confirmar uma tendência. Precisamos usar métricas de experiência do cliente para rastrear onde estamos.

PULSO OU PERÍODO?

Falamos bastante sobre a jornada do cliente e os diferentes pontos de contato dela. Entender o desempenho de nossa empresa em cada um desses pontos mostrará onde é preciso ocorrer melhorias. Esse tipo de medida de desempenho dos acontecimentos se tornou popular; talvez até demais. Sempre que compramos algo da Amazon, estacionamos o carro no aeroporto ou tiramos férias, podem nos perguntar "como foi essa experiência para você?" Muitas empresas vão além, e buscam medir a satisfação após um único ponto de contato. Um vendedor telefona e é acompanhado por alguém que pede uma avaliação de desempenho. Uma entrega é feita e outra pesquisa é elaborada sobre esse único item.

Três consultores da McKinsey, Alex Rawson, Ewan Duncan e Conor Jones, escreveram um artigo na *Harvard Business Review* intitulado "The Truth About Customer Experience" (A Verdade sobre a Experiência do Cliente) (Rawson *et al*, 2013). O texto explorou os prós e contras de se concentrar na mensuração de eventos restritos e únicos em vez de avaliar a jornada mais ampla do começo ao fim. Os autores argumentam que a visão mais restrita pode fornecer um panorama distorcido. Uma empresa pode se sair bem num único ponto de contato da jornada do cliente, como atender às ligações deles. Se isso não leva em conta o que está acontecendo em outro lugar, pode deixar escapar os motivos da ligação e as causas-raiz do problema que levou à ligação.

Os autores do artigo acreditam que a resposta consiste em identificar jornadas-chave do cliente e entender o desempenho de uma empresa ao longo de toda essa jornada. Isso, afirmam eles, mostrará onde e como fazer melhorias. Resumindo, eles acham que mensurar o desempenho da jornada pode ser mais importante que focar pontos de contato específicos.

Isso levanta a questão de quantas vezes devemos fazer uma leitura sobre o desempenho da experiência do cliente. Sabemos que, às vezes, as emoções podem explodir, sobretudo se alguma coisa crítica vira notícia. Da mesma forma, a satisfação do cliente ou a pontuação de lealdade poderia ser significativamente influenciada por um evento recente – bom ou ruim. Estamos preocupados em sentir continuamente o pulso da empresa ou é preferível um checape anual?

Medidas anuais de satisfação do cliente possibilitam tempo para quaisquer iniciativas de melhoria para o cliente surtirem efeito. Elas também garantem que os clientes não fiquem sobrecarregados com pesquisas sempre que fazem um pedido. Pesquisas demais irritam os clientes, sobretudo se, depois delas, eles não conseguem perceber nenhum sinal óbvio de melhoria. Pedidos para participar de pesquisas como essas são ignorados em dois tempos. Não existem regras rígidas sobre a duração do intervalo entre pesquisas, embora uma vez por ano pareça o correto. Isso proporciona tempo suficiente para mudanças acontecerem e não sobrecarrega os clientes.

Quando ocorrem problemas, seria cegueira ou insensibilidade da parte da empresa deixá-los passar despercebidos. É em ocasiões como essa que faz sentido lançar pesquisas. Por exemplo, uma empresa com quem trabalhamos percebeu que estava enfrentando um problema com clientes novos. A empresa fazia todos os clientes passarem por uma verificação de crédito antes que os pedidos pudessem ser feitos. Seguindo a verificação de crédito, apenas cerca de metade dos clientes recém-adquiridos prosseguiram para a parte dos pedidos. Algo estava errado. Uma imersão aprofundada em somente 20 companhias revelou que o processo de triagem para fins de verificação de crédito era maçante e desagradável. Contratar outros fornecedores era muito mais fácil. Como resultado dos insights dessa imersão aprofundada, a empresa apontou um "novo consultor de produtos", cuja tarefa era cuidar desses novos clientes-recrutas importantes. A iniciativa foi tão bem-sucedida em motivar clientes a começar a comprar com a empresa que não demorou muito para contratarem outro novo consultor de produtos. Quando ocorrem problemas, é preciso fazer pesquisas.

MÍDIAS SOCIAIS COMO FONTE DA EXPERIÊNCIA DO CLIENTE

Há vinte ou trinta anos, pesquisas de mercado eram algo novo. Se você comprasse um carro novo e recebesse um questionário perguntando o que achou dele, havia a chance de ficar sentado feliz e contente durante 15 ou 20 minutos preenchendo a pesquisa. As taxas de resposta eram de 70 a 80%. Hoje em dia estamos saturados de pesquisas, e taxas de resposta a pesquisas do cliente são de apenas um dígito. Pesquisas *business-to-business* podem ter respostas incentivadas por vendedores que suplicam a seus clientes que completem a pesquisa de experiência. Isso, em si, já é passível de introduzir distorções. Imagine um vendedor dizendo ao cliente "estamos realizando nossa pesquisa anual de feedback do cliente, e seria maravilhoso se você tirasse alguns minutinhos para responder. Se também conseguisse encontrar algo de bom para dizer sobre o atendimento que prestei, agradeceria muito".

Isso nos faz pensar em outras maneiras de rastrear as opiniões dos clientes sobre o desempenho da empresa, além da pesquisa formal:

▶ **Monitore seus erros:** se você não conseguir fazer algo por um cliente, sem dúvida ele ficará decepcionado. Nem sempre é preciso perguntar para saber que tem coisa errada. Métricas internas podem estar prontamente disponíveis. A quantidade de reclamações que você recebe, de vezes em que não consegue entregar a tempo e na hora, de compromissos perdidos, de produtos devolvidos, tudo isso dá pistas de seu desempenho.

▶ **Fique de olho nas mídias sociais:** hoje em dia, a maioria das empresas *business-to-business* tem apenas uma quantidade pequena de seguidores no X (ex-Twitter) e muito pouca interação em mídias sociais. Porém, as mídias sociais estão se tornando mais importantes para os negócios, e vale a pena ficar de olho nelas. Clientes podem deixar avaliações na página de uma empresa no Facebook ou no feed do X (ex-Twitter). A www.glassdoor.com oferece uma avaliação de como os funcionários são tratados. A www.yelp.com tinha restaurantes como foco inicial, e está se ampliando para se tornar um site de avaliações para outros setores. Certamente esses sites de mídia vão crescer em importância, e vale a pena dar uma olhada neles.

> **Análise de sentimentos:** um software que mede sentimentos sobre assuntos discutidos na internet está sendo desenvolvido. Podemos usá-lo, por exemplo, para mencionar o nome de uma empresa, juntamente com palavras classificadas como positivas ou negativas. O software está se aprimorando o tempo todo. Está melhorando para garantir que, sempre que um nome é mencionado, é a empresa que está sob avaliação, e não uma pessoa específica ou outro apelido. Kogan Page, editora deste livro na Inglaterra, tem várias referências úteis sobre esse tema (Grigsby, 2018; Struhl, 2015).

FONTES DE INFORMAÇÃO

Entender os clientes sempre foi imprescindível. De acordo com a Walker, especialista em pesquisas de mercado, no futuro será ainda mais. Quando ela perguntou às empresas quais ações ou investimentos terão mais impacto sobre os clientes nos três anos seguintes, 6 em cada 10 participantes disseram "compreender as características individuais de um cliente" (Walker, 2017).

As fontes de informação que permitirão compreender as características do cliente incluem transações de compras, reclamações e pesquisas com os clientes. Muitas vezes, essas fontes de dados existem em silos, e precisam ser simplificadas e racionalizadas para gerar melhor compreensão. O histórico de compras fica com o setor de contas; informações sobre pedidos, com o atendimento ao cliente; e as chamadas de vendas e conversas que às vezes acontecem ficam na cabeça dos representantes de vendas. Unir esses fluxos de dados é a função da base de dados da gerência de atendimento ao cliente.

USANDO UM SISTEMA CRM

Qualquer empresa que leve a sério a experiência do cliente precisa de um sistema de gestão de relacionamento com o cliente (CRM). Um sistema CRM contém uma lista de todos os clientes e potenciais clientes em que ficam registrados dados padrões, como detalhes de contato da empresa juntamente com classificações apropriadas, como seu setor e porte. Além dessa informação "clichê" sobre empresas, são mantidos detalhes específicos sobre tomadores de decisões ou influenciadores. No mínimo, esses detalhes geralmente incluem nomes de pessoas, seus cargos, endereços de e-mail e números de telefone. O sistema CRM permite que dados adicionais sejam acrescentados, como a idade das pessoas, data de nascimento, interesses esportivos etc., além de histórico de compras da empresa. Alguns desses dados podem ser úteis para fins de segmentação. Por exemplo, empresas podem receber uma classificação, como platina, ouro, prata ou bronze. Se tiverem necessidades específicas, também podem ser inseridas no sistema.

Como descrito, o sistema CRM não é muito mais que uma tabela do Excel sofisticada. Porém, o software de CRM especializado está disponível para constante atualização pelo time de atendimento ao cliente, vendedores e profissionais do marketing, que podem registrar as interações com os clientes e potenciais clientes. Tradicionalmente, essas interações incluem observações sobre visitas de vendas, mensagens enviadas, detalhes sobre pedidos e entregas etc.

Listas de clientes e bases de dados sempre foram cruciais para empresas *business-to-business*, embora seja algo desafiador. Representantes frequentemente mantêm uma lista de seus próprios clientes e não compartilham atualizações com o restante da empresa. O propósito do sistema CRM é centralizar essas listas *ad hoc* para que uma base de dados mestra esteja disponível para fins de marketing e segmentação. Um CRM atualizado e em pleno funcionamento é a marca de uma empresa focada no cliente. É o meio pelo qual empresas B2B se comunicam com clientes atuais e futuros. Uma base de dados de clientes bem gerenciada demonstra comprometimento com o conhecimento do cliente, que é crucial para proporcionar experiências do cliente.

Descrevemos o gerenciamento de bases de dados de clientes como uma ferramenta vital para empresas *business-to-business* centradas no cliente. Portanto, é de surpreender quantas empresas possuem listas de clientes e sistemas CRM desorganizadas. O problema é causado pela natureza banal do gerenciamento dos sistemas. Atualizar e limpar detalhes dos contatos é chato, tedioso e pode ser considerado um trabalho simples demais, logo, é dado a pessoas menos experientes do escritório ou a um estagiário. Esse pobre coitado talvez conheça pouco as empresas da lista, e a monotonia da tarefa significa que ela não é mantida na condição ideal presumida pela alta gerência. Vendedores podem ser notoriamente negligentes em reportar mudanças que acontecem com os clientes. Eles podem guardar para si listas atualizadas para enviar cartões de Natal e lidar com os próprios clientes preciosos.

Não é incomum que sistemas CRM em grandes empresas *business-to-business* tenham uma série de campos para completar que sejam ignorados. Estimulado pela empolgação de projetar um sistema sofisticado, o CRM fica pesado desde o início e nunca é atualizado. É muito melhor começar com um sistema simplificado que seja mais fácil de povoar.

Também é importante manter o sistema CRM o mais limpo possível. De vez em quando, o departamento de marketing pode adquirir listas de potenciais clientes, que são carregadas no sistema. Muitos dos endereços de empresas adquiridos são inúteis. A constante "remoção de ervas daninhas" e manutenção de sistemas CRM tornam-se ainda mais difíceis à medida que vai ficando lotada de lixo. Antes que as listas adquiridas sejam carregadas no sistema CRM, elas devem ser limpas pelo pessoal das vendas, com ligações para validar os detalhes de contato ou um programa de mala direta para verificar se os e-mails não retornam.

Coletar as várias vertentes de informações sobre clientes e mantê-las atualizadas no sistema CRM é obviamente importante. O sistema CRM fará com que se conheça quem são os clientes, o que eles querem, o que estão comprando e como estão recebendo atenção. O sistema CRM está passando de recurso tecnológico para ferramenta crítica de estratégia empresarial. Bem gerenciado, o sistema CRM será uma ferramenta de tomada de decisões. Ela proporcionará conhecimento sobre o cliente que pode ser usado proativamente para atendê-lo melhor por meio de uma experiência do cliente aprimorada. Isso será obtido por melhorias como:

- **Compreender as necessidades do cliente:** fornecer insights sobre necessidades do cliente que possam garantir que eles fiquem mais satisfeitos.

- **Comunicações com clientes:** mostrar o que os clientes querem saber, com que frequência eles solicitam mensagens e registrar como elas afetaram a atividade de compras da parte deles.

- **Vincular a experiência do cliente a vendas e lucratividade:** usar a satisfação do cliente e dados sobre lealdade para mostrar como isso está afetando o volume de vendas e a lucratividade dos clientes.

- **Gerenciar o *market share*:** mostrando a *share of wallet* (fatia da carteira) e os clientes que oferecem perspectivas de aumento dos níveis de negócios.

- **Gerenciar o *churn* (taxa de evasão):** gerenciar clientes perdidos descobrindo quem eles são e por que estão indo embora.

- **Integração de clientes:** gerenciar novos clientes para verificar como suas vendas estão aumentando. ∎

> ## 💡 PARA REFLETIR
>
> - A quais métricas você tem acesso que mostrem se seu desempenho em experiências do cliente está ou não melhorando?
> - Como você consegue sentir se algumas iniciativas novas em experiência do cliente estão funcionando?
> - Quais métricas, que não sejam pesquisas (como mídias sociais), você pode usar para mensurar o desempenho da experiência do cliente?
> - Como você avaliaria a saúde de seu sistema CRM? Qual é a qualidade dos dados mantidos em seu sistema CRM?
> - Qual é o vínculo entre seu sistema CRM e experiências do cliente?

REFERÊNCIAS

Grigsby, M. (2018) *Marketing Analytics: A practical guide to improving consumer insights using data techniques*, 2ª ed., Kogan Page, Londres.

ONS (2017) Personal well-being in the UK: April 2016 to March 2017, *Office for National Statistics*, Statistical bulletin. Disponível em: www.ons.gov.uk [último acesso em 3 de outubro de 2017].

Rawson, A., Duncan, E. e Jones, C. (2013) The truth about customer experience, *Harvard Business Review*, setembro de 2013.

Struhl, S. (2015) *Practical Text Analytics: Interpreting text and unstructured data for business intelligence*, Kogan Page, Londres.

Walker (2017) Customers: The Future of B-to-B Customer Experience 2020. Disponível em: www.walkerinfo.com/knowledge-center/webcasts/docs/Walker-Insights-Webcast-Customers-2020.pdf [último acesso em 3 de outubro de 2017].

21

O desafio da melhoria contínua da experiência do cliente

ONDE FOCAR

Chegamos ao último capítulo do livro, mas nosso trabalho não acabou. Na verdade, é um trabalho que nunca vai terminar. No mundo da experiência do cliente, sempre há mais o que ser feito. As bases da experiência do cliente são os seis pilares. Todos eles precisam estar organizados para se obter essa experiência. São eles:

1. **Comprometimento:** uma empresa precisa estar 100% comprometida com a experiência do cliente se quiser ser bem-sucedida, e é sempre melhor se esse comprometimento contundente vier dos líderes da companhia.

2. *Fulfilment:* a experiência do cliente precisa ser mais que uma promessa: é preciso cumpri-la. Chamamos isso de *fulfilment*; faça o que você diz que fará.

3. **Sem atritos:** clientes querem fazer negócios com empresas que facilitam a vida. Isso significa que os silos de departamentos que constituem a empresa devem ser unidos sem atritos, com o objetivo de proporcionar a experiência do cliente.

4. **Responsividade:** quando se trata de experiência do cliente, velocidade é essencial. Tempo é dinheiro. A internet e a tecnologia definiram os padrões de entrega rápida que as empresas devem cumprir.

5. **Proatividade:** os clientes não acham que ir atrás de pedidos seja responsabilidade deles. Eles querem lidar com empresas que antecipem suas necessidades e sejam proativas em atendê-las.

6 Evolução: por fim, as expectativas não continuam as mesmas. O que era aceitável ontem precisa ser aprimorado para os clientes de hoje. A experiência do cliente precisa estar em constante evolução.

Recebemos excelentes contribuições de muitas pessoas ao coletar material para este livro. A maioria de nossos colaboradores trabalha em lugares gigantescos – grandes empresas B2B que chamamos de "corporações". Eles nos disseram que ainda não haviam chegado lá de forma consistente em termos de experiência do cliente. Eles sabem que é mais fácil empresas pequenas B2B agradarem seus clientes. Seus proprietários não acham nada de mais trabalhar até tarde da noite ou aos fins de semana para atender a pedidos. Nas empresas grandes, a experiência do cliente atinge mais pessoas e é mais complicada de proporcionar. Elas sabem que, como grandes empresas *business-to-business*, possuem um domínio mais forte sobre os clientes que companhias B2C. Sabem que, em suas empresas, nem todos têm o mesmo comprometimento com a experiência do cliente. Sabem que sua tarefa é dificultada pelos grilhões dos processos e da burocracia.

Não estamos dizendo que uma empresa grande B2B nunca pode proporcionar excelentes experiências do cliente. Tudo se resume aos seis pilares. Trata-se de comprometimento e, em seguida, *fulfilment*, sem atritos, responsividade e proatividade. E, por último, também de evolução.

Vimos que a experiência do cliente é obtida por uma série de táticas muito diferentes. Algumas são pequenas; outras, imensas. Entre elas há coisas óbvias, como ter o produto certo, no lugar certo e pelo preço certo. Também se incluem coisas aparentemente pequenas e triviais, como sorrir e dizer "obrigado(a)" aos clientes – mas essas coisas são realmente importantes.

O investimento necessário a essas ações, pequenas e grandes, varia. Pode custar um bom dinheiro garantir que o produto certo esteja no lugar certo pelo preço certo. Contratar as pessoas certas pode ser caro. Da mesma forma, contratar as pessoas erradas é dispendioso e catastrófico para a experiência do cliente.

Algumas coisas custam muito pouco e oferecem muito. Sorrir e dizer "tenha um bom dia" não exige investimento algum e pode conseguir muita coisa. Ainda que não haja nada errado com newsletters e cartões de Natal, em si eles terão apenas um efeito tangencial sobre a experiência do cliente.

As ações variadas que contribuem com a experiência do cliente em termos de custo e do que podem obter estão representadas na Figura 21.1. Assim como os pilares precisam estar no lugar, essas táticas para proporcionar a experiência do cliente também precisam.

FIGURA 21.1 Investimentos *versus* resultados em excelência para o cliente

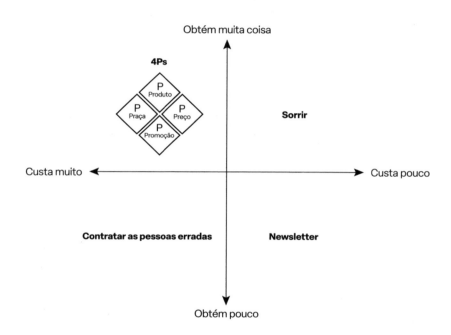

A EXPERIÊNCIA DO CLIENTE NÃO FICA ESTAGNADA

Estratégias não são algo que trocamos com frequência. Definimos um percurso, seguimos o percurso e damos tempo para ele prosperar. Todos os que trabalham em prol do objetivo da experiência do cliente devem estar cientes da estratégia que, em suas muitas variações, terá um tema similar a "formar clientes leais, atendendo constantemente expectativas e, sempre que possível, superando-as".

A estratégia geral será ancorada e de longo prazo. De tempos em tempos haverá necessidade de fazer algumas mudanças na direção estratégica. Isso pode ser causado por uma necessidade de aprimorar a satisfação do cliente para certos grupos de clientes; a quantidade de reclamações pode aumentar por algum motivo; pode haver uma necessidade urgente de melhorar o tempo de resposta a perguntas.

Enquanto estratégias de longo prazo permanecem estáveis, em termos de tática deve haver uma boa dose de ideias novas. As coisas que empolgam as pessoas e geram boas experiências hoje logo se tornam expectativas comuns. Artigos pessoais disponibilizados para nós em banheiros de hotéis eram tão empolgantes no passado que os levávamos para casa. O *cookie* que nos dão de presente ao fazermos o *check-in* no hotel não impressiona mais. Essas coisas ainda existem, mas esperamos mais. Isso significa que precisamos continuamente renovar e aprimorar a maneira como proporcionamos a experiência do cliente. Novas ideias devem ser geradas, implementadas, monitoradas e avaliadas. Neste último capítulo, examinaremos esses três desafios para aprimoramentos constantes. Veja a Figura 21.2.

FIGURA 21.2 — O processo da geração de novas experiências do cliente

GERANDO IDEIAS INTERNAMENTE

Há, e sempre houve, uma demanda pelo "mais barato, melhor e mais rápido". O apetite incessante dos clientes por melhorias na experiência do cliente pode ser intimidante porque, à primeira vista, somos inclinados a acreditar que deve haver um limite para até que ponto é possível aprimorar níveis já excelentes de desempenho.

    O ponto de partida para novas ideias em experiências do cliente deve ser olhar embaixo de nosso próprio nariz – buscar ideias dentro de nossas próprias empresas. Representantes de vendas passam um bocado de tempo com os clientes e estão bem posicionados para identificar necessidades não atendidas. Eles têm a chance de verificar como os clientes pedem produtos, modificam, como trabalham com eles e como os guardam nos depósitos. Veem como a concorrência e outros fornecedores proporcionam excelentes experiências aos clientes. Portanto, representantes de vendas são um primeiro porto de parada para novas ideias. Representantes do atendimento ao cliente e times de suporte técnico conversam com os clientes e os visitam. Assim como os representantes de vendas, eles possuem antenas que captam ideias para novas experiências.

    Na verdade, todas as pessoas de uma organização deveriam ser consultadas. Steven Johnson, especialista em inovação, dá a seguinte opinião sobre gerar ideias: "Não que as redes em si sejam inteligentes; é que as pessoas ficam mais inteligentes por estarem conectadas às redes" (Johnson, 2010). Johnson argumenta que a melhor maneira de gerar ideias é envolver todo mundo. Uma ideia apresentada por alguém num workshop pode fazer outra pessoa ter outra ideia.

    A Procter & Gamble mobiliza a ajuda de seus mais de 100.000 funcionários para inovar a experiência do cliente. Solicita-se aos funcionários ideias para produtos novos, oportunidades de redução de custos, aprimoramento de habilidades e como tornar processos e políticas mais amigáveis para o cliente (ClearAction, 2017). Alguém de TI pode enxergar, mais prontamente que um vendedor da linha de frente, uma oportunidade para tornar mais rápida e sem atritos a experiência do cliente.

    Locais externos para a sessão de geração de ideias podem eliminar as inibições usuais existentes em muitos ambientes de trabalho. As pessoas que participam dessas sessões devem ter mente aberta e criatividade. O moderador que conduz a sessão deve inspirar sem julgar, incentivando todos a sugerir ideias independentemente do quanto elas possam parecer loucas. Mais tarde, sempre haverá uma oportunidade para examinar as ideias em termos de impacto e aplicação na prática.

O objetivo é chegar ao máximo possível de ideias para coisas que conseguirão melhorias radicais à experiência do cliente. As demandas crescentes pelo mais barato, melhor e mais rápido talvez precisem de uma opinião totalmente nova sobre como isso pode ser atingido (ver o Quadro 21.1).

QUADRO 21.1 As demandas incessantes por experiências aprimoradas e respostas possíveis

Demandas crescentes por...	Responder com...
Entregas mais rápidas	Entregas cronometradas Entregas de um dia para o outro Estoque em consignação
Mais comunicação	Atualizações pelo X (ex-Twitter) E-mails (com objetivo) Ligações telefônicas Eventos setoriais "organizados"
Negociações mais fáceis	Pedidos *on-line* Pedidos de assinatura Pedidos telemáticos
Economia financeira	Vida útil prolongada do produto Intervalo reduzido de serviço Produtividade aprimorada
Oportunidades competitivas	Consultoria para clientes Sessões de geração de ideias para clientes Análises de tendências para clientes

PEQUENAS INICIATIVAS QUE SOMAM

"Mais barato, melhor e mais rápido" não são as únicas formas de proporcionar experiências melhores. Uma atitude atenciosa pode significar muito. O treinador motivacional Michael Heppell chama isso de "pequenos uaus" (Heppell, 2015). Nós nos lembramos de um acontecimento desses, quando estávamos trabalhando com um grande fornecedor de produtos alimentícios. A empresa tinha trabalhado duro para conquistar um cliente do norte da Irlanda. Na manhã da primeira entrega de grande volume, uma jovem acompanhou o caminhão enquanto ele entrava na fábrica do cliente. Ela se apresentou como representante de atendimento ao cliente e explicou que, embora o cliente talvez nunca mais a visse, ela sempre estaria do outro lado da linha para resolver os problemas que aparecessem. Tinha feito a viagem para encontrar o cliente especialmente para deixar isso claro. O cliente nunca se esqueceu disso e se tornou uma das maiores contas da empresa.

Esses "pequenos uaus" podem ser menores, mas não são banais. Uma recepcionista de uma firma de advogados empresariais notou que muitos clientes que visitavam a companhia carregavam consigo um Kindle ou um livro para passar o tempo em trens, aeroportos e aviões. Ela teve a ideia de criar um clube do livro para clientes. Perguntou a colegas quais clientes poderiam se interessar pelo clube e elaborou uma lista provisória de 50 membros. A cada dois meses, ela comprava 50 cópias de livros sobre negócios e os enviava aos clientes da lista. Cada livro acompanhava um bilhete que resumia pontos instigantes expressos nos livros. A iniciativa custou US$ 10.000 e vigorou por 12 meses. No ano seguinte, a empresa patrocinou "noites de insights" – sessões noturnas realizadas em lugares interessantes onde personalidades conhecidas faziam uma apresentação de meia hora sobre o tema em que eram especialistas e conduziam um animado debate. Em apenas alguns anos, os advogados atingiram a condição de *thought leaders* (líderes de pensamento), geraram várias discussões e receberam um sem-número de bilhetes de agradecimento.

Alguns "pequenos uaus" são óbvios, mas quantos de nós os fazemos?

- Envie cartões parabenizando clientes quando eles conseguirem uma promoção, quando um dos filhos deles se formar, quando tiverem um bebê etc.

- Envie mensagens aos clientes quando completarem um ano de parceria com você como fornecedor, simplesmente para agradecer pelos negócios no(s) último(s) ano(s) etc.

- Convide um cliente para um evento esportivo. Depois, envie a ele uma foto de todas as pessoas que foram ao evento.

- Telefone para o cliente alguns dias depois que ele comprou algo, a fim de verificar que está tudo bem.

- Compre bolos para o time de seus clientes.

Essas atitudes não têm nenhuma intenção de estar no centro de um programa de excelentes experiências do cliente; elas são pequenas ações que podem agradar, simples assim.

PRESENTES QUE NÃO DEVEMOS IGNORAR

Clientes *business-to-business* não reclamam com frequência (Beinhacker e Goodman, 2017). Eles aprenderam que, no cenário voltado para processos do universo B2B, isso não acrescenta nada. "Receio que é assim que fazemos as coisas por aqui" é a resposta antecipada. Se o cliente de fato reclama, é provável que seja sobre o produto, problemas com entrega, embalagem ou cobrança. Raramente tem a ver com o suporte às vendas, já que o cliente sabe que isso poderia prejudicar sua relação com alguém com quem ele mantém contato constante.

Isso significa que, quando alguém faz uma reclamação, ela deve ser encarada como a ponta do iceberg e como um presente. Quando atendida, é provável que haja considerável alavancagem da espiral virtuosa positiva – um aprimoramento da experiência do cliente que gera maior lealdade, aumento de receita e lucros.

Vale a pena analisar as reclamações para ver os temas gerais. Examinar a reclamação e sua causa-raiz deve indicar uma oportunidade para melhorar. Reclamações podem ser sobre qualidade, entrega, serviço de vendas ou erros de cobrança. Esses temas gerais, por sua vez, podem ser analisados com detalhes. Reclamações sobre qualidade podem ter a ver com o não cumprimento de alguma especificação, com um produto que falha na garantia, que não funciona adequadamente, que não dura o suficiente etc. Reclamações sobre entrega podem se relacionar com o não cumprimento da entrega no prazo, da entrega completa, da falta de ajuda para descarregar e estocar o produto, prazos de entrega longos demais etc. O objetivo é entender se existem pontos fracos específicos que precisam ser corrigidos.

Reclamações são uma ótima fonte de ideias. Uma reclamação genuína é feita por um cliente que se preocupou em tomar as rédeas do problema para contar sua história. Devemos nos preocupar sobretudo com as empresas insatisfeitas mas que não se dão ao trabalho de reclamar. Elas tendem a levar seus negócios para outro lugar sem que saibamos o que fizemos de errado.

ESCUTANDO OS CLIENTES

Opiniões internas são apenas o ponto de partida. Precisamos ampliar nossa pesquisa para iniciativas, e clientes são uma área óbvia de busca. As expectativas deles mudam o tempo todo. Saber como elas estão mudando e de que forma permitirá que o programa CX seja modificado para atender melhor a novas expectativas.

Cada vez mais clientes *business-to-business* compram mais que produtos. Eles compram experiências junto com produtos e serviços. Compram soluções. Essa não é só uma oportunidade para proporcionar uma melhor experiência do cliente com uma oferta estendida, mas também de gerar renda extra. Em geral, há mais oportunidades de elaborar serviços extras e soluções do que de mudar aspectos físicos do produto.

Coletar opiniões de clientes pode acontecer por meio de visitas, grupos de foco e pesquisas. Algumas empresas *business-to-business* recrutam um grupo seleto de clientes para constituir uma "comunidade" que fica encarregada de dar ideias para um atendimento aprimorado ao cliente. Os clientes escolhidos são colocados em contato, às vezes unidos em uma plataforma de software ou, simplesmente, frequentando eventos (como no caso da empresa jurídica que faz as "noites de insights"). O papel da comunidade é apresentar reações a iniciativas de experiências do cliente e manter olhos e ouvidos atentos a iniciativas que poderiam ser apropriadas. Não é necessário haver muitas pessoas nessa comunidade, umas dez ou vinte serão suficientes para dar um feedback sincero.

Uma boa ideia é digna de se copiar, e elas estão por toda parte. Não há vergonha nenhuma em copiar ou adaptar as boas ideias de outras pessoas. Se a mensagem do táxi que você pediu parece uma boa ideia, ela pode inspirar um sistema similar para seus clientes. Se você ficou impressionado com a música e a trilha sonora ao esperar ao telefone, elas poderiam impressionar seus clientes também.

PRIORIZANDO AS IDEIAS

Nem todas as ideias para renovar a experiência do cliente terão o mesmo valor. De posse de várias ideias, deve-se selecioná-las para definir quais são dignas de serem desenvolvidas. Pode-se priorizar as ideias por meio de um simples método de pontuação em que cada ideia ganha "x" pontos de 10 em termos de facilidade de implementação e impacto sobre o cliente. Elas podem ser traçadas em uma matriz que indica quais valem o desenvolvimento (veja a Figura 21.3).

EXECUTANDO NOVAS IDEIAS

Nem sempre é fácil aplicar na prática novas ideias de experiências do cliente. Se o CEO pede alguma coisa, ela é implementada. A maioria das iniciativas de experiência do cliente não são cruciais e raramente são iniciativas do CEO. Um colaborador deste livro nos contou que o inimigo da instigação de novas ideias é o bom desempenho atual.

FIGURA 21.3 Matriz de priorização para escolher iniciativas de experiência do cliente

"Não temos uma plataforma em chamas aqui. Esse problema é do tipo que está embaixo da plataforma. Não estamos em chamas, porque até que somos bem-sucedidos. Acho que a CX poderia ser um extra importante à cultura de nossa empresa. Já estou tendo alguns desafios com o alto escalão, que pensa que já estamos fazendo isso. Acredito que há um longo caminho pela frente. A batalha só começou."

Toda iniciativa precisa de um defensor para garantir que ela seja executada. Essa pessoa precisa ter um certo status na empresa e, igualmente importante, poderes consideráveis de persuasão para convencer a todos de que a iniciativa deve acontecer. O defensor também precisa saber planejar bem, para que seja possível fazer a tarefa parecer fácil, dividindo-a nas partes que a compõem. A partir daí, é uma questão de reunir o time que executará as tarefas, de modo que todos os objetivos estejam claros e sejam compreendidos em termos de quem fará o quê e quando. Em algumas empresas, esse defensor será o gerente de experiências do cliente, mas, no caso de essa pessoa não existir, a tarefa iria para o gerente de marketing ou de vendas.

Há certas coisas das quais o time de experiência do cliente pode se encarregar e implementar. O verdadeiro parâmetro de uma empresa que abraçou com sucesso a experiência do cliente é aquele em que as outras pessoas fazem de bom grado a parte que lhes cabe. Uma tarefa simples, como enviar cartões de aniversário aos clientes, poderia ser executada pelo time de CRM ou pelos representantes de contas. A preparação de um evento para os clientes vai demandar uma pessoa para encontrar um local, outra para organizar palestrantes e entretenimento, e outra para convidar os clientes. A organização envolverá os planejadores do evento, os representantes de vendas e o time de marketing. Quanto mais pessoas da empresa estiverem envolvidas em proporcionar experiências do cliente, melhor. É um sinal de que a empresa obteve excelência em experiências do cliente.

Há um *boom* de *pubs* produzindo a própria cerveja. Muitas microcervejarias estão se estabelecendo em *pubs* em regiões rurais. Infelizmente, muitos *pubs* ficam um pouco distantes do gás natural, o melhor combustível para as caldeiras produzirem vapor para as chaleiras de fermentação. Isso acabou se tornando uma oportunidade para fornecedores de gás liquefeito de petróleo (GLP) que possuem tanques capazes de transportar gás por estradas rurais remotas. Um time da empresa de GLP teve a ideia brilhante de envolver seus caminhões-tanque com uma película de vinil estampada que os faria parecer enormes barris de cerveja sobre rodas. O time acreditou que avistar os alegres barris de cerveja seria novidade em termos de experiência do cliente na zona rural, além de uma ótima forma de se promover. A história nos foi contada em um tom de lamúria, pois foi fácil demais encontrar motivos para não levá-la a cabo. Teria sido bem difícil (ou, pelo menos, caro) implementá-la, assim como muitas iniciativas da parte de cima da matriz, à esquerda (veja a Figura 21.1), pareciam uma boa ideia. Ela nunca foi totalmente custeada, o impacto nunca foi verdadeiramente avaliado e ela nunca foi executada. Ideias precisam de defensores para fazê-las acontecer.

MONITORANDO INICIATIVAS

Ao longo de todo o livro, discutimos como mensurar experiências do cliente. Vimos como usar métricas como o índice de satisfação do cliente, o *Net Promoter Score*® e o índice de esforço do cliente. Essas métricas quantitativas mostram níveis gerais de satisfação com a experiência do cliente, mas não fornecem insights sobre as iniciativas. É preciso uma abordagem diferente e mais qualitativa. O time que lida com os clientes deve ser encarregado de descobrir o máximo possível sobre como iniciativas novas são recebidas.

- Quais partes das iniciativas são apreciadas?

- As iniciativas mudam as percepções dos clientes, e, se sim, de que maneira?

- Elas deveriam se repetir?

- Elas poderiam ser aprimoradas, e, se sim, de que forma?

- As iniciativas vão influenciar o cliente a comprar mais?

- Alguns clientes se beneficiaram ou desfrutaram mais das iniciativas do que outros?

Não é fácil, mas, onde for possível, deve-se fazer uma tentativa de estabelecer o retorno sobre o investimento da iniciativa. O objetivo é vincular quaisquer iniciativas de experiência do cliente a resultados aprimorados. Isso fornecerá um guia para iniciativas de experiência do cliente e mostrará a todos os envolvidos em proporcionar essa experiência que ela realmente funciona.

COMUNICANDO OS RESULTADOS DA EXPERIÊNCIA DO CLIENTE

Quando alguma coisa funciona, deve haver feedback positivo. Sucessos devem ser compartilhados, e isso seria um bom alerta para o time de liderança. Seus membros são os melhores incentivadores da iniciativa da experiência do cliente, e ficarão ávidos para saber de que maneira ela está funcionando. O time de liderança não quer um relatório de 60 páginas com todas as análises; ela quer um resumo, e, se possível, em uma única página.

É por isso que o *Net Promoter Score*® se tornou tão bem-sucedido. Assim como um *handicap* no golfe, ele é uma medida de alto nível da centralidade do cliente na organização. O desafio com métricas desse tipo é que elas não mudam muito de um período para outro. Todos os esforços relacionados a experiências do cliente e o efeito de iniciativas não são destacados no NPS. Uma vez que se atinge um nível elevado de centralização no cliente, o NPS se nivelará e mudará pouco. É nessa etapa que comentários baseados em histórias pessoais se tornam importantes. O time de liderança quer garantias de que o NPS permanece alto e precisa sentir como as iniciativas estão sendo recebidas. Uma ou duas histórias breves que ilustrem o impacto das iniciativas podem ser tudo aquilo de que se precisa.

Nossos colaboradores sabem que esse feedback de alto nível é crucial.

> "Com o tempo, nós mudamos nossa forma de pensar sobre os relatórios de opinião dos clientes. Chegamos a um núcleo de 10 perguntas e tivemos uma boa resposta. Mas estávamos fazendo as perguntas certas? Tínhamos uma pontuação de 5 pontos, não uma de 10 pontos. Nós nos dávamos um tapinha nas costas se obtivéssemos uma pontuação alta e pensávamos que não era necessário fazer mais nada. Mas não estávamos conquistando tantos clientes como esperávamos. Quando eles nos trocavam pela

> concorrência, diziam que não éramos tão bons quanto tínhamos imaginado que éramos. Marcar o box 'satisfeito' não nos dava o insight do que o cliente estava sentindo. Fazer isso desse jeito era barato, mas era uma economia falsa. Desde que o fizemos da maneira correta, conseguimos fazer uma busca detalhada em áreas de satisfação menores. Antes, não passava de um exercício de seleção. Dizíamos que 95% de nossos clientes estão satisfeitos. Agora temos um ponto decisivo para afirmar que fizemos uma mudança aqui e, consequentemente, podemos ver como as pontuações de satisfação aumentaram ou diminuíram. É esse nível de detalhamento que temos agora, e não só o 'Você está satisfeito – sim ou não?'".

Outro colaborador também respeita a "profundidade":

> "Reportamos internamente o NPS, feedback do cliente e o *churn* de clientes. Dividimos isso nas diferentes áreas de produção em que trabalhamos. Fazemos o NPS uma vez por ano, e o *churn* de clientes uma vez por semana. Fazemos todas as coisas padrões de logística, como entregas OTIF (*on time, in full*), diariamente. Segurança e saúde, uma vez por dia. Fazemos o *churn* de clientes dividido pelo segmento em que os clientes estão. Nós o mantemos em alto nível para a diretoria. Os diretores adoram saber as coisas direto pelos clientes, e cerca de duas semanas atrás um cliente foi convidado para falar na reunião da EXCOM. Agora mantemos contato regular com os clientes, em conversas mais completas. Não se trata apenas de números."

Nosso livro abordou cada aspecto do processo de experiência do cliente em empresas *business-to-business*. Após toda essa discussão, achamos apropriado dar a última palavra a um colaborador que entrevistamos e que criou uma das melhores empresas da categoria, tendo como foco a experiência do cliente. Para essa empresa, o ponto de partida é também o ponto de chegada – bem, na verdade, não um ponto de chegada, porque, como dissemos, é uma corrida que nunca acaba.

Ao longo de todo o processo – no início e no fim que nunca chega –, está o reconhecimento de que sempre é possível fazer o melhor para nossos clientes. Está se tornando aceitável que o satisfatório não é bom o bastante. E, para isso, você realmente precisa entender seus clientes:

> "Nosso maior problema é fazer as pessoas em nossa empresa perceberem que não estão fazendo tudo da forma correta. Elas conseguiram, e têm agido bem. Você vai a um de nossos espaços e elas acham que está tudo ok. Acham que não precisam de todas essas métricas. O problema é que elas não estão medindo as coisas certas. Temos o equilíbrio de deixá-las perceber que as coisas poderiam ser melhores. Temos seis pilares e sabemos que algumas empresas têm cinco; outras, quatro. Todas essas coisas são para as pessoas avaliarem a si mesmas. Eu não diria que a cultura é o maior problema, ou o insight do cliente, ou mesmo as métricas. No entanto, se tiverem o insight do cliente, estarão em melhores lençóis, pois terão um bom ponto de partida. Nunca devemos dizer que terminamos. Sempre há mais o que fazer." ■

PARA REFLETIR

▸ Quanto sua empresa é boa em aprimorar constantemente os processos e produtos para proporcionar experiências do cliente mais baratas, melhores e mais rápidas?

▸ Quanto sua empresa é boa em apresentar novos mimos aos clientes?

▸ Até que ponto você usa reclamações para gerar ideias que aprimorem a experiência do cliente?

▸ Quanto sua empresa é boa em priorizar novas ideias para uma experiência do cliente aprimorada?

▸ Quanto sua empresa é boa em implementar essas iniciativas de experiência do cliente?

Até que ponto é inspirador reportar o desempenho da experiência do cliente às pessoas de níveis diferentes em sua empresa?

REFERÊNCIAS

Beinhacker, D. e Goodman, J. (2017) In B2B environments, no news is not good news, *Quirk's*. Disponível em: https://www.quirks.com/articles/in-b2benvironments-no-news-is-not-good-news [último acesso em 21 de novembro de 2017].

ClearAction (2017) 10 Tips for Customer Experience Innovation. Disponível em: https://clearactioncx.com/10-tips-customer-experience-innovation/ [último acesso em 3 de outubro de 2017].

Heppell, M. (2015) *5 Star Service: How to deliver exceptional customer service*, 3ª ed., Pearson Education, Harlow.

Johnson, S (2010) *Where Good Ideas Come From: The natural history of innovation*, Riverhead Books, Nova York.

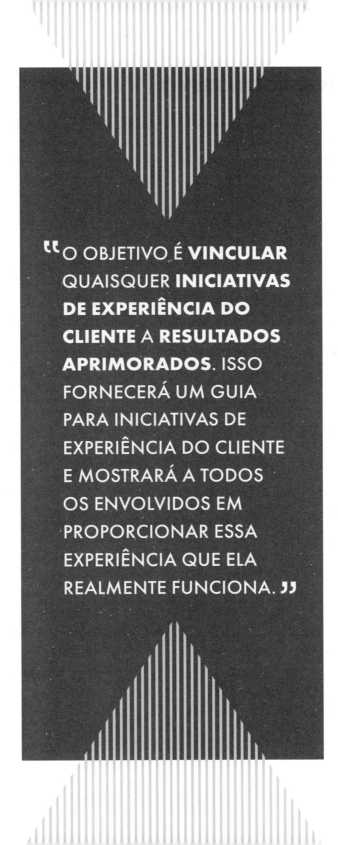

"O objetivo é **vincular** quaisquer **iniciativas de experiência do cliente** a **resultados aprimorados**. Isso fornecerá um guia para iniciativas de experiência do cliente e mostrará a todos os envolvidos em proporcionar essa experiência que ela realmente funciona."

Índice remissivo*

*Nota: Os números dentro dos cabeçalhos principais, "Mc" e o símbolo "+" estão indexados conforme especificados. Localizadores de páginas em *itálico* indicam informações contidas em uma Figura ou Tabela; os de números romanos indicam informações dentro do Prefácio.

A

absenteísmo 88
absenteísmo do funcionário 88, *91*
aceitação 41
acesso (estrutura SAVE) 237
ações (mapeamento da jornada do cliente) 134, 144, *145*, 146
    ver também pequenas ações
acordos sobre o nível de serviços 49, 78, 164
ACSI (Índice Americano de Satisfação do Cliente) 103, 104
ADM 215
A Hora da Verdade (Carlzon) 51, 131
Air Products 175, 262
alinhamento entre departamentos 173–76
Amazon 101, 147, 151, 175, 179, 254
    avaliações de clientes (satisfação) 34, 103, 166, 220, 282
    processo de compras 72, 94, 234
Amazon Business 234, 254
América Latina 105, 107
análise
    agrupamento 199-200
    fator 200
    sentimento 285
    situação 143, *145*
análise da situação 143, *145*
análise de agrupamentos 199-200
análise de fatores 199
análise de sentimentos 285
analogia com maratonas 102
Anderson, Eugene 62

Apple 45, 46, 47, 48, 49, 166, 214, 219, 225
    ver também Jobs, Steve
aprendizagem 162
aprimoramento contínuo 290-306
aquiescência positiva 106, 107
Archer's Bakers 46
artigos de papelaria 222, *223*
    ver também varejistas de artigos para escritório
assinatura emocional 212
assinatura eletrônica 235
atendimento 176, 271 *ver* atendimento ao cliente; cultura de atendimento interno; segmentação focada em atendimento; acordos sobre o nível de atendimento; cadeia de lucro de serviços; paradoxo da recuperação de serviços; serviços
atendimento ao cliente 172-73, 295
atitude 57, 61, 65, 76, 89, 116, 146, 254
atitude da empresa 57, 61, 65, 76, 89, 116, 146, 180, 247, 254
    ver também dados atitudinais
Atkinson, Bill 225
Audi *ver* Volkswagen Audi
Austrália 107
automação 80, 154, 270-71
avaliações de clientes 220, 270, 284
avaliações 152, 190, 202

B

Bain & Company 63, 91, 269
banco de dados 196-97

bases de dados 62, 285-88
bases de dados CRM 285-88
bases de dados de clientes 62, 285-88
bases de dados de gerenciamento do relacionamento com o cliente 202-05
benchmarking 41, 96, 101-110,165-66
benchmarks ambicioso 106
benchmarking interno 104-105, 108
Benetton 260
Bentley *232*
Bezos, Jeff 147-148, 175
blogs 220
BMW 82
Bonderman, David 53
Bradford University 32
briefings do time 163
B2B International 71, 74, 107
B2C 31, 253-54
   ver também comércios de rua
buscadores de soluções 199
Buster the Boxer 260
buy-in 147

C

cadeia do lucro em serviços 59–61,
cadeia de suprimentos 130-31
cafeterias 175
   ver também Starbucks
caminhão da Scania 238
caminhões 180, 221, 275
campeões 66, 30, 113, 214, 215
Carlzon, Jan 51, 131
cartões 287, 293, 297, 301
cartões de felicitações 211
catálogos 246, 253
centralização no cliente (orientação) 234-38, 250
centros comunitários 175
CEOs 51-52, 57, 74-76, 146-147, 227, 234, 300
   ver também chefe, o
cérebro límbico 214-15, 262
certificado de segurança *223,* 224
chefe, o 21, 53, 165, 172, 174
   ver também CEOs

Chick-fil-A 31, 104
churn de clientes 89, *91,* 288, 304
classificação (codificando), cliente 197, 199
Cliente em Segundo Lugar, O (Rosenbluth) 180
clientes 39, 42, 78, 81, 97-98, 174, 176-77, 298-99
   importantes (grandes) 45, 189, 196, 250, 253
   frequência de ligações 162
   cuidados com 123
   classificação de (codificação) 197, 199
   percepção de preços 238
   segmentação 98, 104, 132, *135,* 177, 188-204, 239
   pequenos 250
   depoimentos 262
   visitas a 35, 129, 153, 197, 203, 286, 299
   ver também centramento no cliente (orientação); rotatividade de clientes; dados de clientes; bases de dados de clientes; índice de esforço do cliente; insights do cliente; jornada do cliente; mapeamento da jornada do cliente (mapas); lealdade do cliente; nomes dos clientes; análises de clientes; avaliações de clientes; índice de satisfação do cliente; pesquisas de satisfação do cliente; relacionamentos
clientes importantes (grandes) 45, 189, 196, 250, 253
clientes pequenos 250
Coca-Cola 212, 257, 260
coeficientes de correlação 117
Colgate 193
comerciantes 246-47, 252-53
Como Fazer Amigos e Influenciar Pessoas (Carnegie) 162, 165-66
comprometimento 71-72, *73,* 74-77, 144, 159-167, 291
Computador Lisa 225
comunicação 20, 72, 115, 125, 137-38, 174, 184-85, 287, 303
   ver também modelo AIDA; desculpas;

blogs; linguagem corporal; frequência de chamadas; cartões; reclamações; contato; e-mails; feedback; newsletters; telefones (chamadas telefônicas); sorrindo; *briefings* de times; 'obrigados'; visitas
comunidades 299
complacência *ver* lacuna entre uau/complacência
comportamento 146
computadores 225
concorrentes 50, 72-73, 98, 105, 132-134, 238-39
confiabilidade *122*
confiança 20, 117, *118*, *119*, 121, 124, 137, 232
conhecimento sobre produtos 115, *118, 119*, 120, 125-26
consistência 35, 46-47, 77-78, *118, 119,* 121, 124, 185, 216, *223,* 248
   métrica 108-09
   ver também alinhamento de departamentos; treinamento
construção de times 176, 271-72
contato 125-26, 129-30
   ver também comunicação
contratação 52, 181-83, 271-72, 292, *293*
   ver também recrutamento
controles 144, *145,* 281-89
   ver também métrica; medida do desempenho
Cowdray, Chris 60
credibilidade 35, 46-47, 80, *191*
crescimento, e *Net Promoter Score®* 63-64, 75
cuidado com o cliente 123
cultura
   e *benchmarking* 106-109
   da empresa 33, 41, 77, 90, 175, 271-72
   de dominação 76
   de serviço interno 163-64, 179-87, 273
cultura de dominação 76
custos 147, 224-25
   redução 234-36
   ver também produtos *versus* matriz de gastos

D

dados atitudinais 196, 197, 198-99, 202-03
dados comportamentais (segmentação) 196-97, 198-99, *201,* 202-03
dados de clientes 196-97, 198-99, *201,* 202-03, 253, 285
declarações de missão 214, 215-16
declarações de visão 213
defensor 172, 301-02
Departamento de Comércio 34
departamentos de contabilidade 180
departamentos de controle de crédito (analistas de crédito) 40, 76, 125-26, 160, 162, 172, 180
departamento de logística 160, 180, 193, 221-22
departamentos de marketing 173, 174, 202, 287
depoimentos 262
depósitos 83, 245-46
descontos 51, 233, 249, 252
desculpas 49-50
design, produto 224-25
diferenças regionais 105
   ver também aquiescência positiva
diferenciação 212-13, 226-28, 236, 275
disruptores 232, 234, 235, 245
distância entre uau/complacência 65-66
distribuição (distribuidoras) 234-35, -243-55
distribuição direta 245
distribuidores familiares 247-48
distribuidores MRO *244,* 246
documentação 164, 216
DocuSign 235
Domino's Pizza 215
Dorchester Group 60
Dow Corning 235
dress code 216
Drucker, Peter 77, 87

E

e-commerce 34, 254
Economist Intelligence Unit 150
Eddie Stobart 275
educação 237-38

e-mails 31, 35, 38, 76, 81, 152, 185, 216, 287, *296*
embalagem (caixa) 219, 221
embalagens, produtos 80, 154, 221-22, 223-24, 232
Emerson, Ralph Waldo 20
emoções 32-33, 36-38, 57-58, 120-27, 209-12, 215, 258-60, 269, 273, 283
  ver também memória
empatia 78, 182, 273
empoderamento (capacitação) 78, 131, 184, 273
empresas
  cultura 33, 41, 77, 90, 175, 271-72
  grandes 21, 31, 52, 62, 74-76, 171-77, 234, 250, 292
  logos 210, 216, 262
  nome (nome da marca 121, 195, 210, 221, 285
  conduzidas por produtos/vendas 20, 34-35
  pequenas 46, 76, 292
  valores 183, 210, 214-16, 273
  ver também atitude da empresa; necessidades da empresa
empresas aéreas 50, 82, 90, 94, 125, 184-85
  ver também setor de combustíveis para aeronaves; cabine; Ryanair; SAS (Scandinavian Airlines); Singapore Airlines; Southwest Airlines; United Airlines; Virgin Atlantic
empresas de montagem 245
Empresas feitas para Vencer (Collins) 181
empresas guiadas por produtos 20, 34-35
empresas grandes 21, 31, 52, 62, 74-76, 171-77, 234, 250, 292
emoções negativas 210
empresas pequenas 46, 76, 292
emoções positivas 211
emoções que prendem a atenção 211
engajamento *ver buy-in*; absenteísmo de funcionários; satisfação de funcionários; trabalho voluntário
entrega de leite 47

entrevistas 136, 183
equipamento industrial 40, *223*, 224
escalas de dez pontos 116-17
escalas numéricas 108, 116-17
espinha dorsal da jornada do cliente 132, 134, *135*
Estados Unidos (EUA) 34, 103-04, 150, 165, 246, 254, 260-61
estoquistas 246-48
estratégia 41, 143-44, *145*, 293
  ver também SOSTAC®
estrutura 4Ps 237, *293*
modelo SAVE 237
Europa 34, 51, 105, 107, 108-09, 131, 203, 246
eventos entre times 175-76
evolução 72, *73*, 82, 154-55, 171, 292
executivos 77-78, 150-51, 153, 272
exibições 100, 257
expectativas de preço 231
experiência do cliente +1 50, 71
exposições 64
Ezetap 235

F

facilidade de fazer negócios 20, 94, 98, 103, 117, 120, 138
  ver também uniformidade
facilitadores de workshop (moderadores) 134, *135*, 163
FAQs 270-71
fator uau 115
fatores suaves (habilidades) 118-20, 183
  ver também marcas; comunicação
factoring 271
feedback 88, 114, 155, 299, 303-04
  ver também reclamações
fornecedores de combustível petróleo líquido (GLP) 301
Fornell, Claes 62
fulfilment 72, *73*, 77-78, 148-49, 291
função cerebral 122-23, 212, 214-15
funcionários 25, 47, 48, 49, 50, 77–78, 122 59, 87-88, 90, 125-26, 184
  ver também tripulação da cabine; time

G
gatilhos, emoções 37-38
GE 181
geração de ideias 294-96
geração de ideias internas 294-96
gerência de nível médio 40, 224
gerência de suprimentos 36-37, 38-40, 45-47, 121, 123, 129-31
gerência sênior 181, 224, 267
gerenciamento de expectativas 38, 71, 115, 210, 219
   ver também expectativas de preços
gerenciamento de hospitalidade 60
gerenciamento de qualidade total (TQM) 98
gerente de contas 131
gerentes de produção (times) 79, 149, 162, 179-80
glassdoor.com 284
Google 59, 129-30, 259
gráficas 126, 247
grupos de foco 39, 299

H
hemisfério direito do cérebro 122-125
hemisfério esquerdo do cérebro 122-123
Henkel 194
Heskett, James 125
HM Customs & Excise 161-62
hora da verdade 51-53, 130, 131, *133, 135,* 137

I
IBM 216, 259
implementação de ideias *294,* 299-303
indicações 90
indicações de clientes 90
indicações de funcionários 90
índice de esforço do cliente 93, *96,* 102-03, 120
índice de satisfação do cliente 46, 59-66, 91, 92-93, *96,* 101-08, 117
indústria automotiva 245
   ver também Bentley; BMW; Mazda; Porsche; Seat; Skoda; Tesla; Volkswagen Audi
indústria da construção 59, 247, 248

inércia 49, 90
infográfico 138
informações, produto 249-50
iPhones 219, 224-25
insights, cliente 227, 283, 287, 297, 299, 305
   ver também índice de esforço do cliente; índice de satisfação do cliente; Net Promoter Score® (NPS); *net value score;* perguntas abertas
integridade 20, 124
internet 129-30, 173, 237, 246, 291
   ver também e-commerce
Ittner, Christopher 64

J
Jobs, Steve 175, 224-25
John Lewis 260,
jornada do cliente 57, 129-31
just-in-time (JIT), entregas 124, 154, 245

K
Kelleher, Herb 52
Kodak 235

L
Larcker, David 64
lealdade 45-51, 57, 60, *61,* 90, *91,* 125, 210, 215, 268
   ver também rotatividade de clientes; avaliações de clientes; avaliações de funcionários; programas de lealdade
lealdade do cliente 45-51, 57, 60, *61, 91,* 210, 215, 268
Lehmann, Donald 62
líderes de opinião 176
linguagem corporal 273
linha de equivalência de valor 231, *232,* 236
local *ver* distribuição (distribuidores)
logos 210, 216, 262
Loja de Tudo, A (Stone) 46
lojas DIY 248

M
Macintosh 225
manutenção, distribuidores de reparos e

operações *244*, 246
mapeamento da jornada do cliente (mapas) 41, 129-39, 192-93, 282-83
marcas 63, 124, 148, *191*, 194-95, 209-17, 226, 236, 258-60
   ver também nome da marca (nome da empresa)
market share 62, 81, 95-96, 105, 231-32, 234, 236, 288
marketing 192, 198, 213, 253-54
   ver também departamentos de marketing; mix de marketing
marketing de macadame de betume preto 212-13
marketing digital 253-54
marketing direto 213
marketing *omnichannel* 253-54
matriz de prioridades 299, *300*
Mazda 62
McDonald's 31, 101
medida de satisfação com a vida 281-82
memória 23–24, 67–69 57-59, 113-16
mensagens de texto 270
mensuramento da saúde 281-82
mensuramento de performance (desempenho) 163-64, 281-88
   ver também controles; métricas
mentalidade de silos 65, 79, 134, 136, 150-51, 163, 285, 291
Mercury Tracer 62
metas 98, 238
   ver também objetivos
métrica on time in full (OTIF) 88, 108-09, 304
métricas 87-99, 102-05, 284
   ver também índice de satisfação do cliente; *Net Promoter Score®*, *net value score*; escalas numéricas; medida de desempenho
métricas externas 91-96
métricas internas 87-91, 284
microcervejarias 301
Microsoft 216
mídias sociais 284-85
mix de marketing (mistura) *145,* 237, 238

modelo AIDA 132
Molson Coors 175
momento zero da verdade (ZMOT) 130
monitoramento, ideias/iniciativas *294,* 302-03
monitoramento, preços 238-39
mostras de pontos de vendas 249, 253
motoristas de vans 126, 247, 275
Morita, Akio 155
mudança 74, 104–06 121, 160-62
   mentalidade 35, 40, 65
mudança de mentalidade 35, 40, 65
Munoz, Oscar 59

N

necessidades da empresa *122,* 124-25
necessidades individuais *122,* 123-24
Net Promoter Score® (NPS) 60, 63-64, 75, 91-92, 93, *96,* 102-03, 166-67, 251, 303-05
net value score 94-96
Netflix 34
newsletters 42, 207, *208* 79, 292-93, *293*
noites de insight 297, 299
nome da marca (nome da empresa) 121, 195, 210, 221, 285
nomes dos clientes 126, 155, 184-85, 196
Nordstrom 164, 184
normalização, índice de satisfação do cliente 108
notas em *post-it* 81, 135
Nuts 52
Nvidia Corporation 45

O

objetivos 41, 97, 143, *145,* 172
   ver também metas
objetivos de departamentos 172-73
"obrigados" 38, 115, 292, 297
Office for National Statistics 281
O'Leary, Michael 53, 57
opções de pagamento 250
organização de pedidos 38, 79, 80
orientações para times 79

P

paciência 115
pacote 239
pagamentos de bônus (esquemas) 186, 249, 251
paletes 221, 227
paradoxo da recuperação dos serviços 50
pensamento lógico 122-23
Pepsi-Cola 212
pequenas ações 298
"pequenos uaus" 296-97
perfis 200, 251
perguntas
   abertas 96-97, 273
   "onde" 136
   "porquê" 96, 106, 136-37, 214
   ver também FAQs
personas 175
pesquisa
   etnográfica 225, 227
   de mercado 96-97, 116, 136, 224, 235, 285
   na Internet 220
pesquisas de satisfação do cliente 61, 64, 69, 96-97, 109, 283
pesquisas de satisfação dos funcionários 87
Peters, Tom 60
Pixar 175
plano de marketing 198
políticas de devolução 80, 88, 164, 184
pontos de contato 129-30, 134-35, 282
pop-up 271
Porsche 232
PortalPlayer 45-48
pôsteres de parede 132, 138
precificação 50-51, 161, 231-240, 253-254
   ver também descontos
preços altos 161, 236
preços do menu 239
preços mais baixos 160, 165, 166, 167 231, 237-39
   ver também descontos
prêmios 185-86
   ver também recompensa
proatividade 72, *73*, 81, 153-54, 238, 291

procedimentos de posicionamento de pedidos 38, 79, 80
processos 151-52
processo de dentro para fora 274
Procter & Gamble 295
produto expandido 225-28
produtos 114, 193-95, 219-28, 237-38
   embalagens 80, 154, 232
   ver também produto expandido; informações de produtos; conhecimento sobre produtos; empresas guiadas por produtos; políticas de devolução
produtos industriais 194
produtos *versus* matriz de gastos 222-24
programa "Always Getting Better" (Ryanair) 57
programas de lealdade 90
projeto de escritório 175
proliferação de marcas 193-95
promessa de marca 148, 212, 259
promoções 238, 249, 257-64, *293*
publicidade (propaganda/anúncios) 46, 125, 129, 257, 258, 260-61, 261-61

Q

qualidade *91,* 98, 225, 298
questões legais 164-65
Quickbooks 215

R

reclamações 80, 88, *91,* 97, 108-09, 132, 284, 294, 298
reclamações de entregas 298
recompensas 185-86, 252
   ver também pagamentos de bônus (esquemas)
recrutamento 78, 149, 171, 180, 184, 251
   ver também contratação
Reichheld, Fred 63
Reino Unido (UK) 34, 103, 185, 260, 281
relacionamentos 42, 267-76
   ver também relacionamento com o cliente bases de dados de gerência; gerenciamento de fornecedores
relações com a imprensa 263

relações públicas 263
repetição do negócio (recorrentes) 90, 268
representantes de vendas (vendedores) 78, 120, 130, 153, 159-60, 162, 200, 213, 295, 301
resolução de problemas 21, 49, 113-14, 283
respeito 21, 114, *122,* 124, 176
responsividade 38, *73,* 74, 80, 114, 152-53, 291
restaurantes 33, 58, 77, 116-17, 150, 175, 284
   ver também Taco Bell
"Rethinking the 4P's" (Ettenson *et al*) 237
retorno sobre o investimento 61-63, 74, 146-47, 302
ROI of NPS, The (Satmetrix) 147
Rosenbluth, Hal 180, 182, 271
Rosenbluth International 180
rotatividade de funcionários 184
rotulagem 221
RP 263
Ryanair 52-53

S

SAS (Scandinavian Airlines) 51, 131
satisfação dos funcionários 59, 87-88, 90
Schwab, Charles 165
Seat *232*
segmentação 98, 132, *135,* 188-204, 239
segmentação baseada em necessidades 190, *191*, 197, 199-200, 202-03
segmentação firmográfica 196, 199, 200, *201,* 202
segmentação focada em atendimento 190, *191,* 195
segmentação focada em marcas *191*
segmentação focada em parceria *191*
segmentação focada em preço 190, *191*
segmentação focada em qualidade *191*
seis pilares da experiência do cliente 41, 55-83, 144-56
seitas 179
seleção, produtos 220
sem atrito 72, *73,* 79, 149-52, 233, 252-53,
270, 291
seminários 64, 129
ser prestativo 125, 269
Service Profit Chain, The (Heskett) 59, 125, 180
serviço ao cliente (atendimento) 51, 172, 173, 267, 295
serviço personalizado 125-26, 155
serviços de contabilidade 224
setor alimentício 81, 104, 192, 273, 296
   ver também restaurantes
setor bancário 48, 232
setor de combustíveis industriais 153-54, 232, 246
   ver também Air Products
setor de combustíveis para aeronaves 203
setor de cremes dentais 193
setor de matérias-primas 89, 222, 225
setor de moda 164
setor de seguros 104
setor de serviços financeiros 59
   ver também setor bancário; setor de seguros
setor de serviços públicos 60, *110, 154,* 155
104, *167,* 222, *223*
setor de silicones 235
setor de supermercados 59, 77, 104, 193, 258
setor de telecomunicações 64, 89, 104
setor de vinhos 212
setor manufatureiro 59, 166, *167, 244,* 245-46, 249, 250, 252-53
setor químico 77, 104-05
setor varejista 34, 104, 125, 164, 234, 235, *244,* 248
   ver também Benetton; John Lewis
setores verticais 189
Siegel+Gale 52-53
simpatia 68, 70, 74, *157* 114, 117, 121, *226*
simulação 183-84
Singapore Airlines 155-56, 183,
sistemas de TI 64
sites 90, 152, 220, 253, 261, 270, 284
situação estável (zona neutra) 36-37
Six Sigma 33, 98
Skoda *232*

Skype for Business 234
software 46, 59, 225, 235, 285, 286, 299
soluções 199, 237-38
   ver também solução de problemas
soluções integradas 269
Sony Walkman 155
sorriso 82, 114, 149, 161, 181, 183, 292, *293*
SOSTAC® 143-44
Southwest Airlines 51-52
Starbucks 233
Stobart (família) 275
storytelling 83
Sudeste da Ásia 107
Super Bowl 260
SurveyMonkey 235
Swedish Customer Satisfaction Barometer 62

T

tabelas de classificação (ranking) 104-05, 166
Taco Bell 59
táticas 91, *92* 144, *145*
tecnologia *ver* computadores; internet; sistemas de TI; software; times de suporte técnico (serviços)
telefones/celulares (chamadas telefônicas) 35, 153, 216, 220, 232, 253, 296-97
   ver também mensagens de texto
Tesla 234
teste dos 3 Ds 198
The Service Profit Chain 125, 180
time 215-16
   ver também tripulação da cabine; funcionários
time administrativo 267
times de compras 131, 180, 192, 220, 222
time de liderança 40, 60, 75, 131, 159, 273, *274*, 303
   ver também chefe, o; CEOs; executivos; gerência sênior
times de suporte técnico (serviços) 105, 125-26, 162, 173, 192, 195, 222, 267, 295
times de vendas 40, 61, 71, 72–73, 113–14, 115, 117, 126, 137–38
time financeiro 267
tomadores de decisão 192, 197, 202, 222, 224

ver também chefe, o; CEOs; time de liderança; departamento de logística; gerenciamento nível médio; times de compras; gerentes de produção (times); gerência sênior; times de suporte (serviços) técnicos
trabalho voluntário 88
Trader Joe's 81
transacionadores 199
transparência 232-33
transparente 238
treinamento 64-65, 115-16, 149, 181, 183-84, 272-74
tripulação da cabine 155-56, 183-85
"Truth About Customer Experience" (Rawson, Duncan, Jones) 282

U

Uber 233
UK Customer Experience Awards 185
UKCSI (UK Customer Satisfaction Index from the Institute of Customer Service) 103
Undercover Boss 77-78
United Airlines 59, 85

V

validação do cliente, mapeamento da jornada do cliente *135,* 136-37
valor 213, 236-38
valores, empresa 183, 210, 214-16, 273
varejo de rua 34-36
vendas 19, 33-35, 74, 88, 171-77, 235, 237-38, 249-54, 267, 286-88
   ver também representantes de vendas (vendedores); times de vendas; Zappos
vendas diretas 234
vendas *on-line* 34, 243, 252
   ver também Zappos
vendedores de artigos de papelaria 126, 221, 247-48
viagem na classe executiva 82, 184
vice-presidentes, venda e marketing 174
Virgin Atlantic 215
visitas a 35, 129, 153, 197, 203, 286, 299
visitas de referência 220

visualização 71
Volkswagen Audi 231, *232*

W
Wanamaker, John 258
Welch, Jack 181
workshops 134-37, 163, 175-76

X
Xiameter 235

Y
yelp.com 284

Z
Zappos 80, 272-73
zona neutra (situação estável) 36-37

Este livro foi composto com tipografia Adobe Garamond Pro e impresso em papel Off-White 80 g/m² na Formato Artes Gráficas.